NATHAN BUSENITZ | JAMES COATES

GOTT

oder Staat

In der Wahrheit feststehen, wenn unsere Loyalität
zu Christus vom Staat herausgefordert wird

Nathan Busenitz & James Coates
Gott oder Staat: In der Wahrheit feststehen, wenn unsere Loyalität zu Christus vom Staat herausgefordert wird

1. Auflage 2022
ISBN: 978-3-96957-073-9
Alle Rechte vorbehalten.

Originaltitel: *God vs. Government: Taking a Biblical Stand When Christ and Compliance Collide*
Copyright © 2022 Nathan Busenitz and James Coates
Published by Harvest House Publishers
Eugene, Oregon 97408
www.harvesthousepublishers.com
This edition published by arrangement with Harvest House Publishers.
All rights reserved.

Copyright © der deutschen Ausgabe 2022
EBTC Europäisches Bibel Trainings Centrum e. V.
An der Schillingbrücke 4 · 10243 Berlin
www.ebtc.org

Bibelverse werden aus der *Elberfelder Übersetzung 2003 (Edition CSV Hückeswagen)* zitiert. Wir verwenden im Text das generische Maskulinum (Genus), um damit ausdrücklich alle Menschen ungeachtet ihres Geschlechts (Sexus) anzusprechen.

Übersetzung: Jo Frick, Uwe A. Seidel
Lektorat: Uwe A. Seidel
Cover: Alexander Benner, Oleksandr Hudym
Satz: Oleksandr Hudym
Herstellung: ARKA, Cieszyn (Polen)

Sollten sich Rechtschreib-, Zeichensetzungs- oder Satzfehler eingeschlichen haben, sind wir für Rückmeldungen dankbar. Nutze dazu bitte diesen QR-Code oder die folgende E-Mail-Adresse: **fehler@ebtc.org**

Den geliebten Geschwistern unserer
jeweiligen Gemeindefamilien, der

Grace Community Church
in Los Angeles (Kalifornien, USA)

und der

GraceLife Church
in Edmonton (Alberta, Kanada)

INHALTSVERZEICHNIS

VORWORT

John MacArthur

In Anbetracht jüngster Ereignisse müssen drei grundlegende biblische Wahrheiten betont werden. Erstens: Die christliche Gemeinde ist unentbehrlich. Zweitens: Die Gemeinde muss sich regelmäßig und an einem (physischen) Ort als Körperschaft versammeln. Drittens: Die Gemeinde ist verpflichtet, Christus selbst dann zu gehorchen, wenn diesem Gehorsam staatliche Vorschriften und Einschränkungen entgegenstehen. Da diese Grundsätze neutestamentlich klar belegt sind, erstaunt es nicht wenig, dass sie nun kontrovers diskutiert werden, gerade auch unter den »Evangelikalen«. Doch so ist es offenbar. Es ist zu einer Fülle von Meinungsverschiedenheiten und Kompromissen gekommen. Daher ist die Botschaft dieses Buches überaus wichtig und notwendig.

Eine Gruppe von Gläubigen, die sich nicht versammelt, ist keine »Gemeinde«. Das in den neutestamentlichen Urschriften gebrauchte Wort für »Gemeinde« ist *ekklesia*. Schon vor der Gründung der neutestamentlichen Gemeinde bezeichnete dieses Wort eine Versammlung, eine Ansammlung von Menschen. Es setzt sich aus zwei griechischen Wortstämmen zusammen, die zusammengesetzt wörtlich »Herausgerufene« bedeuten. Insbesondere bezieht es sich auf eine aus den jeweiligen Häusern herausgerufene (oder aus einer größeren Gruppe herbeigerufene) Körperschaft von Menschen, die (physisch) zusammengebracht wird. Wie beim deutschen Wort *Versammlung* wurde das Konzept einer (physisch) zusammenkommenden Gruppe schon im Begriff ausdrücklich klargestellt.[1]

Die Gemeinde kommt insbesondere *zum Gottesdienst* zusammen, doch der wesentliche Nutzen der Zusammenkunft beinhaltet auch Gemeinschaft, Unterweisung, gegenseitige Ermutigung und gegenseitige Verantwortlichkeit. Gläubigen wird geboten, das Zusammenkommen als Christen nicht zu versäumen (Heb 10,25). Diesem Gebot folgt sogleich die ernsteste Warnung vor dem Abfall, die das Neue Testament zu bieten hat. Christliche Gemeinschaft und gemeinsame Anbetung Gottes sind daher unverzichtbar, um die geistliche Gesundheit jedes einzelnen Gläubigen zu erhalten, und sie sind (offensichtlich) auch lebensnotwendig für die christliche Gemeinde.

Gläubige könnten durch Krankheit, Inhaftierung, Krieg, Naturkatastrophen, notwendige Reisen oder aufgrund irgendeines anderen bedeutsamen Notfalls gezwungen sein, der Versammlung *vorübergehend* fernzubleiben. Es gibt allerdings keine Rechtfertigung dafür, dass eine gesamte Gemeinde ihre Zusammenkünfte zur gemeinschaftlichen Anbetung für längere Zeit aussetzt. Seit dem ersten Pfingsten haben Seuchen, Pandemien und Verfolgung das Volk Gottes häufig (wenn nicht sogar pausenlos) bedroht. Nie zuvor haben treue Gemeinden auf solche Hindernisse reagiert, indem sie einfach monatelang ihre Türen geschlossen hielten und indem sie Fernunterricht-Technologien zu einem hinlänglichen Ersatz für gemeinschaftliche Anbetung erklärt hätten.

Christen in Amerika und in anderen westlichen Demokratien haben den Segen und das Vorrecht erfahren, dass sie seit

---

1 Vgl. Kongregation (engl. *congregation*) von lat. *congregare* »sich versammeln« aus lat. *con* »zusammen« und lat. *grex* »Herde, Schar«. (A. d. Ü.)

über zwei Jahrhunderten unter Obrigkeiten gedeihen konnten, die offiziell das Recht auf freies Versammeln zum Zwecke der Anbetung vertreten und nur selten angefochten haben. Doch COVID-19 ist ein Weckruf und erinnert die Gläubigen daran, wie zerbrechlich dieses Freiheitsrecht ist. Gemeindeälteste in angeblich freien Ländern wurden sogar wochenlang eingesperrt, weil sie während der Lockdowns von 2020 Gottesdienste abgehalten hatten. Das Beispiel von James Coates dient in dieser Hinsicht als klares Zeugnis für hirtenhaften Mut und unerschütterliche Überzeugungen.

Obwohl es Gerichtsurteile gibt, die den Gemeinden gewogen sind, bewegt sich die öffentliche Meinung derzeit in die Richtung, dass die Obrigkeit mehr Macht bekommen soll, Kirchen und Gemeinden zu zwingen, jenen Einschränkungen Folge zu leisten, die den Gemeindebesuch, die Gemeinschaft und den Gemeindegesang behindern. Doch der Widerstand der Welt gegen die Gemeinde und ihre Lehre sollte die Gläubigen nicht überraschen. »Wundert euch nicht, Brüder, wenn die Welt euch hasst« (1Joh 3,13). Jesus sagte, »weil ihr aber nicht von der Welt seid […], darum hasst euch die Welt« (Joh 15,19). Wir sind Bürger des Himmels (Phil 3,20) – und in dieser Welt nichts weiter »als Fremdlinge und als solche, die ohne Bürgerrecht sind« (1Pet 2,11). Selbst die Welt sieht die christliche Gemeinde so, wenn wir Christen unsere Berufung treu ausleben.

Das ist einer der Hauptgründe, warum das Volk Gottes regelmäßig zur gegenseitigen Ermutigung und Unterweisung zusammenkommen muss. Krisenzeiten und Widrigkeiten sind keine Gründe dafür, auf die Versammlungen der Gemeinde zu verzichten. Vielmehr ist es gerade dann unerlässlich, dass die Gläubigen sich miteinander versammeln. »Man muss Gott mehr gehorchen als Menschen« (Apg 5,29).

Treue Gemeinden müssen sich versammeln, selbst wenn sie gezwungen sind, dafür in den Untergrund zu gehen. Auf solche Weise überlebten und gediehen Gemeinden in den ersten drei Jahrhunderten trotz massiven Widerstands seitens des Kaisers. Auf solche Weise überstand die Gemeinde in Osteuropa die kommunistische Verfolgung im 20. Jahrhundert. Und auf solche Weise versammeln sich heutzutage noch viele Gemeinden in China und anderswo.

Die Heilige Schrift liefert uns mehrere Beispiele gottesfürchtiger Menschen, die der gottlosen Tyrannei von Herrschern, die die biblische Wahrheit hassten, widerstanden hatten. Unter einem despotischen Pharao »fürchteten [die hebräischen Hebammen] Gott und taten nicht, wie der König von Ägypten zu ihnen gesagt hatte« (2Mo 1,17). Elia widersetzte sich standhaft Ahab und wurde deswegen bezeichnet als jemand, »der Israel in Trübsal bringt« (1Kön 18,17). Johannes der Täufer scheute sich nicht, Herodes persönlich zurechtzuweisen und wurde dafür ermordet (Mk 6,18–29).

Evangelikale in der westlichen Welt müssen nun dieselbe Entschlossenheit aufbringen. Wir müssen uns auf erhöhten Druck seitens der Obrigkeit und auf verschärfte Verfolgung durch den Rest der Gesellschaft einstellen. Wenn COVID-19 einmal vorüber ist (falls es je dazu kommen sollte), werden andere Krisen auf uns warten, die die Vertreter der Obrigkeit ausnutzen werden, um mittels weiterer »Not-Ermächtigungen« immer mehr Ordnungs- und Regierungsautorität über die Gemeinde durchzusetzen.

Auch heute gibt es keinen Grund, dass wir unsere Versammlungen vernachlässigen sollten. Die Gemeinde muss die Gemeinde sein, »der Pfeiler und die Grundfeste der Wahrheit« (1Tim 3,15). Wir dürfen uns nicht einschüchtern lassen. Wir dürfen unser Licht nicht unter den Scheffel stellen (Mt 5,15). Wir sind nicht dazu berufen, die Ängste einer Welt zu nähren, die verlorengeht. Unser Auftrag lautet: »Geht hin in die ganze Welt und predigt der ganzen Schöpfung das Evangelium«

(Mk 16,15). Wir sind Kämpfer, die sich in einem geistlichen Kampf befinden. »Denn die Waffen unseres Kampfes sind nicht fleischlich, sondern göttlich mächtig zur Zerstörung von Festungen, indem wir Vernunftschlüsse zerstören und jede Höhe, die sich erhebt gegen die Erkenntnis Gottes, und jeden Gedanken gefangen nehmen unter den Gehorsam des Christus« (2Kor 10,4–5).

Es ist höchste Zeit für die Gemeinde Jesu Christi, den vorherrschenden Unwahrheiten einer moralisch verdorbenen Gesellschaft entgegenzutreten und hoffnungslosen Menschen den Weg zu wahrer Hoffnung und zu erfülltem Leben aufzuzeigen. Deswegen ist die Botschaft dieses Buches so überaus notwendig. Wir sind die Botschafter des Herrn und wir müssen diese Rolle zuversichtlich ausfüllen – mit Freude und nicht mit Furcht, in tapferer Einheit – und das umso mehr, je mehr wir den Tag Christi näherkommen sehen (Heb 10,25).

— John MacArthur

VORWORT ZUR DEUTSCHEN AUSGABE

EBTC-Verlag

Die COVID-19-Pandemie hat auch die Gemeinde Jesu Christi weltweit einem »Stresstest« ausgesetzt. Einstellungen, Prinzipien und Werte wurden im Sturm medialer Katastrophenmeldungen und Verwirrung der Staatsapparate offengelegt. Der Bibelkenner weiß, dass Gott in seiner Vorsehung gerade auch solche Umstände herbeiführt und verwendet, »damit die Bewährten offenbar werden« (1Kor 11,19, vgl. Heb 12,5–11; Jes 45,7). Die von den meisten als körperliche Gesundheitskrise verstandene Pandemie ist tiefer gesehen tatsächlich (auch) eine geistliche Gesundheitskrise, die aufzeigt, dass die körperliche Gesundheit in der Gesellschaft einen zu hohen Stellenwert eingenommen hat.

Eine Krise stellt uns an Weggabelungen und Wendepunkte, die uns (erneut) zur Entscheidung herausfordern. Wird die Gemeinde Jesu es zulassen, dass die weltlichen Mächte in die Gemeinde Jesu hineinregieren dürfen in Bezug auf ihren Glaubensinhalt, ihre Verkündigung und ihre Glaubenspraxis?

Selbst in der Bruderschaft der evangelikalen Gemeinschaften muss man die traurig stimmende Tatsache wahrnehmen, dass sich hochmütig Christ wider Christ erhebt – auf allen Kanälen der modernen Medien wie auch in der klassischen kirchlichen Gerüchteküche. Besonders beschämend ist, wie beispielsweise über unsere Brüder im Glauben in den USA und Kanada in Wort und Schrift geurteilt wurde. Trotzdem wollen wir optimistisch hoffen, dass die Präsentation der Fakten und vor allem der brüderliche Diskurs (Meinungsaustausch) den Sumpf der Gerüchte trockenlegen und die Verbundenheit in Christus auch praktisch und öffentlich stärken kann.

Mit der Veröffentlichung der Geschichte unserer Glaubensbrüder in Amerika liegt uns genau dieses auf dem Herzen: den Brüdern zuhören, die schon tiefer im Feindesland kämpfend das Feuer des Feindes auf sich gezogen haben. Wir sollten ihre Geschichte anhören und die Fakten aufnehmen, um uns recht zu informieren, ohne Gerüchten und »Fake News« Raum zu geben. Aber wir wollen vor allem aus ihrem eigenen Mund erfahren, wie sie ihre Haltung und ihr Handeln vom Wort der Wahrheit her begründen, damit wir durch den Glauben des Bruders in Christus erquickt werden (Phlm 1,20) und möglicherweise davon lernen.

Möge dieses Buch also als brüderlicher Beitrag aufgenommen werden. Wir können die Chance ergreifen, voneinander zu lernen. Denn wir haben denselben Herrn, der über allen ist und den wir als Herrn (Kyrios) bekennen – und den selben Feind, der mittels der Könige und Obersten der Erde »wider den Herrn und gegen seinen Christus« wütet, wie die Urkirche mit Davids Worten schon zu beten wusste (Ps 2; Apg 4,24–26). Lasst uns also zusammen vor dem Thron des Höchsten, vor dem wahren Haupt der Gemeinde, zusammentreten und für einen Weg flehen, der mutig beschritten ihn ehrt, Gemeinde und Geschwister eint und uns sicher ans Ziel führt.

Soli Deo gloria!

WARUM WIR DIESES BUCH GESCHRIEBEN HABEN

Nathan Busenitz & James Coates

Christen und christliche Gemeinden sind mittlerweile stark polarisiert bezüglich der Frage, ob man sich staatlicher Autorität[2] stets beugen solle. Da Behörden in letzter Zeit auffällig aggressiv und übergriffig gehandelt haben, um Kontrolle über das Reich Christi unrechtmäßig an sich zu reißen, mussten Gläubige erleben, wie ihre Pflichten gegenüber der Obrigkeit und ihre Unterordnung unter die Herrschaft Christi in Widerstreit miteinander geraten sind. Unsere Absicht ist es, die reine Wahrheit der Schrift zu diesem offenbaren Konflikt herauszustellen und auf dieser Grundlage eine biblische Begründung dafür zu geben, warum unsere jeweiligen Ge-

---

2 Wir haben die biblischen Begriffe »Obrigkeit« oder »[staatliche] Macht« (z. B. Röm 13,1.2.3; griech. *exousía*) und »die in Hoheit sind« (1 Tim 2,2; griech. *huperoché*) auch mit dem Begriff »Staat« wiedergegeben. Die griech. Wörter bedeuten (hier): »Inhaber von Regierungsgewalt, sei es Behörde oder Einzelperson« bzw. »mit obrigkeitlichen Befugnissen ausgestattete Personen« (Fritz Rienecker, *Sprachl. Schlüssel,* 16. Aufl. [Gießen-Basel: Brunnen, 1980], *sub verbo*). Laut Duden bezeichnet »Staat« die »Gesamtheit der Institutionen, deren Zusammenwirken das dauerhafte u. geordnete Zusammenleben der in einem bestimmten abgegrenzten Staatsgebiet lebenden Menschen gewährleisten soll« (Deutsches Universal Wörterbuch A–Z, 2. Aufl. [Mannheim, 1989], S. 1446, *sub verbo*). (A. d. Ü.)

meinden gegen das übergriffige Hineinregieren der Obrigkeit öffentlich Stellung bezogen haben. Als die Behörden versuchten, unsere Gemeinden zu schließen, bestanden nämlich sowohl die *Grace Community Church* in Los Angeles als auch die *GraceLife Church* in Edmonton darauf, ihre Türen weiterhin geöffnet zu halten. Dieses Buch beantwortet die Frage, *warum* wir das getan haben.

Das Hauptaugenmerk dieses Buches liegt nicht auf COVID-19 selbst. Studien haben gezeigt, dass die Pandemie nicht annähernd so tödlich ist, wie es anfänglich vorhergesagt wurde.[3] Gleichzeitig glauben wir, dass Gemeinden auch bei dieser Krankheit mit christusähnlichem Mitgefühl und der Fürsorge eines Hirten auf die Betroffenen eingehen sollte (vgl. Jak 5,13–14). Dies war unsere Haltung seit Beginn des Ausbruchs.

In diesem Buch geht es uns vielmehr um die Übergriffigkeit der staatlichen Gewalten, die einen Sachverhalt der öffentlichen Gesundheit ausgenutzt haben, um Angst zu schüren und Freiheiten massiv zu beschneiden. Unser Fokus liegt dabei auf den einschränkenden Maßnahmen, die von staatlichen Stellen angeordnet wurden, sowie den Auswirkungen dieser Maß-

---

3 Siehe z. B. Adam T. Biggs und Lanny F. Littlejohn, »Revisiting the initial COVID-19 pandemic projections«, *The Lancet Microbe 2/3*, 1. März 2021, https://www.thelancet.com/journals/lanmic/article/PIIS2666-5247(21)00029-X/fulltext. Dieser Artikel wurde von der *National Library of Medicine* (zu Deutsch: Nationale Bibliothek für Medizin) unter https://pubmed.ncbi.nlm.nih.gov/33942033/ verlinkt. Siehe auch John P. A. Ioannidis, »Coronavirus disease 2019: The harms of exaggerated information and non-evidence-based measures«, 9. April 2020, ein Beitrag, der von den Nationalen Gesundheitsinstituten der USA (NIH, *National Institutes of Health*; Behörde des US-amerikanischen Gesundheitsministeriums) unter https://www.ncbi.nlm.nih.gov/pmc/articles/PMC7163529/ veröffentlicht wurde. Für eine Studie, die nachweist, dass ca. die Hälfte der Krankenhauspatienten keine schweren Symptome aufweist, s. David Zweig, »Our Most Reliable Pandemic Number Is Losing Meaning: A new study suggests that almost half of hospitalized with COVID-19 have mild or asymptomatic cases«, *The Atlantic*, 13. Sept. 2021, https://www.theatlantic.com/health/archive/2021/09/covid-hospitalization-numbers-can-be-misleading/620062/.

nahmen auf Ortsgemeinden, die sich aus Gehorsam gegen Christus weiterhin versammeln wollten (Heb 10,25). In Nordamerika, einschließlich den Vereinigten Staaten und Kanada, ist die Religionsfreiheit schon immer ein Grundpfeiler unserer Gesellschaft gewesen. Diese Freiheit befindet sich mittlerweile in noch nie dagewesener Weise unter Beschuss.

Auf den folgenden Seiten erzählen wir, was unsere jeweiligen Gemeinden erlebt haben und legen die Gründe für unseren Standpunkt dar. Unsere These ist einfach: Wenn unsere Loyalität zu Christus vom Staat herausgefordert wird, müssen wir statt Menschen zuallererst Gott gehorchen (Apg 5,29). Es ist unser Gebet, dass jeder Leser dieses Buches genau dazu ermutigt wird und mit Mut und aus voller Überzeugung Stellung bezieht zur Ehre des Herrn.

– Teil 1 –

UNSERE GESCHICHTE

– Kapitel 1 –

Grace Community Church

Nathan Busenitz

Wenn uns jemand im Herbst 2019 gesagt hätte, dass innerhalb von sechs Monaten fast jede Gemeinde in Nordamerika ihre Türen dichtmachen würde, hätten wir ihm das wohl niemals abgenommen. Damals hätte man sich nur schwer ein Szenario vorstellen können, in dem Vertreter der Obrigkeit ganz offen das Recht auf Religionsfreiheit umgehen, Vor-Ort-Gottesdienste verbieten und Gemeinden dazu zwingen, ihre Türen zu schließen. Doch 2020 war ein Jahr voller unerwarteter Drehungen und Wendungen. Ganz oben auf dieser Liste stand die weltweite Pandemie.

PANDEMIE
März–April 2020

Als das neue Coronavirus zum ersten Mal in den Schlagzeilen auftauchte, schien es nur eine ferne Bedrohung zu sein. Doch spätestens im März 2020 hatte es die Welt im Sturm erobert. Am 11. März rief die Weltgesundheitsorganisation (WHO) eine globale Pandemie aus. Am darauffolgenden Tag erließ der kalifornische Gouverneur Gavin Newsom eine Verordnung, die für den gesamten Bundesstaat Kalifornien galt. Darin untersagte er bis zum Ende des Monats jegliche Versammlung von mehr als 250 Menschen. Zu jenem Zeitpunkt wusste man nur sehr wenig über das neue Virus. Die Schlagzeilen verrieten zwar, dass die Gefahr recht unterschiedlich eingeschätzt wurde, doch viele beschrieben die Situation mit apokalyptischen Begriffen. Presseberichte klangen wie Szenen eines Science-Fiction-Romans oder eines Hollywood-Films. Wir erlebten alle aus der ersten Reihe mit, wie sich das Drama entfaltete.

Als die Situation eskalierte, fing die Gesellschaft an, sich herunterzufahren und in den Lockdown zu gehen. Am selben Tag, an dem Gouverneur Newsom seine Verordnung erließ, setzten die Profisportligen, wie z. B. die nationale Hockeyliga, die US-Fußballliga und die Baseballliga ihre Spielsaisons bis auf Weiteres entweder ganz oder teilweise aus. In den darauffolgenden Tagen sah man die systematische Schließung von allem, was nicht als systemrelevant (engl. »essential«) angesehen wurde. Insbesondere solche Aktivitäten waren tabu, bei denen sich normalerweise große Menschenmengen ansammelten.

Trotz der öffentlichen Panik wollte unser Ältestenkreis[4] der *Grace Community Church* die Versammlungen nur ungern

---

4 Das NT zeigt und lehrt, dass die christliche Gemeinde an einem Ort von einer Mehrzahl von Ältesten geleitet werden soll. Der Heilige Geist begabt die Gemeinde dazu mit Hirten-Lehrern (Eph 4,11), die die Gemeinde am Ort mit Gottes Wort und unter Gebet führen (vgl. Apg 6,4). Nach dem Sprachgebrauch der Apostel Paulus und Petrus bezeichnen Älteste (Presbyter), Aufseher (Bischöfe) und Hirten (lat. *pastor*) in diesem Zusammenhang synonym dieselben Personen, wenngleich jeder Ausdruck einen besonderen Aspekt der Leiterschaftsperson und deren Aufgaben hervorhebt (vgl. Apg 20,17ff; 1Pet 5,1ff). Im Buch verwenden wir für die Schar der Ältesten einer

einstellen. Das regelmäßige Zusammenkommen der Heiligen wird immerhin in der Schrift befohlen (Heb 10,25). Die Entscheidung, unsere wöchentlichen Zusammenkünfte, wenn auch nur vorübergehend, abzusagen, war keine Angelegenheit, die unsere Ältesten auf die leichte Schulter nahmen. Die E-Mail-Korrespondenz des Ältestenkreises enthielt folgenden Lagebericht, der am Vormittag des 12. März verschickt wurde: »Wir haben nicht vor, die Gottesdienste oder andere Gemeindeveranstaltungen abzusagen. Heute Morgen hat das kalifornische Gesundheitsamt *empfohlen*, von Zusammenkünften mit mehr als 250 Personen abzusehen, aber das ist nicht verpflichtend. Es ist gut möglich, dass man uns die Anweisung erteilt, die Gemeinde zu schließen. Solange das nicht passiert, werden wir uns weiterhin treffen. Natürlich können jene, die Gesundheitsprobleme haben, oder jene, die kein Risiko eingehen wollen, zuhause bleiben.« Die E-Mail fuhr mit folgender seelsorgerlichen Ermutigung fort: »Die überwältigende Angst, die dieses Land im Griff hält, ist traurig. Doch dies ist auch eine Gelegenheit, die Mitglieder der *Grace Community Church* zu ermutigen und zu stärken. Zudem bietet dies eine offene Tür für das Evangelium in unserem ungläubigen Umfeld. Für alle von der Angst Ergriffenen können wir uns keinen besseren Ort vorstellen, als mit Gottes Volk im Gottesdienst zu sein und gemeinsam über die Vorsehung und Güte unseres Heilandes Jesus Christus nachzudenken.«

Es war unser Anliegen, uns wie jede Woche üblich weiterhin zu versammeln. Die Situation veränderte sich allerdings rapide. Als sich unsere Ältesten an jenem Abend trafen, hatten

---

Ortsgemeinde Ausdrücke wie: Ältestenkreis, Gemeindeälteste oder Gemeindehirten. Wegen des Bedeutungswandels der Begriffe Presbyter, Bischof und Pastor vermeiden wir diese Wörter, wo es geht. Der Sprecher der Ältesten wird in gewissen Traditionen auch als der (Haupt-/Senior-)Pastor bezeichnet, obgleich er nur – wie Petrus unter den Zwölfen – ein *Primus-inter-pares* ist. (A. d. Ü.)

sich die Umstände wesentlich geändert. Als Vorsichtsmaß-
nahme und mit Rücksicht auf Bitten von Vertretern der Obrigkeit beschlossen wir, die Vor-Ort-Gottesdienste zeitweilig
einzustellen. Am 15. März entschied sich die *Grace Community
Church* für einen ausschließlichen Livestream-Gottesdienst.
John MacArthur predigte über die Realität der Sterblichkeit
und die Hoffnung, die nur durch Christus kommt. Seine Botschaft konzentrierte sich auf Matthäus 6,25–34 und war ein
deutlicher Aufruf, uns nicht immer mehr in Sorgen zu verstri-
cken, sondern stattdessen dem Herrn zu vertrauen. Die Wahrheit dieses Abschnitts stand im krassen Kontrast zum bangen
Sorgen der Kultur um uns herum. Beim Zuschauen von zuhause wurden alle Gemeindeglieder darauf hingewiesen, in
der Fürsorge unseres himmlischen Vaters zu ruhen als Mitglieder seiner Familie, die ihre Zukunft ihm anvertraut haben.

Am 19. März trat eine Lockdown-Verordnung mit Aus-
gangssperre in Kraft und das gewöhnliche Leben kam zum
Stillstand. Die Situation in Kalifornien spiegelte das wider,
was auch landesweit geschah: Die gesamte Gesellschaft ging
in den Lockdown. Fast alles schloss seine Türen – von Disney-
land bis zum Yosemite Nationalpark. Schulen verlegten sich
auf reinen Online-Unterricht, Restaurants leerten ihre Spei-
sesäle und Familien kauerten in ihren Wohnungen zusammen, um die täglichen Lagebesprechungen zur öffentlichen
Gesundheit aus Washington DC im Fernsehen anzuschauen.
Die Regale in den Lebensmittelgeschäften leerten sich zunehmend, als Leute sich mit Hamsterkäufen auf das Schlimmste
vorzubereiten versuchten. Ende März hatten sich Länder wie
z. B. Indien in vollen Lockdown begeben und die olympischen
Spiele von Tokyo waren um ein Jahr aufgeschoben worden.
Hier in den Vereinigten Staaten beantragte eine Rekordzahl
von Amerikanern Arbeitslosenhilfe. In weniger als einem Monat war alles verschwunden, was wie normales Leben aussah.

Als sie der Gesellschaft den Stillstand verordneten, versicherten uns unsere politischen Führer, dass dies nur für kurze Zeit sei. Doch aus den zwei Wochen, die zum »Abflachen der Kurve« gedacht waren, wurden schnell 30 Tage, um »die Ausbreitung des Virus zu stoppen«. Die Tage wurden zu Wochen und die Wochen zu Monaten. Die relativ kurze Unterbrechung des normalen Lebens, auf die wir uns einstellen sollten, entwickelte sich schnell zu einem Dauerzustand ohne Ende in Sicht. Eine Folge war, dass Gottes Volk zu leiden begann. Das christliche Leben kann nicht in Isolation, sondern nur in Gemeinschaft gelebt werden. Gläubige sind Glieder des Leibes Christi (1Kor 12,12–26). Kein Körperteil kann alleine überleben, es bedarf der Gemeinschaft mit den anderen Gliedern des Leibes, um funktionieren, wachsen und gedeihen zu können. Da unsere Ältesten wussten, wie unersetzlich die Versammlungen der Gemeinde für die geistliche Gesundheit der Herde ist, erkannten sie die dringliche Notwendigkeit, entsprechend zu handeln. Wir konnten die wöchentlichen Zusammenkünfte der Gemeinde nicht weiterhin mit gutem Gewissen aussetzen.

Von allen Schließbefehlen und Verboten von persönlichen Zusammenkünften zielten die schädlichsten auf Gemeinden. Welche Gefahr das Virus auch immer für die Gesundheit unserer Bürger darstellte, die Schließung der Gemeinden in Amerika stellte eine noch größere Gefahr dar. Die Auswirkungen machten sich innerhalb nur weniger Monate bemerkbar, als Bürgerunruhen ausbrachen, denen kein geistlicher Einfluss entgegengehalten werden konnte.

PROTESTE
Mai–Juni 2020

Der Tod von George Floyd im Mai 2020 traf einen empfindlichen Nerv im Herzen der amerikanischen Geschichte und Selbstidentität. Der Aufschrei deswegen war im ganzen Land zu hören. Nach Monaten leergefegter Straßen füllten Scharen von Demonstranten die Straßen unserer Städte. Sie marschierten, knieten[5] und beteiligten sich an Sprechchören, um ihren vereinten Widerstand gegen die rassistische Ungerechtigkeit kundzutun.

In unserer Gemeinde, *Grace Community Church,* traf sich John MacArthur mit einer Gruppe afro-amerikanischer Gemeindeglieder und Theologiestudenten. Er wollte gerne wissen, was ihnen auf dem Herzen lag und wie sie die Sache aus ihrer Perspektive sahen. Sie trafen sich in seinem Büro und unterhielten sich etliche Stunden offen über die Ereignisse im Land. Während dieses Treffens fragte er, wie unsere Gemeinde der schwarzen Bevölkerung das Evangelium am besten nahebringen konnte. Gemeinsam erkannten sie fünf Möglichkeiten, wie wir helfen konnten. Am darauffolgenden Sonntag war bei uns Vatertag, der 21. Juni. John begann seine Predigt, indem er unseren Gemeindegliedern diese Empfehlungen vortrug.[6]

Zuerst müssen wir deutlich machen, dass Rassismus Sünde ist. Es ist eine Form von Hass, der sowohl dem Gesetz Gottes als auch dem Evangelium Christi widerspricht. Zweitens sollten wir jenen Mitgefühl entgegenbringen, die darunter lit-

---

5 Die symbolische Geste des Niederkniens wurde 2016 durch den Football-Spieler Colin Kaepernick als Protest gegen Rassismus gegen »People of Color« eingeführt und von der Bewegung *Black Lives Matter* und anderen übernommen. (A. d. Ü.)

6 Siehe John MacArthur, »Act Like Men«, eine am 21. Juni 2020 gehaltene Predigt. Die Mitschrift ist auf der Webseite von *Grace to You* erhältlich unter: https://www.gty.org/library/sermons-library/81-82/act-like-men.

ten. Die Schrift fordert uns auf, mit den Weinenden zu weinen (Röm 12,15). Drittens müssen wir bereit sein zum Zuhören. Wenn wir jemandem das Evangelium nahebringen, sollten wir vorher aufmerksam zugehört haben, was jener Person auf dem Herzen liegt. Viertens sollten wir die gegenwärtige Zeit als Gelegenheit nutzen, anderen die Liebe Christi zu zeigen. Im Gegensatz zu dem Hass, der unsere Gesellschaft auseinanderreißt, sollte die Gemeinde für ihre christusähnliche Fürsorge bekannt sein. Und schließlich baten die Männer unsere Gemeinde, sie bei ihren Bemühungen zu unterstützen, die Grundlage für eine nächste Generation von gottesfürchtigen Vätern zu schaffen. Dieser fünfte Punkt diente dann als Überleitung zur verbleibenden Vatertagspredigt. Die Ermahnung an unsere gesamte Gemeinde, für eine Generation von Söhnen zu sorgen, die Christus ehren und »wie Männer handeln«, erschallte deutlich aus dem Predigttext, 1. Korinther 16,13.

Die Proteste, die im Mai begonnen hatten, zogen sich über den ganzen Monat Juni hin. Viele der Demonstrationen wurden gewalttätig und zerstörerisch. Amerika schaute schockiert zu, wie sich Innenstädte im gesamten Land in chaotische Schlachtfelder verwandelten. Die Krawalle und Plünderungen erstreckten sich von Washington DC bis in den Bundesstaat Washington, wobei Seattle sogar die Kontrolle über sechs Häuserblocks verlor. Am 8. Juni gelang es »CHOP« (Capitol Hill Occupied Protest; zu Deutsch: Kapitolhügel-Besetzungs-Protest) das Stadtviertel um den Kapitolhügel unter Kontrolle zu bekommen, einschließlich des Polizeireviers Ost. Die Besetzung, die sich später in »CHAZ« (Capitol Hill Autonomous Zone; zu Deutsch: Autonome Zone Kapitolhügel) umbenannte, endete erst, als die Polizei Anfang Juli die Besetzer entfernte.

Die Anarchie von Seattle stand stellvertretend für das Chaos, das auch in anderen Metropolen herrschte. In New York

City wurden Edelläden vandalisiert und ihre mit Luxusartikeln bestückten Regale leergeräumt. In Portland dauerten die Proteste fast 200 Tage lang an, sie verwandelten sich nach Einbruch der Dunkelheit häufig in Zerstörungsstreifzüge. In Minneapolis versprach der Stadtrat, die städtische Polizei völlig abzuschaffen. Hier in Los Angeles kam es wie in vielen anderen Städten zum Einsatz der Nationalgarde, um für Frieden zu sorgen. John MacArthur sprach das Chaos und die Gewalt in einer Predigtreihe an, um zu verkündigen, was das Wort Gottes mit Blick auf diese beunruhigenden Entwicklungen zu sagen hat. Er verurteilte den Vandalismus und die Gewalttätigkeit, weil sie Gott verunehren.

Als die Polizei- und Ordnungskräfte immer mehr angegriffen wurden und die Schlagzeilen der Nachrichtenorgane überall zur Abschaffung der Polizei aufriefen (»Defund the police!«), legte unsere Gemeinde großen Wert darauf, die zahllosen Polizeibeamten zu unterstützen, die sich mit großer Mühe für den Schutz unserer Bevölkerung einsetzen. Als einen greifbaren Ausdruck unserer Dankbarkeit luden wir Polizeikräfte in unsere Gemeinde ein, um ihnen ein Mittagessen zu spendieren. Die an jenem Nachmittag ausgegebenen »In-N-Out-Hamburger«[7] dienten als Symbol unserer dankbaren Anerkennung. Doch dabei handelte es sich nicht um die einzige »Mahlzeit«, die an jenem Tag dargereicht wurde. Jeder Polizeibeamte erhielt zudem ein kostenloses Exemplar der *John MacArthur Studienbibel*.[8]

Von der Kanzel aus betonte John, dass Gott unverzichtbare Gesellschaftsstrukturen verordnet hat, um das Böse in Schach

---

7 *In-N-Out-Burger* ist eine US-amerikanische Schnellrestaurantkette mit einer engagiert christlichen Unternehmensführung. (A. d. Ü.)

8 In den USA ist es durchaus üblich, dass Einsatzkräfte (auch Polizisten) in dieser oder ähnlicher Form geehrt und beschenkt werden. In Deutschland ist dies gemäß Beamtenstatusgesetz (BeamtStG § 42) verboten. (A. d. Ü.)

zu halten und das Gute zu fördern. Zu den das Böse zurück-
haltenden Einflüssen gehören das Gewissen, die Familie, die
Gemeinde und die Polizeikräfte. Wenn die Kultur den Einfluss
dieser von Gott eingesetzten Strukturen außer Kraft setzt und
aus dem Weg räumt, kommt es zu verheerenden Konsequenzen. Am 14. Juni erklärte er in einer Predigt:

> Gott hat der Welt Zügel angelegt, die das Böse zurückhalten
> und in die Schranken verweisen sollen: Zuerst das in Herz
> und Gewissen eingeschriebene Gesetz Gottes. Die gegen-
> wärtige Kultur hat dies vollkommen zerstört. Zweitens die
> Zügel der Familie und der elterlichen Autorität sowie der
> Erziehungsmaßnahmen, derer sich Eltern bedienen, um die
> Sünde ihrer Kinder in Schach zu halten. Die vorherrschen-
> de Kultur hat auch dieses Hemmnis zerstört. Zudem durch-
> lebt die Gemeinde sehr schwere Zeiten in Anbetracht ihres
> Pragmatismus und ihrem Anliegen, Sünder unterhalten und
> ihnen ein wohliges Gefühl vermitteln zu wollen, so dass sie
> sich nicht mehr entschieden gegen die Sünde stellt. Und es
> überrascht uns überhaupt nicht, dass das nächste und einzi-
> ge noch vorhandene Hemmnis die Polizei ist. Und nun wird
> auch diese unentwegt angegriffen.[9]

Unsere Gemeinde erkannte die führende Rolle an, die die
Polizeikräfte zur Aufrechterhaltung von Ordnung und Frieden spielen (s. Röm 13,4). Der Polizei die Finanzierung zu entziehen, wie von einigen vorgeschlagen wurde, spiegelte nur
einen weiteren Schritt wider in der Abwärtsspirale der amerikanischen Gesellschaft hin zur Gesetzlosigkeit (Röm 1,18–32).

---

9 John MacArthur, »How Should Christians Respond to the Riots?«, eine am 14. Juni
  2020 gehaltene Predigt. Die Mitschrift ist auf der Webseite von *Grace to You* erhältlich
  unter https://www.gty.org/library/sermons-library/81-81/how-should-christians-respond-
  to-the-riots.

Das Chaos und die Zerstörung infolge der Krawalle zeigten zudem, wie überaus notwendig der Einfluss der Gemeinde als erhaltendes und mäßigendes Element in der Kultur doch ist. Der Herr Jesus sagte seinen Nachfolgern:

> *Ihr* seid das Salz der Erde; wenn aber das Salz kraftlos geworden ist, womit soll es gesalzen werden? Es taugt zu nichts mehr, als hinausgeworfen und von den Menschen zertreten zu werden. *Ihr* seid das Licht der Welt; eine Stadt, die oben auf einem Berg liegt, kann nicht verborgen sein. Man zündet auch nicht eine Lampe an und stellt sie unter den Scheffel, sondern auf den Lampenständer, und sie leuchtet allen, die im Haus sind. Ebenso lasst euer Licht leuchten vor den Menschen, damit sie eure guten Werke sehen und euren Vater, der in den Himmeln ist, verherrlichen. (Mt 5,13–16)

Die Gemeinde soll für die ungläubige Welt um uns herum sowohl ein erhaltendes Element (Salz) als auch ein Hoffnungsstrahl (Licht) sein. Doch wie können wir dieser Verantwortung nachkommen, wenn unsere Türen verschlossen bleiben?

HIRTENFÜRSORGE
Sommer 2020

Die gewalttätigen Unruhen, die die Schlagzeilen des Sommers bestimmten, belegten zwei wichtige Tatsachen. Erstens entlarvten sie die Doppelmoral der Obrigkeit, die religiöse Zusammenkünfte untersagte, aber Demonstranten öffentlich ermutigte, Schulter an Schulter durch die Straßen zu marschieren. Die Politisierung der Pandemie war noch nie offensichtlicher als jetzt: In einem Wahljahr wurde das öffentliche Gesundheitswesen benutzt, um Zwietracht zu säen und eine politische Agenda voranzutreiben. Obwohl unsere Ältesten den Bedenken wegen möglicher Gesundheitsgefahren nicht gleichgültig gegenüberstanden – aus welchem Grund wir auch weiterhin die Option anboten, über Livestream am Gottesdienstgeschehen teilzunehmen –, waren wir nicht bereit, die Gemeinde aus politischen Gründen geschlossen zu halten.

Zweitens unterstrichen die negativen Auswirkungen des Lockdowns die Unverzichtbarkeit der Gottesdienste der Gemeinde. Der zerstörerische Charakter der Krawalle belegte dies auf breiter Front. Doch da waren auch die verheerenden Folgen der sozialen Isolation im Lebensalltag der einzelnen Menschen. Die Fälle schwerer Einsamkeit, der Depression und die Selbstmordrate schnellten in die Höhe. Auch andere soziale Probleme verschlimmerten sich, von schädlichen Süchten bis hin zu Ehe- und Familienkonflikten. Unsere Ältesten wurden Zeugen dieser negativen Auswirkungen auf die Gesellschaft um uns herum und wurden zunehmend besorgter darum, unsere Gemeindefamilie beschützen zu müssen. Unseren Leuten war die Sicherheit und die Lebensfreude vorenthalten worden, die sich aus der regelmäßigen praktischen Gemeinschaft der Heiligen ergeben. Aus Gründen der geistlichen Fürsorge sahen wir uns genötigt, die Türen der Gemeinde wieder zu öffnen und ihnen das Versammeln zu ermöglichen.

Während des Monats Juni begannen einige unserer Gemeindeglieder, sonntags zum Gemeindegelände zu kommen, um sich während des Livestreams in den Gemeindesaal zu setzen. Auch Vertreter der Polizei tauchten auf – nicht, um Auflagen durchzusetzen, sondern einfach, um der Predigt des Wortes Gottes zuzuhören. Sie fühlten sich zu unserer Gemeinde hingezogen aufgrund der Unterstützung und Fürsorge, die sie hier erhalten hatten. Zu jenem Zeitpunkt war die *Grace Community Church* nicht offiziell geöffnet. Doch unsere Gemeindeglieder fingen an, trotzdem aufzutauchen, weil sie dazu von ihrer Liebe zu Christus und ihrer Liebe füreinander motiviert wurden. Ihr hartnäckiges Verlangen nach Gemeinschaft machte unserem Ältestenkreis klar, dass wir unsere Türen wieder ganz offiziell und öffentlich öffnen mussten.

Als wir schließlich unsere Gottesdienste für den Besuch vor Ort wiederaufnahmen, fragten sich einige, warum wir uns überhaupt dazu hatten hinreißen lassen, sie zeitweise auszusetzen. Um diese Frage zu beantworten, veröffentlichten unsere Ältesten die folgende Stellungnahme. Sie dient als passender Abschluss für diesen Teil unserer Geschichte:

> Die Ältesten der *Grace Church* hatten die ursprüngliche Verfügung der Regierung nicht deshalb erwogen und in freier Entscheidung in sie eingewilligt, weil wir glaubten, dass der Staat das Recht hätte, Gemeinden vorzuschreiben, wann, ob oder wie sie ihre Gottesdienste zu halten haben. Im Klartext heißt das, dass wir glauben, dass die ursprünglichen Verfügungen damals genauso eine unrechtmäßige Einmischung der Obrigkeit in gemeindliche Angelegenheiten darstellten, wie die aktuellen Verfügungen. Da wir zu jenem Zeitpunkt allerdings unmöglich in der Lage waren, den wahren Schweregrad des Virus zu kennen, und weil uns Menschen so am Herzen liegen, wie sie auch unserem Herrn am Herzen lagen, glauben wir, dass der Schutz der öffentlichen Gesundheit vor ernsthaften Krankheitserregern zurecht eine Aufgabe der Christen als auch der Obrigkeit darstellt. Deshalb folgten wir freiwillig den anfänglichen Empfehlungen unserer Regierung. Für Christen ist es selbstverständlich in Ordnung, wenn sie wegen einer Krankheit oder einer akuten Bedrohung der öffentlichen Gesundheit *vorübergehend* davon absehen, sich mit den Heiligen zu versammeln.
>
> Als der verheerende Lockdown begann, sollte er lediglich eine kurzfristige Notlösung sein mit dem erklärten Ziel, »die Kurve abzuflachen« – d. h., man wollte die Infektionsrate verlangsamen, um sicherzustellen, dass die Krankenhäuser

nicht überlastet würden. Außerdem gab es Schrecken einja-
gende Vorhersagen über die Todesrate. In Anbetracht dieser
Faktoren unterstützten die Ältesten die Maßnahmen, indem
sie die Richtlinien befolgten, die für Gemeinden erlassen
worden waren.

Doch das heißt nicht, dass wir damit unsere geistliche
Autorität an die weltliche Obrigkeit abgetreten hätten. Wir
haben von Anfang an betont, dass sich unser freiwilliger
Entschluss, obrigkeitliche Auflagen einzuhalten, jederzeit
ändern könnte, falls die Auflagen über das angegebene Ziel
hinausgehen oder falls Politiker sich ungebührlich in Gemeindeangelegenheiten einmischen oder falls uns Gesundheitsbeamte weitere Einschränkungen auferlegen sollten,
die darauf abzielen, den Auftrag der Gemeinde zu untergraben. Wir trafen jede Entscheidung im Bewusstsein unserer
eigenen Verantwortungslast. Unser Wunsch war es, beim
Handeln jede erdenkliche Fürsorge und Vernunft walten
zu lassen. Daher nutzten wir einfach die frühe Gelegenheit,
die Bedenken der Gesundheitsbeamten zu unterstützen und
um den selben Bedenken unter unseren Gemeindegliedern
Raum zu bieten (Phil 4,5).

Diese unverminderten Einschränkungen bestehen allerdings seit nunmehr 20 Wochen. Es ist offensichtlich, dass sich
die ursprünglichen Vorhersagen bezüglich der Todesrate als
falsch erwiesen haben und dass das Virus nicht annähernd
so gefährlich ist, wie man es ursprünglich befürchtet hatte.[10]

---

10 Ein Beispiel: In einem im August 2020 in einer Fachzeitschrift veröffentlichten
Artikel, der als Beitrag auf der Webseite der amerikanischen Nationalbibliothek für
Medizin und des nationalen Gesundheitsinstitutes (US National Library of Medicine/
National Institute of Health) veröffentlicht wurde, schrieben Forscher der Universitä-
ten von Stanford, Northwestern und Sydney Folgendes: »In der frühen Phase zogen
erfahrene Modellierer Parallelen zwischen COVID-19 und der Spanischen Grippe,
die über 50 Millionen Todesopfer im Durchschnittsalter von 28 Jahren gefordert hatte. Wir beklagen alle den aktuellen Stand der Todesopfer. Allerdings belaufen sich die
Todesopfer nach dem Stand vom 18. Juni auf ca. 450.000 mit einem Durchschnittsalter von ca. 80 Jahren und normalerweise mehreren Vor- und Begleiterkrankungen.
Herausragende Wissenschaftler erwarteten, dass es in den USA innerhalb von vier

Trotzdem sind bereits ungefähr 40 Prozent des Jahres vergangen, ohne dass unsere Gemeinde grundsätzlich in der Lage war, so zusammenzukommen, wie sie es normalerweise tut. Die Ältesten können den Hirtendienst an ihrer Herde nur sehr eingeschränkt tun. Die Einheit der Gemeinde nach innen und die Wirkungen der Gemeinde nach außen wurden bedroht. Gläubige entgingen Gelegenheiten, einander zu dienen. Außerdem hat sich das Leid der Christen, die besorgt, ängstlich, in Not, schwach oder ansonsten auf Gemeinschaft und Ermutigung dringend angewiesen sind, dermaßen verschlimmert, dass es weit über das hinausgeht, was man halbwegs als vertretbar oder als notwendig ansehen könnte. Größere öffentliche Veranstaltungen, die für das Jahr 2021 geplant waren, sind bereits abgesagt worden, was darauf hinweist, dass sich die Vertreter der Obrigkeit darauf vorbereiten, die Einschränkungen bis ins nächste Jahr hinein und darüber hinaus beizubehalten. Das zwingt Gemeinden dazu, sich zwischen dem klaren Befehl unseres Herrn und der Obrigkeit entscheiden zu müssen. Da wir uns der Autorität unseres Herrn Jesus Christus fügen, ist es unser freudiger Entschluss, ihm zu gehorchen.[11]

Wochen zu 100 Millionen Fällen kommen würde. Auch die Vorhersagen bezüglich der Voraussetzungen für die Krankenhäuser und die Intensivpflege gingen an den tatsächlichen Zahlen total vorbei. Politiker und Regierungsbeamte vertrauten Modellen (manchmal sogar sogenannten Black-Boxen ohne eine offengelegte Methodologie), die davon ausgingen, dass das Gesundheitssystem völlig überlastet werden würde. Doch nur sehr wenige Krankenhäuser gerieten schließlich an die Belastungsgrenze und wenn, dann auch nur für ein paar Wochen. Die Stationen der meisten Krankenhäuser blieben weitgehend leer. Die erwarteten Ansürme blieben aus.« John P. A. Ioannidis, Sally Cripps und Martin A. Tanner, »Forecasting for COVID-19 has failed«, 25. August 2020. Dieser Artikel ist online abrufbar unter: https://www.ncbi.nlm.nih.gov/pmc/articles/PMC7447267/.

11 Addendum (zu Deutsch: Nachtrag) zu »Christ, not Caesar, Is Head of the Church« (zu Deutsch: »Christus, nicht Cäsar, ist das Haupt der Gemeinde«), 24. Juli 2020, veröffentlicht auf der Website der *Grace Community Church*, https://www.gracechurch.org/news/posts/1988.

– Kapitel 2 –

WAS TUT DANN DER GERECHTE?

Nathan Busenitz

Es war das allererste Mal, dass ich eine Predigt ausschließlich über Zoom[12] hielt. Ich war zwar daran gewöhnt, diese Online-Plattform zu nutzen, um in einem virtuellen Klassenzimmer zu lehren, doch einen Bildschirm anzupredigen, war eine neue Erfahrung für mich. Nachdem ich mir meinen Morgenkaffee zu Gemüte geführt hatte, loggte ich mich an jenem Sonntagmorgen in den virtuellen Konferenzraum unserer Erwachsenen-Sonntagschule ein. Da ich die Galerieansicht eingestellt hatte, konnte ich in die Wohnzimmer der anderen teilnehmenden Familien hineinschauen. Sie saßen – ebenfalls mit ihrem Kaffee in der Hand – auf der Couch oder um den Esszimmertisch, um sich dem Studium von Gottes Wort zu widmen.

---

12 Ein Internet-basiertes System für Videokonferenzen des US-amerikanischen Softwareunternehmens *Zoom Video Communications*. (A. d. Ü.)

Als es an der Zeit war, die Predigt zu halten, begann ich, meinen Computerbildschirm anzupredigen. Das war recht seltsam. Niemals konnte dies ein Ersatz für eine persönliche Zusammenkunft sein. Jeder, der regelmäßig vor einer Gruppe von Leuten spricht, versteht die Dynamik, die sich ergibt, wenn man zu einem lebendigen Publikum spricht. Von den versammelten Zuhörern fließen Reaktionen und Energie zurück. Man merkt, wenn man zu seinen Zuhörern eine Verbindung bekommt und ob sie wirklich zuhören. Nichts von alledem kommt auf einem Bildschirm herüber. Da bist du mit deinem Computer alleine.

Trotz dieser Herausforderungen versuchte ich, unsere Sonntagschulklasse mit einer Wahrheit aus dem Buch der Psalmen zu ermutigen. Ein paar Monate später verkündigte ich dieselbe Botschaft während eines Sonntagabendgottesdienstes unserer gesamten Gemeindefamilie. Die Inhalte wurden später auch in einem meiner Blogartikel verarbeitet, der im Juni 2020 veröffentlicht und verteilt wurde.

Ich habe den Inhalt dieser Botschaft im Folgenden noch einmal wiedergegeben, weil er einen Einblick liefert in das, was sich während dieser Zeit ereignete. Dabei handelt es sich um Worte, die mein eigenes Herz ermutigt hatten und die ich folglich gerne auch an andere weitergab. Die zeitlose Wahrheit von Gottes Wort lieferte eine zum Zeitgeschehen passende Erinnerung daran, dass man dem Herrn trotz der vielen Unbekannten des Lebens stets vertrauen sollte.

DIE ANTWORT AUF ALLE UNGEWISSHEIT
Sommer 2020

Beispiellos. In den letzten Monaten habe ich diesen Begriff[13] häufiger zu hören bekommen, als je zuvor. Er scheint die jüngsten Ereignisse trefflich zu beschreiben. Wir leben in einer Zeit voller unerwarteter Entwicklungen und unverhoffter Herausforderungen auf sowohl internationaler als auch individueller Ebene.

In solchen Zeiten der Ungewissheit könnte unser Herz unablässig um Fragen kreisen wie: *Warum passiert das alles? Was machen wir nur? Wann hat dies alles ein Ende?* Was uns Gläubige anbelangt, so ist es überaus wichtig, dass wir diese Fragen aus einer biblischen Sicht beantworten. Die Wahrheit der Schrift lenkt unsere Aufmerksamkeit weg von unseren Umständen und richtet unser Augenmerk auf den Herrn. Wenn wir das tun, verwandelt sich unser Sorgen in Anbetung und unser unruhiges Herz kommt in ihm zur Ruhe .

VIER HÄUFIG GESTELLTE FRAGEN

Gottes Wort liefert das Gegenmittel für Angst und Sorgen. Viele Bibelabschnitte reden von der richtigen Reaktion auf Notlagen und Lebensprüfungen (z. B. Mt 6,25–34; Röm 5,1–5; Phil 4,6–7; Jak 1,2–4). In dieser Botschaft werden wir eine Gruppe von Psalmen ansehen, die jene Fragen zum Ausdruck bringen, die uns in Zeiten der Verunsicherung normalerweise umtreiben. Jeder der Psalmen 10–13 bringt die tiefempfundenen Sorgen des jeweiligen Autors zum Ausdruck, die sich aus seiner Re-

---

13 Im amerikanischen Original *unprecedented* für: beispiellos, ohnegleichen, neuartig, einmalig. (A. d. Ü.)

aktion auf die schwierigen Umstände ergeben. Gemeinsam benennen sie vier Fragen, die Menschen angesichts von Ungewissheiten und großen Widrigkeiten stellen. Lasst uns diese Fragen nun nacheinander ansehen.

Warum passiert das alles?

Weil er über die Ereignisse um sich herum entsetzt ist, beginnt der Autor von Psalm 10 mit der uralten Frage »Warum?«. Der Psalmist ruft in Vers 1: »Warum, HERR, stehst du fern, verbirgst dich in Zeiten der Drangsal?« Die nachfolgenden Verse beschreiben die Bestürzung des Autors, als er sieht, wie die Bosheit zunimmt und scheinbar außer Rand und Band gerät. Voller Verzweiflung fragt er sich: *Warum greift Gott denn nicht ein? Warum lässt er diese Dinge zu?* Solche Fragen fließen aus einem Herzen heraus, das aufgrund der turbulenten Umstände verwirrt und erschüttert ist. In Zeiten der Ungewissheit und des Chaos könnten uns leicht ähnliche Gedanken und Gefühle durch den Sinn gehen. Wir finden uns dann da wieder, wo der Psalmist ist und stellen dieselbe Frage wie er: Warum lässt Gott dies alles zu?

Was machen wir nur?

Eine zweite häufig gestellte Frage finden wir in Psalm 11. Dieser Psalm, der von David verfasst wurde, bringt die Last und den Kummer eines Mannes zum Ausdruck, der auf der Flucht vor seinen Feinden ist (in diesem Fall, vor König Saul). Zweifelsohne erschöpft und um sein Leben fürchtend, brachte David seine Not in Vers 3 mit der Frage zum Ausdruck: »Wenn die Grundpfeiler umgerissen werden, was tut dann der Gerechte?« Die Verwirrung, die David verspürte, ist nachvollziehbar. Immerhin war er der von Gott erwählte König; er hatte Israel mutig gegen Goliath verteidigt und er hatte Saul bei jeder Gelegenheit Ehre erwiesen. Trotz alledem befand er sich auf der Flucht, war gezwungen, um sein Leben zu rennen. Die Frage, die David hier über die Lippen bringt, ist eine, die wir alle an schwierigen Tagen stellen könnten: Was sollen Gottes Kinder nur tun, wenn alles Kopf zu stehen scheint?

Wo sind denn nur all die Gerechten hin?

Im Gegensatz zu Psalmen 10 und 11 weist Psalm 12 zwar keine ausdrückliche Frage auf, doch die unausgesprochene Anfrage ist im Text offenkundig. In Vers 2 klagt David sein Leid wie folgt: »Rette, HERR, denn der Fromme ist dahin, denn die Treuen unter den Menschenkindern sind verschwunden.« Wie Elia in 1. Könige 19,14 fühlte sich David alleingelassen bei seinem Eintreten für die Wahrheit und die Gerechtigkeit. Wir könnten das Anliegen Davids mit der folgenden Frage zum Ausdruck bringen: Wo sind denn nur all die gottesfürchtigen Einflüsse in der Gesellschaft geblieben? Es erschien David so, als wären sie allesamt verschwunden, er spürte ihre Abwesenheit sehr deutlich. Wenn wir heutzutage Zeuge des moralischen Verfalls der Kultur um uns herum werden, befinden sich unsere Herzen im Einklang mit dem Hilferuf Davids. Wir könnten uns dann dieselbe Frage stellen, die David sich stellte: Wo sind denn nur all die Gerechten hin?

Wie lange wird das noch dauern?

Seit Anfang der Pandemie fragen wir uns alle: Wie lange wird das noch dauern? Obwohl sich Davids Situation deutlich von der unsrigen unterschied, stellte er in Psalm 13 vier Mal dieselbe Frage. Er brachte sie folgendermaßen zum Ausdruck:

> Bis wann, HERR, willst du mich für immer vergessen?
> Bis wann willst du dein Angesicht vor mir verbergen?

Bis wann soll ich Pläne in meiner Seele hegen,
  Kummer in meinem Herzen bei Tag?
Bis wann soll sich mein Feind über mich erheben?
(Ps 13,2–3)

Davids wiederholte Frage findet bei uns deshalb Widerhall, weil wir bei jeder Lebensprüfung, die wir gerade durchmachen, stets ungeduldig deren Ende herbeisehnen. Ganz egal, ob man nun auf einen Feind reagiert (wie in Davids Fall) oder auf Befürchtungen, die unsere Gesundheit betreffen (wie wir heutzutage), ist es ganz natürlich, dass man sich über die Dauer dieses Zustands Gedanken macht. Und so mag es sein, dass wir uns fragen: Wie lange wird das noch dauern?

Eine überzeugende Antwort

Wie wir gesehen haben, bringen die Psalmen 10–13 vier häufige Fragen klar zur Sprache, die in Anbetracht von Ungewissheit und Schwierigkeiten aufgeworfen werden. Es ist ganz natürlich, dass man solcherlei Fragen stellt:

- Warum passiert das alles?
- Was machen wir nur?
- Wo sind denn nur all die rechtschaffenen Einflüsse geblieben?
- Wie lange wird das noch dauern?

Schon die biblischen Autoren stellten genau diese Fragen und wir selbst oder unsere Mitgläubigen könnten sehr ähnliche Fragen stellen.

Die folgende Beobachtung dürfte uns überraschen: Keiner dieser Psalmen beantwortet die konkrete Frage, die er aufwirft – zumindest nicht direkt. Stattdessen endet jeder dieser Psalmen damit, dass er eine andere und wichtigere Frage stellt und beantwortet. Anstatt sich mit Fragen nach dem *Warum*, dem *Was*, dem *Wo* und dem *Wie lange noch* zu beschäftigen, legen diese Psalmen schließlich ihr Augenmerk auf die Frage nach dem *Wer*: Wer hat alles unter seiner Kontrolle? Wer sitzt auf dem Thron? Wem solltest du in Zeiten der Ungewissheit vertrauen? Der Hauptaugenmerk eines jeden Psalms verschiebt sich von der natürlichen Anfrage aus der menschlichen Perspektive hin zur übernatürlichen Perspektive der Souveränität Gottes. Und genau darin liegt der Schlüssel für die Beantwortung unserer tief empfundenen Fragen, und diese Wahrheit wird unsere Herzen verändern.

Wer hat alles unter seiner Kontrolle?

In Beantwortung dieser Fragen, die sich uns angesichts der Umstände stellen, liefern diese Psalmen eine Antwort, die Gott in den Mittelpunkt rückt. Psalm 10 beginnt zwar mit der Frage: *Warum?*, doch erreicht er seinen Höhepunkt in Vers 16 mit einer Aussage, *wer* Gott ist: »Der HERR ist König immer und ewig; die Nationen sind umgekommen aus seinem Land.« Der Psalmist hat es nicht nötig zu wissen, *warum* die Dinge so sind, wie sie sind. Es reicht vollkommen aus, Denjenigen zu kennen, der alles weiß und der alle Dinge auf souveräne Weise zu seiner Ehre und zum Wohl der Seinen orchestriert.

Psalm 11 stellt in Vers 3 die Frage, »Was tut dann der Gerechte?«, wenn alles aus den Fugen zu geraten scheint. Der nächste Vers beantwortet diese Frage nicht mit einem Maßnahmenkatalog bezüglich dessen, was zu tun sei, sondern mit einer Erinnerung daran, *wer* Gott ist: »Der HERR ist in seinem heiligen Palast. Der HERR – in den Himmeln ist sein Thron.« Wiederum wird das Augenmerk wird auf die Person, die Allmacht und den Plan Gottes gelegt.

Die unausgesprochene, wenngleich angedeutete Frage von Psalm 12 lautet: »Wo sind denn nur all die Gerechten hin?« Auch dieser Psalm liefert keine direkte Antwort auf seine Frage. Stattdessen lenkt David seine Aufmerksamkeit auf die Wahrheit darüber, *wer* Gott ist. Trotz seiner Umstände weiß David, dass er dem Herrn vertrauen kann, weil Gott stets sein Wort hält. Denn die Verse 7–8 bezeugen: »Die Worte des HERRN sind reine Worte – Silber, das geläutert im Schmelztiegel zur Erde fließt, siebenmal gereinigt. Du, HERR, wirst sie bewahren, wirst sie behüten vor diesem Geschlecht bis in Ewigkeit.«

Die wiederholte Frage von Psalm 13 (»Bis wann […]?«) wird auf ähnliche Weise nicht dadurch beantwortet, dass die Dauer der Widrigkeiten besprochen wird, sondern indem auf Gottes souveräne Güte verwiesen wird. Der Psalmist formuliert den Schluss- und Höhepunkt seiner Überlegungen mit folgenden Worten: »Ich aber, ich habe auf deine Güte vertraut; mein Herz soll über deine Rettung frohlocken. Ich will dem HERRN singen, denn er hat wohlgetan an mir« (Vers 6). Der Kummer Davids ist in ein Lied verwandelt worden. Seine Haltung hat sich dramatisch verändert, obwohl seine Umstände dieselben geblieben sind. Diese Veränderung Davids hatte ihre Ursache nicht in einer Veränderung seiner Situation, sondern in einer Veränderung seiner Perspektive: Indem er seine Augen auf den Herrn richtete und sich vor Augen führte, *Wer alles unter Kontrolle hat* und *Wem er vertrauen kann*, war David in der Lage, gläubig vertrauend statt von Angst getrieben zu reagieren.

Die richtige Frage stellen

Die Psalmen 10–13 veranschaulichen sowohl die Fragen, die wir angesichts von Ungewissheit zu stellen geneigt sind, als auch jene grundlegende Frage, die wir stellen müssen, wenn wir auf diese ungewissen Umstände richtig reagieren wollen. Wie diese Psalmen aufzeigen, brauchen wir keine Antworten auf die Fragen nach dem *Warum* oder nach dem *Wie lange noch.* Solange wir die Antwort auf die Frage nach dem *Wer* kennen, gibt es keinen Grund, sich zu fürchten. Bewaffnet mit der Antwort auf diese entscheidende Frage können wir mit unerschütterlichem Mut auch durch Tage bisher ungeahnter Not schreiten, mit einem Herzen, in dem jene Zuversicht widerhallt, die Paulus in Römer 8,31 zum Ausdruck bringt: »Was sollen wir nun hierzu sagen? Wenn Gott für uns ist, wer gegen uns?«

– Kapitel 3 –

DIE STELLUNGNAHME

Nathan Busenitz

Die Ältestenbesprechung am Donnerstagabend, dem 23. Juli 2020, werde ich wohl niemals vergessen. »Männer, wir müssen alle verstehen, dass es sich hierbei um eine Riesensache handelt.« Mit diesen Worten ließ der Sprecher des Ältestenrats seinen Blick langsam durch die im Raum versammelte Runde der 40 Ältesten schweifen. »Ich werde jeden einzeln von euch im Raum fragen, ob ihr willens seid, diese Stellungnahme zu unterzeichnen.« Zu jenem Zeitpunkt wussten wir noch nicht, was die Auswirkungen oder Konsequenzen sein würden. Unsere Gemeinde würde wahrscheinlich eine Geldstrafe aufgebrummt bekommen. Wir könnten möglicherweise verhaftet und ins Gefängnis gesperrt werden. Zumindest würden wir für unseren Standpunkt, den wir im Begriff standen zu veröffentlichen, Kritik ernten. Allerdings wussten wir, dass es von größter Wichtigkeit war, Christus zu gehorchen, selbst wenn dieser Gehorsam darauf hinauslief, dass wir den Gesundheitsauflagen unseres Bundesstaates und unserer örtlichen Behörden nicht mehr länger Folge leisten würden.

Einige unserer Ältesten, einschließlich John MacArthur, hatten die Stellungnahme entworfen. Sie wurde daraufhin von den angestellten Ältesten durchgesehen, ehe sie dem gesamten Ältestenrat vorgelegt wurde. Die Stellungnahme betonte, dass Christus und nicht die Obrigkeit das Haupt der Gemeinde ist. Es handelte sich um ein biblisches Manifest, das mit Schriftbelegen darlegte, dass die Obrigkeit keine Autorität über die Lehre, den Gottesdienst oder die Verfassung der Gemeinde hat. Diese Angelegenheiten sind vom Herrn Jesus seinen Unterhirten, den Ältesten jeder Ortsgemeinde, anvertraut worden (1Pet 5,4). Wie wir unten noch näher erläutern werden, ist es Gehorsamspflicht jeder Gemeinde gegenüber Christus, jenen obrigkeitlichen Auflagen nicht zu folgen, die sich an der Fähigkeit der Gemeinde vergreifen, sich zu versammeln, ihren Dienst zu tun bzw. auf biblische Weise Gottesdienst zu halten.

Nacheinander äußerte sich jeder unserer Ältesten und pflichtete der Stellungnahme bei. Es war ein merkwürdig klarer Augenblick, wie aus den berühmten Szenen der Kirchengeschichte gegriffen. Einige der Männer sagten einfach nur: »Ich stimme zu.« Andere fügten noch zusätzliche Gedanken und ein persönliches Zeugnis hinzu. Ich bezog mich auf Daniel 6, als ich meinen Entschluss erläuterte, der Stellungnahme zuzustimmen. Meine Gedanken waren in etwa folgende: »Als Daniel sich dem Erlass des König Darius widersetzte, tat er das nicht nur, weil man ihm befohlen hatte, sich an etwas zu beteiligen, was unrecht war. Er widersetzte sich auch, weil man ihm befohlen hatte, etwas zu unterlassen, was richtig war. Wenn uns Vertreter der Obrigkeit verbieten, uns als gesamte Ortsgemeinde zu versammeln, oder wenn sie uns das Singen im Rahmen der gemeinsamen Anbetung untersagen, oder wenn sie uns untersagen, auf biblische Weise Gemeinschaft miteinander zu haben, dann müssen wir auf respektvolle Weise erklären, dass wir uns dem nicht beugen können. Denn würden wir das tun, würden wir das Richtige unterlassen, das Gott uns in der Heiligen Schrift zu tun geboten hat. Und man muss Gott mehr gehorchen als Menschen.«

Diese Ansicht wurde vom Rest unseres Ältestenteams geteilt. Wir wussten zwar nicht, was danach passieren würde, doch wir befohlen uns und unsere Gemeinde dem Herrn im Gebet an. Von jenem Zeitpunkt an würde die *Grace Community Church* wieder jeden Sonntag ihre Türen für die Öffentlichkeit öffnen. Am darauffolgenden Tag, am Freitag, dem 24. Juli, wurde die Stellungnahme auf unserer Gemeindewebseite veröffentlicht.[14] Wenn man an jenem Tag unsere Homepage besucht hätte, hätte man Folgendes zu Gesicht bekommen:

CHRISTUS, NICHT CÄSAR, IST DAS HAUPT DER GEMEINDE

Ein biblisches Argument für die Pflicht der Gemeinde, ihre Türen geöffnet zu halten

24. Juli 2020

Christus ist Herr über alle. Er ist das eine wahre Haupt der Gemeinde (Eph 1,22; 5,23; Kol 1,18). Er ist auch der König der Könige – souveräner Herrscher über jede irdische Autorität (1 Tim 6,15; Offb 17,14; 19,16). Seit jeher steht die *Grace Community Church* fest auf der Grundlage dieser biblischen Prinzipien. Als sein Volk sind wir seinem Willen und seinen Befehlen unterstellt, wie diese in der Heiligen Schrift geoffenbart worden

---

14 »Christ, not Caesar, Is Head of the Church« (zu Deutsch: »Christus, nicht Cäsar, ist das Haupt der Gemeinde«), 24. Juli 2020, veröffentlicht auf der Website der *Grace Community Church*, https://www.gracechurch.org/news/posts/1988.

sind. Deshalb können und werden wir uns keinem von der Obrigkeit auferlegten Moratorium[15] fügen, das darauf abzielt, unsere wöchentlichen gemeindlichen Gottesdienste oder andere regelmäßige gemeinschaftliche Zusammenkünfte auszusetzen. Ein Nachgeben diesbezüglich würde auf Ungehorsam gegenüber den klaren Geboten unseres Herrn hinauslaufen.

Einige werden der Ansicht sein, dass sich solch eine entschiedene Aussage mit dem in Römer 13 und 1. Petrus 2 dargelegtem Gebot, sich der Obrigkeit unterzuordnen, in Konflikt stehe. Die Schrift gebietet in der Tat einen überdachten, gewissenhaften Gehorsam gegenüber jeglicher Obrigkeit, einschließlich Königen, Gouverneuren, Arbeitgebern und deren Stellvertretern (in den Worten des Petrus: »nicht allein den guten und milden, sondern auch den verkehrten« [1Pet 2,18b]). Solange die Obrigkeit nicht versucht, kirchliche Autorität an sich zu reißen oder Verfügungen zu erlassen, die uns untersagen, dem Gebot Gottes Gehorsam zu leisten, sollte ihrer Autorität gehorcht werden, ob wir nun mit ihren Entscheidungen übereinstimmen oder nicht. Mit anderen Worten: Römer 13 und 1. Petrus 2 sind weiterhin verbindlich, was das Gewissen individueller Christen anbelangt. Wir sollen unserer Obrigkeit gehorchen als einer Autorität, die Gott selbst eingesetzt hat.

Wenngleich die Obrigkeit von Gott mit Autorität ausgestattet wurde, um den Staat zu regieren, gewährt keiner dieser beiden Bibelabschnitte (noch irgendein anderer) den menschlichen Herrschern Gerichtsbarkeit über die Gemeinde als solche. Gott hat drei Institutionen im Rahmen der menschlichen Gesellschaft eingesetzt: die Familie, den Staat und die Gemeinde. Jede dieser Einrichtungen besitzt einen zugewiesenen Verantwortungsbereich mit Zuständigkeitsbegrenzungen, die respektiert werden müssen. Die Autorität eines Vaters

---

15 Einstellungserlass; gerichtlich oder behördlich angeordneter Aufschub. (A. d. Ü.)

ist auf seine eigene Familie begrenzt. Die Autorität der Gemeindeältesten (die von Christus an sie delegiert wurde) begrenzt sich auf Gemeindeangelegenheiten. Und die Obrigkeit ist insbesondere damit beauftragt, den bürgerlichen Frieden und das bürgerliche Wohl innerhalb der Grenzen einer Nation oder einer Kommune zu beaufsichtigen und zu wahren. *Gott hat den Vertretern der Obrigkeit keine Autorität über die Lehre, die Praxis oder die Verfassung der Gemeinde gegeben.* Der biblische Rahmen begrenzt die Autorität einer jeden Institution auf den ihr zugewiesenen Geltungsbereich. Die christliche Gemeinde hat nicht das Recht, sich in die Angelegenheiten einzelner Familien einzumischen und elterliche Autorität zu übergehen. Eltern haben nicht die Autorität, staatliche Angelegenheiten unter Umgehung der zuständigen Vertreter der Obrigkeit zu regeln. Und gleichermaßen haben Vertreter der Obrigkeit nicht das Recht, sich in gemeindliche Angelegenheiten einzumischen auf eine Weise, die die gottgegebene Autorität der Ältesten untergräbt oder missachtet.

Wenn irgendeine dieser drei Institutionen die Grenzen ihres Zuständigkeitsbereiches überschreitet, ist es Pflicht der anderen Institutionen, diese unzulässige Einmischung zu unterbinden. Wenn demnach ein Vertreter der Obrigkeit eine Verfügung erlässt, die den Gottesdienst regelt (wie z. B. Singverbote, Teilnehmerbegrenzungen oder Versammlungs- bzw. Gottesdienstverbote), überschreitet diese Person die legitimen Grenzen ihrer von Gott zugewiesenen Autorität als Staatsdiener und reißt somit Autorität an sich, die Gott ausdrücklich nur dem Herrn Jesus Christus als dem Souverän seines Herrschaftsbereichs, der Gemeinde, zugewiesen hat. Seine Herrschaft wird durch jene Hirten und Älteste, die sein Wort lehren, an die Ortsgemeinden vermittelt (Mt 16,18–19; 2Tim 3,16–4,2).

Daher informieren wir, die Hirten und Ältesten der *Grace Community Church*, auf respektvolle Weise unsere zivilbehördlichen Leiter, dass sie mit ihrer kürzlich erlassenen Verfügung, die vorsieht, dass die Gemeinden in Kalifornien alle Zusammenkünfte bis auf Weiteres und unbefristet begrenzen oder aussetzen, ihren legitimen Zuständigkeitsbereich überschritten haben und dass uns unsere Loyalität gegenüber Christus verbietet, den betreffenden Auflagen und Einschränkungen, die unseren gemeindlichen Gottesdiensten auferlegt werden soll, Folge zu leisten.

Anders ausgedrückt: Die weltliche Obrigkeit besitzt kein Hoheitsrecht, gottesdienstliche Aktivitäten zu beordern, zu verändern, zu untersagen oder anzuordnen. Wann, wie und wie oft die Gemeinde Gottesdienste hält, fällt nicht in den Zuständigkeitsbereich Cäsars.[16] Cäsar selbst ist Gott unterworfen. Jesus bestätigte diesen Grundsatz, als er zu Pilatus sagte, »Du hättest keinerlei Gewalt gegen mich, wenn sie dir nicht von oben gegeben wäre« (Joh 19,11a). Und da Christus das Haupt der Gemeinde ist, fallen gemeindliche Angelegenheiten in den Herrschaftsbereich seines Reiches und nicht in den Herrschaftsbereich Cäsars. Jesus zog eine klare Trennungslinie zwischen diesen beiden Herrschaftsbereichen, als er sagte: »So gebt dem Kaiser, was des Kaisers ist, und Gott, was Gottes ist« (Mk 12,17a). Unser Herr gab dem Kaiser, was des Kaisers ist, aber er trat niemals das, was allein Gott gehört, an den Kaiser ab.

Als Hirten und Älteste dürfen wir kein Privileg und keine Autorität, die allein Christus als dem Haupt seiner Gemeinde gehören, an irdische Obrigkeiten abtreten. Christus hat ausschließlich den Hirten und Ältesten die Pflicht und das Recht gegeben, seine Autorität in der Gemeinde auszuüben (1Pet 5,1–4; Heb 13,7.17) – und die Heilige Schrift allein legt fest, wie und wem sie dienen

---

16 »Cäsar« (Kaiser) wird hier in Alliteration zu »Christus« stellvertretend für alle weltliche Obrigkeit verwendet. (A. d. Ü.)

sollen (1Kor 4,1–4). Sie sind nicht verpflichtet, sich Anordnungen einer Obrigkeit zu fügen, die versucht, den Gottesdienst oder die Verwaltung der Gemeinde zu reglementieren. Es ist in der Tat so, dass Hirten, die die von Christus an sie delegierte Verantwortung in der Gemeinde an einen Vertreter der weltlichen Obrigkeit abtreten, ihre Verantwortung gegenüber ihrem Herrn aufgeben und die von Gott eingesetzten Autoritätsbereiche verletzen, und damit nicht besser dastehen, als der weltliche Staatsdiener, der seine weltliche Autorität der Gemeinde auferlegt. Die Glaubensgrundlage unserer Gemeinde enthält seit über 40 Jahren folgenden Abschnitt:

> Wir lehren die Selbstständigkeit der örtlichen Gemeinde, frei von jeder externen Autorität und Kontrolle, versehen mit dem Recht auf Selbstverwaltung und der Freiheit von jeglicher Einmischung seitens irgendwelcher Hierarchien von Menschen oder Organisationen (Tit 1,5). Wir lehren, dass es der Heiligen Schrift entspricht, wenn wahre Gemeinden zum Zwecke der Darstellung und Verbreitung des Glaubens miteinander kooperieren. Jede Ortsgemeinde sollte jedoch durch ihre Ältesten und ihre Auslegung und Anwendung der Heiligen Schrift allein und eigenständig entscheiden, in welchem Umfang und mit welcher Methode sie mit anderen kooperiert. Die Ältesten sollen auch alle anderen Angelegenheiten bzgl. der Mitgliedschaft, der Verfahrensweisen, der Gemeindezucht, der Mildtätigkeit und der Leitung festlegen (Apg 15,19–31; 20,28; 1Kor 5,4–7.13; 1Pet 5,1–4).

Kurzum, als Gemeinde sind wir nicht auf die Erlaubnis des Staates angewiesen, um unserem Herrn so zu dienen und ihn so anzubeten, wie er es uns geheißen hat. Die Gemeinde gehört zur kostbaren Braut Christi (2Kor 11,2; Eph 5,23–27). Sie gehört ihm allein. Sie existiert aufgrund seines Willens und dient unter seiner Autorität. Er wird weder Angriffe auf ihre

Reinheit noch Verstöße gegen seine Funktion als Haupt der Gemeinde dulden. All dieses wurde begründet, als Jesus sagte: »Ich [werde] meine Gemeinde bauen, und die Pforten des Hades werden sie nicht überwältigen« (Mt 16,18b mit Fn.).

Christi eigene Autorität ist »über jedes Fürstentum und jede Gewalt und Kraft und Herrschaft und jeden Namen, der genannt wird, nicht allein in diesem Zeitalter, sondern auch in dem zukünftigen, und [Gott der Vater] hat alles seinen [Christi] Füßen unterworfen und ihn als Haupt über alles der Gemeinde gegeben, die sein Leib ist, die Fülle dessen, der alles in allem erfüllt« (Eph 1,21–23 mit Fn.).

Folglich beinhaltet die Ehre, die wir den Vertretern der irdischen Obrigkeit mit Recht schuldig sind (Röm 13,7), kein Nachgeben, wenn diese Staatsvertreter versuchen, die gesunde Lehre zu untergraben, biblische Moralität zu verderben, kirchliche Autorität auszuüben oder Christus als Haupt der Gemeinde in anderer Hinsicht zu verdrängen.

Der biblische Befehl ist klar und deutlich: Christus ist Herr über Cäsar – und nicht umgekehrt. Christus, nicht Cäsar, ist das Haupt der Gemeinde. Umgekehrt gilt auch, dass die Gemeinde in keiner Hinsicht den Staat regiert. Nochmals, es handelt sich um unterschiedliche Herrschafts- und Zuständigkeitsbereiche und Christus ist souverän über beide Bereiche. Weder die Gemeinde noch der Staat haben eine höhere Autorität als jene Autorität, die Christus selbst innehat. Er erklärte nämlich: »Mir ist alle Gewalt gegeben im Himmel und auf der Erde« (Mt 28,18).

Es gilt zu beachten, dass wir hier nicht auf der Grundlage unserer Verfassung argumentieren, wenngleich der Erste Zusatzartikel zur Verfassung der Vereinigten Staaten dieses Prinzip in seinen einleitenden Worten ausdrücklich beteuert: »Der Kongress soll kein Gesetz erlassen, das eine Einrichtung einer Religion zum Gegenstand hat oder deren freie Ausübung beschränkt«. Das Recht, auf das wir uns hier berufen, wurde nicht durch die Verfassung geschaffen. Es ist eines jener unveräußerlichen, allein von Gott gewährten Rechte, welcher auch die menschliche Obrigkeit verordnet und sowohl den Umfang als auch die Einschränkungen der obrigkeitlichen Autorität bestimmt hat (Röm 13,1–7). Unser Argument gründet sich deshalb bewusst nicht auf den Ersten Zusatzartikel. Es gründet sich vielmehr auf dieselben biblischen Prinzipien, auf die auch der Zusatzartikel basiert. Die Ausübung wahrer Religion ist eine göttlich auferlegte Pflicht, mit der Männer und Frauen betraut wurden, die im Bild Gottes geschaffen wurden (1Mo 1,26–27; Apg 4,18–20; 5,29; vgl. Mt 22,16–22). Mit anderen Worten: Bei der Religions- bzw. Gottesdienstfreiheit handelt es sich um ein Gebot Gottes, nicht um ein Privileg, das erst vom Staat gewährt würde.

In diesem Zusammenhang muss auf einen weiteren Punkt hingewiesen werden. Christus ist stets treu und wahrhaftig (Offb 19,11). Menschliche Obrigkeit ist nicht so vertrauenswürdig. Die Schrift sagt: »Die ganze Welt liegt in dem Bösen« (1Joh 5,19b). Das bezieht sich natürlich auf Satan. Johannes 12,31 und 16,11 bezeichnen ihn als »der Fürst dieser Welt«, was bedeutet, dass er durch die politischen Systeme dieser Welt Macht und Einfluss hat (vgl. Lk 4,6; Eph 2,2; 6,12). Jesus bezeichnete ihn als »Lügner und ihr [der Lüge] Vater« (Joh 8,44). Die Menschheitsgeschichte ist voller schmerzlicher Erinnerungen daran, dass die Macht der Obrigkeit leicht und häufig für böse Zwecke missbraucht wird. Politiker können Statistiken manipulieren und die Medien sind in der Lage, unangenehme Wahrheiten zu vertuschen oder zu verschleiern. Demnach darf sich eine urteilsfähige Gemeinde nicht einfach passiv oder automatisch fügen, wenn die Obrigkeit eine Schließung der gemeindlichen Zusammenkünfte anordnet –

selbst dann nicht, wenn sie mit Bedenken bezüglich der öffentlichen Gesundheit und Sicherheit begründet wird.

Definitionsgemäß ist die Gemeinde eine »*Versammlung*«. Das ist die wortgetreue Bedeutung des griechischen Wortes für Gemeinde *ekklesia*, »die [Versammlung der] Herausgerufenen«. Eine sich nicht versammelnde Versammlung ist ein Widerspruch in sich. Christen wird daher geboten, die Praxis regelmäßiger Zusammenkünfte niemals aufzugeben (Heb 10,25). Kein irdischer Staat hat das Recht, das Versammeln der Gläubigen einzuschränken, einzudämmen oder zu untersagen. Wir haben schon von jeher die Untergrundkirche in Nationen unterstützt, in denen christliche Zusammenkünfte zum Zwecke der gemeinsamen Anbetung vom Staat als illegal angesehen werden.

Wenn Vertreter der Obrigkeit den Gemeindebesuch auf eine bestimmte Teilnehmerzahl begrenzen, versuchen sie, eine Einschränkung aufzuerlegen, die es *im Prinzip* unmöglich macht, dass sich die Gläubigen *als Gemeinde versammeln*. Wenn Vertreter der Obrigkeit das Singen in den Anbetungsgottesdiensten untersagen, versuchen sie, eine Einschränkung aufzuerlegen, die es *im Prinzip* unmöglich macht, dass das Volk Gottes den Geboten von Epheser 5,19 und Kolosser 3,16 gehorchen kann. Wenn Vertreter der Obrigkeit vorschreiben, dass man Abstände zum Nächsten einhalten muss, dann versuchen sie, eine Einschränkung aufzuerlegen, die es *im Prinzip* unmöglich macht, dass die Gläubigen untereinander jene innige Gemeinschaft erfahren, die in Römer 16,16, 1. Korinther 16,20, 2. Korinther 13,12 und 1. Thessalonicher 5,26 geboten wird. In all diesen Bereichen obliegt es uns, uns zuallererst unserem Herrn unterzuordnen.

Obwohl wir in Amerika wohl kaum daran gewöhnt sind, dass sich die Obrigkeit in die Gemeinde unseres Herrn Jesus Christus einmischt, ist dies keinesfalls das erste Mal in der

Kirchengeschichte, dass Christen sich mit übergriffigen Einmischungen seitens der Obrigkeit oder feindlich gesinnten Herrschern herumschlagen mussten. Es ist sogar so, dass die Verfolgung der Gemeinde durch menschliche Obrigkeit in der Kirchengeschichte die Norm und nicht die Ausnahme sind. Die Schrift sagt: »Alle aber auch, die gottselig leben wollen in Christus Jesus, werden verfolgt werden« (2Tim 3,12). Aus historischer Sicht waren es stets die weltliche Obrigkeit und die falschen Religionen, die die Gemeinde hauptsächlich verfolgt haben. Die meisten Märtyrer des Christentums mussten ihr Leben lassen, weil sie sich weigerten, solchen Autoritäten zu gehorchen. Und das hatte Christus ja auch vorhergesagt: »Wenn sie mich verfolgt haben, werden sie auch euch verfolgen« (Joh 15,20b). In der letzten Seligpreisung sagte er: »Glückselig seid ihr, wenn sie euch schmähen und verfolgen und alles Böse lügnerisch gegen euch reden um meinetwillen. Freut euch und frohlockt, denn euer Lohn ist groß in den Himmeln; denn ebenso haben sie die Propheten verfolgt, die vor euch waren« (Mt 5,11–12).

Während wir also erleben, wie sich die Richtlinien der Politik immer mehr von den biblischen Prinzipien entfernen und wie der juristische und politische Druck gegenüber der Gemeinde immer mehr zunimmt, sollten wir ernsthaft in Betracht ziehen, dass der Herr diesen Druck als Läuterungsmittel gebraucht, um die wahre Gemeinde zu offenbaren. Wenn Gemeinden der Einmischung seitens der Obrigkeit nachgeben, könnte dies dazu führen, dass Gemeinden unbefristet geschlossen bleiben. Wie kann sich die wahre Gemeinde Jesu Christi in solch einem feindlich gesinnten Umfeld zu erkennen geben? Es gibt nur eine einzige Möglichkeit: Eine tapfere Gefolgschaftstreue gegenüber dem Herrn Jesus Christus.

Selbst da, wo sich Regierungen verständnisvoll gegenüber der Gemeinde gezeigt haben, mussten sich christliche Leiter oft gegen aggressive Vertreter der Obrigkeit wehren. In Genf, wo Calvin wirkte, mussten die Gemeindeleiter z. B. manchmal Versuche des Stadtrates zurückweisen, Aspekte des Gottesdienstes, der Gemeindeverfassung und der Gemeindezucht regeln zu wollen. Die Kirche von England hat sich niemals vollends reformiert, weil sich die britische Krone und das Parlament immer wieder in Kirchenangelegenheiten eingemischt haben. Im Jahr 1662 wurden die Puritaner von ihren Kanzeln gejagt, weil sie sich weigerten, den Erlässen der Obrigkeit bezüglich des *Book of Common Prayer*[17], des Tragens von liturgischen Gewändern und anderen zeremoniellen Aspekten des staatlich geregelten Gottesdienstes zu fügen. Der britische Monarch beansprucht bis heute, der höchste herrschende Titelträger und das Oberhaupt der anglikanischen Kirche zu sein.

Aber nochmals: *Christus ist das eine wahre Haupt seiner Gemeinde* und wir beabsichtigen, dieser wichtigen Wahrheit in all unseren Zusammenkünften Ehre zu erweisen. Aus diesem alles überragenden Grund können wir die einschneidenden Einschränkungen, die unserer Gemeinde derzeit von Vertretern der Obrigkeit auferlegt werden, nicht akzeptieren und wir werden uns diesen nicht fügen. Wir geben diese Stellungnahme weder aus Groll, noch aus einer Herzenseinstellung, die streitsüchtig oder rebellisch ist (1Tim 2,1–8; 1Pet 2,13–17), sondern in dem nüchternen Bewusstsein, dass wir uns vor dem Herrn Jesus für die uns als Hirten seiner kostbaren Herde anvertraute Haushalterschaft verantworten müssen.

 Den Vertretern der Obrigkeit sagen wir mit den Aposteln respektvoll: »Ob es vor Gott recht ist, auf euch mehr zu hören als auf Gott, urteilt ihr« (Apg 4,19). Und wir zögern nicht, auf

---

17 Agende bzw. Gebetbuch der anglikanischen Kirche. (A. d. Ü.)

diese Frage genauso zu antworten, wie die Apostel es taten: »Man muss Gott mehr gehorchen als Menschen« (Apg 5,29).

Es ist unser Gebet, dass jede treue Gemeinde im Gehorsam gegen unseren Herrn mit uns zusammensteht, so wie es Christen im Laufe der Jahrhunderte stets getan haben.

DIE REAKTIONEN AUF UNSERE STELLUNGNAHME

Vom Moment ihrer Veröffentlichung an erntete unsere Stellungnahme beachtenswerte Reaktionen. Viele Gemeindehirten und Gemeinden im ganzen Land pflichteten der Stellungnahme bei, die unsere Ältesten abgegeben hatten. Sie wollten sie unbedingt ebenfalls unterzeichnen, um zu zeigen, dass sie dieselben Überzeugungen mit uns teilen. Doch nicht jeder war begeistert von unserer Vorgehensweise. Ein Großteil der Kritik kam aus Quellen, von denen wir nichts Anderes erwartet hatten, wie z. B. von den Massenmedien und den weltlichen Tageszeitungen. Aber es gab auch reichlich Eigenbeschuss von anderen christlichen Werken in Form von Blogs, Kommentaren in den sozialen Medien und privater Korrespondenz. Die Stellung, die wir bezogen hatten, war eindeutig polarisierend.

Intern erkannten unsere Ältesten die Notwendigkeit, unseren eigenen Leuten dabei zu helfen zu verstehen, warum wir uns gezwungen sahen, so zu verfahren. Viele unserer Gemeindeglieder waren von Anfang an vollkommen überzeugt, sie begrüßten die Entscheidung, die Türen der Gemeinde wieder zu öffnen. Doch andere benötigten etwas mehr Zeit, um sich überzeugen zu lassen. Wir bemühten uns, hirtenhaft mit Geduld und Fürsorglichkeit auf sie einzugehen, indem wir unseren Gedankengang aus der Schrift darlegten (2Tim 2,25). Im Laufe der darauffolgenden Wochen sprach John MacArthur diese Angelegenheiten direkt von der Kanzel aus an. Der Rest unserer Ältesten sprach sie ebenfalls sowohl im Rahmen von Kleingruppen als auch in persönlichen Unterhaltungen an. Wir betonten die biblischen Prinzipien und theologischen Überzeugungen, die unsere Position untermauerten. Während dieser Zeit machte ich mich daran, diese Prinzipien strukturiert in einem Arbeitspapier darzustellen, das später in unserer Gemeinde als Seminar angeboten wurde. Dieses Material, das die biblische Begründung für unsere Position liefert, befindet sich in den Kapiteln 11 und 12 dieses Buches.

– Kapitel 4 –

RECHTSSTREIT UND FREIHEIT

Nathan Busenitz

»Ich freue mich sehr, euch zum friedlichen Protest der *Grace Community Church* willkommen zu heißen!« Mit diesen Worten begrüßte John MacArthur am 9. August 2020 ein mit Gottesdienstbesuchern gefülltes Auditorium. Ein großer Beifall brach im Saal aus. Für jene, die nicht in der Lage waren, in unserem Hauptversammlungssaal einen Sitzplatz zu bekommen, bot ein gigantisches Zelt auf dem Gemeindeparkplatz zusätzlichen Platz. Die Turnhalle und mehrere andere Klassenzimmer mussten ebenso herhalten, um dem Ansturm zu begegnen und die große Menschenmenge unterzubringen. Die Möglichkeit, die Gottesdienste auch im Livestream zu verfolgen, blieb ebenfalls für jeden bestehen, der es vorzog, zuhause zu bleiben. Die meisten unserer Gemeindeglieder wollten jedoch wieder zusammen sein. Ihre Begeisterung und Freude machten sich auf dem gesamten Gemeindegelände bemerkbar, als sich Gottes Volk zum Lobpreis, zum Hören von Gottes Wort und zur gemeinsamen Anbetung versammelte.

Unsere Gemeinde hatte zwei Wochen zuvor, am 26. Juli, unsere Vor-Ort-Gottesdienste wiederaufgenommen. Unser erster Sonntag des Wiederversammelns fand zwei Tage nach der Veröffentlichung der Stellungnahme der Ältesten statt. John leitete seine Predigt an jenem Morgen mit folgenden Worten ein: »Dies ist ein ganz besonderer Tag im Leben unserer Gemeindefamilie. Für uns bedeutet er eine Rückkehr zu dem, was wir am meisten lieben: die Gemeinschaft der Heiligen und die Anbetung unseres Herrn.«[18] Er erklärte, dass unser Beschluss, die Türen der Gemeinde wieder zu öffnen, gemischte Reaktionen seitens Außenstehender hervorgerufen hatte: »Es gibt Leute im ganzen Land und weltweit, die uns darin bestätigen und dankbar dafür sind, dass wir uns wieder versammeln […] Andererseits gibt es auch viele Leute, die nicht nachvollziehen können, warum wir dies tun. Wir verstehen das. Wir verstehen, dass die Welt die Wichtigkeit der Gemeinde nicht begreift. Die Welt versteht nicht, dass die Gemeinde nicht nur unverzichtbar[19] ist, sondern dass sie für verlorene Sünder sogar die einzige Hoffnung auf ewiges Leben ist.« Diese Wahrheit, dass die Gemeinde unverzichtbar ist, wurde zu einem einigenden Motto und Schlachtruf für unsere Gemeinde. Unser Ältestenkreis wusste, wie notwendig die Gemeinde ist, sowohl als geistliche Zuflucht für die Herde als auch als Zeuge des Evangeliums für das ungläubige Umfeld. Im Laufe der folgenden Wochen kam John immer wieder auf diesen Punkt zurück: »Wir machen heute einfach mit dem weiter, was wir schon die letzten 63 Jahre getan haben: Die Tü-

---

18 John MacArthur, »We Must Obey God Rather Than Men«, eine am 26. Juli 2020 gehaltene Predigt. Die Mitschrift ist online bei *Grace to You* erhältlich unter https://www.gty.org/library/sermons-library/81-87/we-must-obey-god-rather-than-men.

19 Hier wird im amerikanischen Original der juristisch-technische Begriff *essential* verwendet. Für Institutionen, Arbeitende oder Dienste mit dieser Eigenschaft der Unverzichtbarkeit galten Ausnahmen von den staatlichen Restriktionen wegen COVID-19. (A. d. Ü.)

ren der *Grace Community Church* waren stets weit geöffnet, um die Einwohner von Los Angeles willkommen zu heißen und um ihren geistlichen Bedürfnissen zu begegnen. Wir werden unsere Türen auch weiterhin offenhalten und allen, die sich dazu entschließen, mit uns gemeinsam Gottesdienst zu feiern, das Evangelium von Jesus Christus verkündigen.«[20]

ABMAHNUNG MIT UNTERLASSUNGSAUFFORDERUNG
Juli–August 2020

Unser Beschluss, die Türen der Gemeinde wieder zu öffnen, zog schnell die Aufmerksamkeit des Gesundheitsamtes des Landkreises Los Angeles auf sich. Drei Tage nach unserem ersten Sonntag des Wiederversammelns erhielt unsere Gemeinde am 29. Juli einen Brief von den Anwälten des Landkreises. Der Brief war an John MacArthur adressiert und begann wie folgt: »Der Landkreis Los Angeles (im Folgenden als ›Landkreis‹ bezeichnet) ist davon unterrichtet worden, dass die *Grace Community Church* am 26. Juli 2020 in ihren Innenräumen Gottesdienste mit körperlich anwesenden Gottesdienstbesuchern abgehalten hat. Medienberichte über die Gottesdienste beinhalten Fotografien, die Hunderte von Menschen in der *Grace Community Church* zeigten. Zudem ist eine Aufzeichnung des in den Innenräumen abgehaltenen Gottesdienstes online auf der Webseite der Gemeinde abrufbar. Seit dem 13. Juli 2020 ist das Abhalten von Gottesdiensten in Innenräumen im Land-

---

20 »Los Angeles church, pastor win in court Friday, can continue indoor services judge rules«, *Contra Costa Herald*, 14 August 2020, https://contracostaherald.com/los-angeles-church-pastor-win-in-court-friday-can-continue-indoor-services-judge-rules/. Zuletzt abgerufen am 28.12.2021.

kreis untersagt. Der Landkreis fordert die sofortige Einstellung der in Innenräumen abgehaltenen Gottesdienste bzw. anderer Zusammenkünfte in Innenräumen und die Befolgung der durch den Gesundheitsbeauftragten erlassenen Anordnungen zur Regelung von Aktivitäten in Anbetungsstätten. Falls Sie oder die *Grace Community Church* unter Missachtung des Gesetzes weiterhin Gottesdienste in ihren Innenräumen abhalten sollten, können sie straf- und zivilrechtlich belangt werden.«[21] Die für Verletzungen dieser Anordnung angedrohte Strafe belief sich auf bis zu 1.000 US-Dollar und bis zu 90 Tagen Haft. Jeder Tag, an dem sich unsere Gemeinde versammeln würde, würde einen eigenständigen Verstoß darstellen.

Da die Amtsführenden des Landkreises die Gemeinde nun unter Druck setzten, ihre Türen zu schließen, suchten sich unsere Ältesten den nötigen Rechtsbeistand. In Jenna Ellis, eine der hochrangigsten Rechtsberaterinnen von Ex-Präsident Donald Trump, fanden wir eine einflussreiche Verbündete. Ich begegnete Jenna erstmals, als sie unsere Gemeinde am Sonntag, dem 2. August besuchte. Sie versicherte uns, dass wir nicht nur aufgrund unserer biblischen Überzeugungen, sondern auch aufgrund des durch den Ersten Zusatzartikel unserer Verfassung garantierten Schutzes von Religionsgemeinschaften einen aussichtsreichen Fall darstellten. Jenna übernahm die rechtliche Verteidigung unserer Gemeinde in Zusammenarbeit mit einem Anwaltsteam der *Thomas More Society*, einer gemeinnützigen Anwaltskanzlei, die sich auf Fälle spezialisiert hat, die die Religionsfreiheit betreffen. Man

---

21 Ein am 29. Juli 2020 an die *Grace Community Church* gesandter Brief im Namen des Gesundheitsamtes des Landkreises von Los Angeles, https://eadn-wc01-1479010. nxedge.io/cdn/wp-content/uploads/2020/08/MacArthur-Ex.-5-1_Cease-and-Desist-Letter.pdf.

bot uns bereitwillig eine *kostenlose Rechtsberatung* an und wir
waren überaus dankbar für ihre Hilfe.[22]

Am 12. August reichte unser Anwaltsteam eine Klage im
Namen der *Grace Community Church* gegen Vertreter des Bundesstaates und des Landkreises ein. Das Ziel dieser Klage war
einfach: Wir kämpften für das Recht, allwöchentlich Gottesdienste abhalten zu dürfen, wie wir es von jeher getan haben.
Im Rahmen ihrer Argumentation wiesen unsere Anwälte darauf hin, dass die öffentlichen Gesundheitsauflagen nicht auf
gleiche Weise durchgesetzt wurden. Während die Behörden
das Recht von Demonstranten befürworteten, sich trotz ein-
deutiger Verstöße gegen die bestehenden Gesundheitsauflagen bei öffentlichen Demonstrationen zu versammeln, billig-
ten sie Gemeinden nicht dieselben Rechte und Privilegien zu.
Diese eklatante Bevorzugung verstieß gegen verfassungsmäßige Grundrechte und Grundfreiheiten, die den Gemeinden
sowohl auf Länder- als auch Bundesebene gewährt werden.
Unsere Anwälte betonten zudem die negativen Auswirkungen, die die vorgeschriebene Isolation auf die Gesellschaft und
auf das Ansinnen der Gemeinde hatte, sich um Menschen in
einer solchen kritischen Zeit zu kümmern. Sie erklärten: »In
Anbetracht der Tatsache, dass die Todeszahlen der ›COVID-
Selbstmord-Pandemie‹ die Todeszahlen der eigentlichen Co-
ronavirus-Pandemie übersteigen, hat die *Grace Community
Church* beschlossen, dass sie nicht länger untätig bleiben und
dabei zusehen darf, wie ihre Gemeindeglieder und deren Kinder unter einem Ausfall der Gottesdienste und Unterweisun-
gen ihres Glaubens leiden.«[23]

---

22 Als jemand, der Kirchengeschichte liebt, kam ich nicht umhin, hier auf eine Ironie
hinzuweisen. Sir Thomas More verfolgte während der englischen Reformation die
Protestanten. Fünf Jahrhunderte später setzt sich eine Anwaltskanzlei, die seinen
Namen trägt, für das Recht von Protestanten wie uns ein, uns allwöchentlich zum
Gottesdienst versammeln zu dürfen.

23 Jenna Ellis, zitiert aus »Los Angeles church, pastor win in court Friday, can continue

Daraufhin reichte der Landkreis Los Angeles gegen unsere Gemeinde Gegenklage ein wegen Missachtung der öffentlichen Gesundheitsauflagen und forderte beim Kammergericht von Los Angeles einen Unterlassungsbefehl an, um unsere Zusammenkünfte in Zukunft zu unterbinden.[24] Eine erste Anhörung fand am Freitag, dem 14. August statt. Die richterliche Entscheidung fiel weitgehend zugunsten unserer Gemeinde aus. Der Richter legte die Beweislast auf die Schultern des Landkreises, der mithin nachweisen musste, warum sein Ansinnen, die Gemeinde schließen zu wollen, berechtigt war. Eine Hauptanhörung wurde für den 4. September angesetzt, wobei der Gemeinde gestattet wurde, bis dahin ihre Gottesdienste weiterhin mit in Innenräumen Versammelten abzuhalten. Dieses Urteil war eine große Ermutigung für unsere Leute. Jenna Ellis brachte diese Empfindung mit den folgenden Worten zum Ausdruck: »Dies ist eine gewaltige Rechtfertigung für Pastor John und den Ältestenrat der *Grace Community Church*,

---

indoor services judge rules«. Hinsichtlich der Pandemie und deren Auswirkung auf die geistige Gesundheit und Suizidgedanken hat das US-amerikanische Gesundheitsministerium (auf der Webseite des CDC, *Centers for Disease Control and Prevention*) einen aufschlussreichen und auf den 14. August 2020 datierten Artikel veröffentlicht. Darin wurde angemerkt, dass »im Juni 2020 ein Anstieg von Zuständen, die sich schädigend auf die geistige Gesundheit auswirken, ein Anstieg von Drogenmissbrauch und von Selbstmordgedanken unter erwachsenen US-amerikanischen Bürgern verzeichnet wurden. […] Selbstmordgedanken nahmen ebenso zu. Ungefähr doppelt so viele Befragte berichteten, dass sie sich in den zurückliegenden 30 Tagen mit Selbstmordgedanken getragen hatten, im Vergleich mit Erwachsenen in den Vereinigten Staaten, die sie im Jahr 2018 bei der Beantwortung der Frage auf die vorausgehenden 12 Monate bezogen hatten (10,7 % gegenüber 4,3 %).« Czeisler M.É., Lane R.I., Petrosky E. u. a., »Mental Health, Substance Use, and Suicidal Ideation During the COVID-19 Pandemic – United States, 24.–30. Juni 2020«. *Morbidity and Mortality Report Weekly*, 14. August 2020, Nr. 69 (32); S. 1049–1057. https://www.cdc.gov/mmwr/volumes/69/wr/mm6932a1.htm?s_cid=mm6932a1_w.

24 Die Gegenklage, die vom Landkreis Los Angeles eingereicht wurde, ist online unter der folgenden Webadresse zu finden: http://file.lacounty.gov/SDSInter/lac/1076769_ COMPLAINT-ComplaintforViolationofEmergencyHealthOrdersandAbatementofPublicNuisance.pdf?utm_content=&utm_medium=email&utm_ name=&utm_source=govdelivery&utm_term=.

die einfach nur darum gebeten haben, dass ihr Recht auf die gemeinsame Anbetung ihres Herrn in der Gemeinde anerkannt und beschützt wird […] Wir freuen uns darauf, weiterhin die Rechtsvertretung in [ihrem] Namen übernehmen zu dürfen, indem wir das Gericht ersuchen, die Grundrechte von Kirchen und Gemeinden zu schützen.«[25]

Bei seinem vorläufigen Urteil bat der Richter die Gemeinde, in der Zeit bis zur Hauptanhörung am 4. September während der Gottesdienste gewisse Gesundheitsprotokolle umzusetzen. Die Ältesten waren bereit, dieser Bitte nachzukommen. Der Landkreis weigerte sich allerdings, das Urteil des Richters zu akzeptieren. Am darauffolgenden Tag, dem 15. August legte der Landkreis per Eilantrag Berufung ein und das kalifornische Berufungsgericht setzte die Entscheidung der Vorinstanz vorübergehend aus.[26] Demzufolge war das vorherige Urteil nicht mehr in Kraft und unser Rechtsfall war im Grunde wieder zum Ausgangspunkt zurückgekehrt.

Am nächsten Morgen, am Sonntag, dem 16. August, versammelte sich unsere Gemeinde zum Gottesdienst, wie wir es immer tun. In einem wenige Tage zuvor dem Nachrichtensender CNN gegebenen Interview hatte John MacArthur den Standpunkt der Gemeinde noch einmal deutlich erklärt: »Wir öffnen unsere Türen, weil uns dies wesenseigen ist: Wir sind eine Gemeinde.«[27] Als wir uns weiterhin versammelten, ver-

---

25 »Los Angeles church, pastor win in court Friday, can continue indoor services judge rules«, a. a. O.

26 Das Urteil des kalifornischen Berufungsgerichts vom 15. August 2020 kann unter der folgenden Verknüpfung eingesehen werden: https://file.lacounty.gov/SDSInter/lac/1076857_GraceChurchOrder.pdf. Für weitere Informationen s. Jesse T. Jackson, »Grace Community Church Given Permission to Have Services, Then Lost Permission, Again«, *Church Leaders*, 17. August 2020, https://churchleaders.com/news/380730-grace-community-church-permission-services.html.

27 John MacArthur in einem CNN-Interview, zitiert aus »Los Angeles County sues San Fernando Valley-based Grace Community Church over indoor services drawing thousands of people«, *KTLA 5*, 13. August 2020, https://ktla.com/news/los-angeles-

suchte der Landkreis, die Gemeinde wegen einer sog. »Missachtung des Gerichts« zu belangen. Doch am 20. August weigerte sich der Richter, dieser Forderung des Landkreises stattzugeben. Als es das Urteil der Vorinstanz aussetzte, hatte das Berufungsgericht nämlich nicht direkt angeordnet, dass die Gemeinde ihre Türen wieder schließen muss. Es hatte lediglich beteuert, dass der Landkreis das Recht hat, seine eigenen Gesundheitsauflagen durchzusetzen. Da gegen keine andere gerichtliche Verfügung verstoßen worden war, konnte auch keine Klage wegen Missachtung des Gerichts erfolgen.[28]

Vier Tage später, am 24. August, reichte der Landkreis abermals eine einstweilige Verfügung gegen die Gemeinde ein.[29] Aber wiederum wies dies der Richter aus gesetzlichen Gründen zurück. Weil das Berufungsgericht dem Landkreis bereits am 15. August eine einstweilige Verfügung in diesem Fall verwehrt und sich die Situation seitdem nicht verändert hatte, war der Richter der höheren Instanz nicht geneigt, der Forderung des Landkreises nachzukommen.[30] Die Beweisaufnahme unseres Falls wartete immer noch auf die Hauptanhörung, die für den 4. September angesetzt worden war. In der Zwischenzeit vertrauten wir weiterhin auf den Herrn und versammelten uns jeden Sonntag zur Gemeinschaft und zur Anbetung.

---

county-sues-san-fernando-valley-based-grace-community-church-over-services-with-thousands/.

28 Vgl. Valerie Richardson, »Judge rejects Los Angeles County's effort to hold Grace Community Church in contempt«, *The Washington Times* 20. August 2020, https://www.washingtontimes.com/news/2020/aug/20/judge-rejects-los-angeles-countys-effort-hold-grac/.

29 Vgl. »Judge mulls LA County's request for temporary restraining order against indoor church services«, *Los Angeles Daily News*, 24. August 2020, https://www.dailynews.com/2020/08/24/ judge-mulls-la-countys-request-for-temporary-restraining-order-against-indoor-church-services/.

30 Leah MarieAnn Klett, »Judge denies attempts to shutter Grace Community Church; MacArthur condemns ›misuse of power‹«, *The Christian Post*, 26. August 2020, https://www.christianpost.com/news/judge-denies-attempts-to-shutter-grace-community-church-macarthur-condemns-misuse-of-power.html?uid=10fc0f8f52.

EINE UNERSCHROCKENE ERKLÄRUNG
23. August 2020

In einer schriftlichen Erklärung gegenüber dem oberen Kammergericht des Landkreises Los Angeles vom 23. August legte John MacArthur die Gründe dar, warum unsere Gemeinde so entschlossen Stellung bezieht.[31] Seine Argumentation ging vom Wesen der Gemeinde aus. Er schrieb: »Die Hauptfunktion und der Hauptdienst der Gemeinde besteht im Abhalten von Gottesdiensten, in der Unterweisung von Kindern und darin, dass die Gemeinde buchstäblich ein Zufluchtsort für die Menschen in ihrer Nachbarschaft ist. [Seit März] ist diese Hauptfunktion schwer belastet und eingeschränkt worden. Daher, nachdem der Gemeinde 19 Wochen lang ihre Versammlungen vor Ort verboten worden waren, haben die Ältesten der *Grace Community Church* beschlossen, die Türen der Gemeinde wieder für diese Zusammenkünfte vor Ort zu öffnen.«

Die Erklärung fuhr fort mit dem Bericht, wie die Ältesten die Stellungnahme der Gemeinde einstimmig beschlossen hatten, und wies dabei darauf hin, dass unsere Pflicht, Gott gemeinsam anzubeten, die Autorität der Obrigkeit, eine solche Anbetung zu verbieten, aufhebt. Durchführungsverordnungen, die von Vertretern der Gesundheitsbehörden auf Landkreis- und Bundesstaatsebene erlassen wurden, machten die Zusammenkünfte unserer Gemeinde zum gemeinsamen Gottesdienst unmöglich. John MacArthur erklärte: »Die Gottesdienstverbote scheinen den Standpunkt zu vertreten, dass wir unsere Türen verschließen und unsere Gemeindeglieder dazu zwingen sollten, den Herrn auf Parkplätzen, in Parks

---

31 »Declaration of Pastor John MacArthur«, Los Angeles County Superior Court, 23. August 2020, https://www.thomasmoresociety.org/wp-content/uploads/2020/08/ Oppo-to-Ex-Parte-Renewed-TRO_MacArthur-Decl_JMT.pdf.

oder vielleicht an Stränden anzubeten – aber niemals in einem Kirchengebäude. Aus der Perspektive der *Grace Community Church* ist dies unsinnig und wir betrachten es als ein direktes Verbot, jener Anbetung nachzugehen, die unser Glaube erfordert. Angesichts der Größe unserer Gemeinde gibt es keinen Ort, wo wir uns im Freien miteinander versammeln könnten. Die Sommerhitze macht Zusammenkünfte unter freiem Himmel gesundheitlich bedenklich und sogar gefährlich. Unsere Experten haben widerlegt, dass Zusammenkünfte in geschlossenen Räumen wesentlich zur Verbreitung des Coronavirus beitragen. Ganz grundsätzlich aber dient der Gemeindesaal der *Grace Community Church* als geistliche Zuflucht für unsere Gemeindeglieder – und der Landkreis hat kein Recht, ihnen diese Zuflucht vorzuenthalten.«

Darüber hinaus erklärte er, dass das staatliche Verbot von Versammlungen der Gemeinde zum Gottesdienst »meine persönliche freie Ausübung der Religion sowie die freie Ausübung der Religion der *Grace Community Church* beeinträchtigen, weil hier Aktivitäten kriminalisiert werden, die uns von unserem Glauben direkt auferlegt sind. Als christliche Gemeinde haben wir eine moralische und religiöse Pflicht, unseren Gemeindegliedern weiterhin zu gestatten, sich in unseren Gemeinderäumen zu versammeln, um Gott anzubeten. Diese Gemeinde ist das Lebenszentrum für Tausende von der Krabbelstube bis zum Rentenalter. Unsere Gemeinde ist kein Veranstaltungszentrum. Sie ist eine Familie von Menschen, die sich auf äußerst innige Weise lieben und füreinander sorgen. Dies ist so wesentlich für ihr persönliches Wohlergehen, dass die Leute sofort zurückeilten, als es ihnen wieder möglich war. Die völlig unnötigen Entbehrungen, die unsere Leute inmitten all der Notlagen, Belastungen und Herausforderungen des Lebens erleiden mussten, weil ihnen mit Zwang unterbunden wurde, sich gegenseitig Liebe zu erweisen und füreinander zu sorgen, waren grausam.«

Was John MacArthur dem Gericht mitteilte, befand sich in Übereinstimmung mit den Prinzipien, die in der Stellungnahme unserer Ältesten betont worden waren. Die Zusammenkünfte der Gemeinde sind unentbehrlich für die gemeinschaftliche Anbetung, die biblische Gemeinschaft und den sorgfältigen Dienst der Gemeindehirten. Aus dem Wunsch heraus, den Herrn Jesus ehren zu wollen, blieb uns keine andere Wahl, als unsere Türen wieder zu öffnen. Das von der Obrigkeit verhängte Versammlungsverbot war für unsere Leute nicht nur grausam, sondern stellte auch einen Machtmissbrauch dar, der sowohl unbiblisch als auch verfassungswidrig ist.

DAS DRAMA GEHT WEITER
Herbst 2020

In den darauffolgenden Wochen hielt der Rechtsstreit zwischen dem Landkreis und der Gemeinde weiter an. Am 28. August informierte der Landkreis die Gemeinde, dass er den Pachtvertrag für einen der Gemeindeparkplätze zum 1. Oktober beenden würde – einen Pachtvertrag, der seit 1975 bestanden hatte. Das sah aus wie eine Vergeltungsmaßnahme. Jenna Ellis reagierte auf die Kündigung des Pachtvertrages mit folgenden Worten: »Der Landkreis Los Angeles übt an der *Grace Community Church* Vergeltung dafür, dass die Gemeinde lediglich ihr durch die Verfassung geschütztes Recht ausübt, Gottesdienste abzuhalten und eine unverhältnismäßige und gesetzeswidrige Gesundheitsverordnung anzufechten […] Wir haben in Amerika ein Rechtssystem, um sicherzustellen, dass die Exekutive nicht ihre Macht missbraucht. Die

Grace Community Church hat alles Recht, gehört zu werden, ohne deswegen Vergeltungsmaßnahmen befürchten zu müssen.« Sie fügte hinzu: »Die Gemeinde hat diesen Pachtvertrag 45 Jahre lang friedlich eingehalten. Der einzige Grund, warum der Landkreis nun eine Zwangsräumung durchsetzen will, ist der, dass John MacArthur sich gegen ihren verfassungswidrigen Machtmissbrauch wehrt.«[32]

In der darauffolgenden Woche, am 4. September, kam es schließlich zu der lang erwarteten Hauptanhörung. Das richterliche Urteil, das am 10. September bekanntgegeben wurde, fiel nicht zugunsten unserer Gemeinde aus. Der Richter gab dem Antrag des Landkreises auf eine einstweilige Verfügung statt und untersagte unserer Gemeinde die Zusammenkünfte, es sei denn, unsere Gottesdienste würden unter völliger Beachtung der Gesundheitsauflagen des Landkreises durchgeführt.[33] Unser Anwaltsteam nahm zwar den einstweiligen Rückschlag zur Kenntnis, versprach aber, weiterhin für unser Recht, uns sonntags in unserem Gemeindegebäude versammeln zu dürfen, zu kämpfen. Auch John MacArthur war seinerseits unverzagt. Am darauffolgenden Sonntag, dem 13. September, versammelte sich unsere Gemeinde wie gewöhnlich.

Abermals versuchte der Landkreis Los Angeles, uns wegen »Missachtung des Gerichts« zu belangen. Doch der Richter war wiederum nicht bereit, dieser Forderung stattzugeben. Stattdessen verwies er darauf, dass zuerst eine Gerichtsver-

---

32 »LA county takes back John MacArthur's parking lot amid dispute over church closure«, *Christianity Today*, 31. August 2020, https://www.christiantoday.com/article/la.county.takes.back.john.macarthurs.parking.lot.in.dispute.over.church.closure/135463.htm.

33 Siehe z. B. Debra Bharath, »Judge grants injunction prohibiting Sun Valley church from holding indoor services«, *Los Angeles Daily News*, 10. September 2020, https://www.dailynews.com/2020/09/10/judge-grants-injunction-prohibiting-sun-valley-church-from-holding-indoor-services/.

handlung stattfinden müsse, wo die Bedenken der Gemeinde bezüglich der Verfassungsmäßigkeit der Gesundheitsverfügungen verhandelt werden. Ein am 24. September auf der Homepage der *Thomas More Society* veröffentlichter Artikel erläuterte, was geschehen war: »Der Landkreis Los Angeles hat versucht, die Gemeinde zu schließen und MacArthur wegen Missachtung des Gerichts zu belangen, doch die Anwälte der *Thomas More Society* argumentierten, dass ein endgültiger Beschluss bezüglich der Verfassungsmäßigkeit der Gesundheitsverfügungen noch ausstehe und erst erfolgen müsse, *bevor* der Landkreis MacArthur wegen Missachtung verklagen kann, nur weil er Gottesdienste abhält.« In dem Artikel hieß es weiter: »Richter Mitchell L. Beckloff deutete seine Zustimmung dafür an, dass es ernste verfassungsmäßige Bedenken gebe, die noch nicht völlig gerichtlich geprüft wurden, und er bekräftigte, dass sein vorheriger richterlicher Beschluss bezüglich der einstweiligen Verfügung kein Urteil darstelle, das unter Betrachtung der Verfassungsmäßigkeit der Gesundheitsverordnungen gefällt worden wäre. Da eine Anhörung wegen ›Missachtung des Gerichts‹ ein Quasi-Strafverfahren ist, stimmte Beckloff zu, dass MacArthur und die *Grace Community Church* bei solch einem Verfahren ein Recht auf verfassungsmäßigen Schutz haben.«[34]

Diese richterliche Entscheidung war deswegen wichtig, weil sie jede bedeutsame Aktion seitens des Landkreises gegen die Gemeinde bis zu dem Zeitpunkt nach der Gerichtsverhandlung hinauszögerte. Wir waren überaus dankbar für den Fristaufschub und dankten dem Herrn für die Güte, die er uns gegenüber gezeigt hatte. Die Reaktion von John MacArthur auf den vorläufigen richterlichen Beschluss spiegelte die Ent

---

34 »MacArthur Prevails – California Court Says Church and Pastor Entitled to Trial«, *The Thomas More Society*, 24. September 2020, https://thomasmoresociety.org/macarthur-prevails-california-court-says-church-and-pastor-entitled-to-trial/.

schlossenheit unserer Gemeinde wider: »Wir werden unsere Gottesdienste weiterhin abhalten. Der Herr Jesus fordert uns auf, uns zu versammeln, und wir werden uns weiterhin daran halten, weil es uns geheißen wurde und weil es unser Recht ist. Ich bin Richter Beckloff äußerst dankbar, dass er uns die Einhaltung dieser rechtsstaatlichen Prinzipien zusichert und die Wichtigkeit dieser verfassungsmäßigen Schutzmechanismen anerkennt. Die Realität sieht so aus, dass der Landkreis nicht einmal in der Lage ist zu beweisen, dass seine Gesundheitsauflagen verhältnismäßig, geschweige denn notwendig, sind. Außerdem hat der Landkreis seine Auflagen willkürlich und auf diskriminierende Weise gegen Gemeinden angewendet, obwohl wir in Amerika einen höheren Schutz genießen, was das Abhalten von Gottesdiensten anbelangt. Ich werde weiterhin standhaft bleiben und wir werden weiterhin kämpfen, um die Religionsfreiheit der Gemeinde zu bewahren.«[35]

Am 13. November, dem Termin der nächsten Anhörung, setzte der Richter den Verhandlungstermin auf den 15. Januar 2021 fest. In den dazwischenliegenden beiden Monate geschahen bedeutsame Dinge und wir konnten uns dabei völlig auf die allweise Fürsorge unseres himmlischen Vaters verlassen. Gegen Ende November begann das Oberste Verfassungsgericht der Vereinigten Staaten Urteile zu fällen, die zugunsten von Gemeinden in Amerika ausfielen. Diese Urteile schafften wichtige Präzedenzfälle für unseren Fall. Als der 15. Januar herannahte, wurde der Gerichtstermin erneut verschoben. Auch im Verlauf der folgenden Monate wurde er immer wieder hinausgezögert. Im nächsten Monat, am 5. Februar, fällte das Oberste Verfassungsgericht ein Urteil, nach dem der Staat Kalifornien Gottesdienste in Innenräumen nicht länger unter

---

35 »MacArthur Prevails – California Court Says Church and Pastor Entitled to Trial«, a. a. O.

Verweis auf die Pandemie verbieten durfte. Diese höchste Instanz stoppte zudem ein Verbot des Bundesstaates, das den Gemeindegesang untersagte. Diese Urteile gingen zwar auf Klagen zurück, die von anderen kalifornischen Gemeinden angestrengt worden waren, doch sie waren bedeutsame Siege auch für unseren Fall.

Unser Verhandlungstermin wurde nochmals verschoben – diesmal auf den 23. Juni. Als dieser Termin schließlich gekommen war, waren die Coronavirus-Auflagen der Obrigkeit von Kalifornien zwischenzeitlich aufgehoben und ein Prozess war somit gegenstandslos geworden. Einen Monat zuvor, im Mai 2021, gewann die Gemeinde *Harvest Rock Church* in Pasadena einen ähnlichen Fall gegen den Bundestaat Kalifornien. Das Ergebnis dieses Urteils war, dass der Bundesstaat nicht länger Gemeinden oder Anbetungsstätten diskriminatorische Einschränkungen auferlegen durfte. Als wir Ältesten der *Grace Community Church* diese Nachricht hörten, freuten wir uns sehr.

Am Ende eines ein Jahr lang anhaltenden Rechtsstreits scheiterten schließlich endgültig alle Bemühungen des Landkreises, unsere Gemeinde zu schließen. Trotz der Androhungen und Einschüchterungsversuche Ende 2020 und Anfang 2021 kam unsere Gemeinde weiterhin jeden Sonntag zusammen, um ohne Störung gemeinsam Gottesdienst zu feiern. Ein Detail aus dieser Zeit hat sich fest in mein Gedächtnis eingeprägt. Über einige Wochen hinweg kamen Vertreter des Gesundheitsamtes in unsere Gottesdienste, um die Situation im Auge zu behalten und um uns Strafmandate wegen der Verstöße gegen die gesundheitlichen Auflagen auszustellen. Sie saßen im Gottesdienst, standen zum Singen und Beten mit auf und klatschten mit, wenn die Gemeinde applaudierte. Bevor sie uns verließen, stellten sie uns dann stets ein Strafmandat aus. Doch unsere Leute behandelten sich mit Nachsicht. Wir waren froh darüber, dass sie zu uns stießen, um zu hören, wie das Wort Gottes gepredigt und sein Lobpreis gesungen wurde. Insgesamt wurden zwischen dem 30. August und dem 7. November 2020 dreizehn Strafmandate ausgestellt.

Die Pandemie sorgte für einzigartige Herausforderungen für die Gemeinden in Amerika, einschließlich einer bis dahin noch nie dagewesenen Belastung aufgrund des Drucks, der seitens der Obrigkeit ausgeübt wurde. Die *Grace Community Church* hat diese Zeit allerdings nicht nur mit Ach und Krach überlebt. Durch Gottes Gnade florierte unsere Gemeinde. Die Gottesdienstbesucherzahlen nahmen zu, die finanziellen Opfer und Gaben steigerten sich und die »offenen Türen« bzw. die Dienstgelegenheiten stiegen exponentiell an. Aber noch viel bedeutsamer war, dass unsere Gemeindefamilie Zeuge der schützenden Macht Gottes wurde, die uns erlaubte, uns weiterhin zu versammeln, als Vertreter der Obrigkeit unsere Türen schließen wollten. Dafür geben wir ihm alle Ehre.

Am 31. August, gerade mal etwas mehr als ein Jahr, nachdem wir die erste Klage eingereicht hatten, genehmigte der Aufsichtsrat des Landkreises Los Angeles einen Vergleich mit unserer Gemeinde. Der Landkreis erklärte sich bereit, seinen Rechtsstreit mit der Gemeinde einzustellen und unserem Anwaltsteam seine durch den Fall entstandenen Kosten zu erstatten. Jenna Ellis machte daraufhin die folgende Erklärung: »Die Gemeinde ist unverzichtbar (*essential*). Die Religionsfreiheit und die Verfassung haben am heutigen Tage gegen die überzogenen, willkürlichen, vagen und eindeutig verfassungswidrigen Verfügungen von Gavin Newsom[36] und dem Landkreis Los Angeles den Sieg davongetragen. Ich bin überaus stolz auf John MacArthurs unerschütterliche Leiterschaft und seine

---

36 Gavin Christopher Newsom (*1967) ist ein US-amerikanischer Politiker der Demokratischen Partei und seit dem 7. Januar 2019 Gouverneur von Kalifornien. (A. d. Ü.)

standhafte Weigerung, die Stellung Christi als Haupt seiner Gemeinde an den Staat abzutreten. Ich hoffe, dass dieses hart erkämpfte Ergebnis sowohl Kalifornier als auch alle Amerikaner ermutigen wird, unerschütterlich für die Schutzrechte unserer Verfassung und gegen alle Tyrannei einzustehen.«[37]

Folgende Worte von John MacArthur liefern eine passende Zusammenfassung unserer Dankbarkeit gegenüber unserem Herrn für seine Güte und Obhut: »Wir sind überaus dankbar für die Bewahrung und die Fürsorge des Herrn während des ganzen letzten Jahres. Unsere Hingabe an das Wort Gottes und seine Gemeinde war nie ins Wanken geraten. Wir blieben einfach weiterhin standhaft, wie wir es von jeher getan haben und immer tun werden. Wir setzen unser Vertrauen auf den Herrn Jesus Christus, der das Haupt der Gemeinde ist. Während des ganzen letzten Jahres hat unsere Gemeinde seine segnende Hand auf eine bisher noch nie dagewesene Weise erfahren und die Verheißung des Herrn hat sich wieder einmal erfüllt: ›Ich werde meine Gemeinde bauen, und die Pforten des Hades werden sie nicht überwältigen‹«.

Um der Güte zu gedenken, die der Herr unserer Gemeinde während dieser Zeit erwiesen hat, wurde am Springbrunnen am Rondell der Gemeinde eine Gedenktafel angebracht. Darauf steht: »Zur Ehre Gottes für seine Treue gegenüber der *Grace Community Church* in den Jahren 2020 und 2021.« Darunter sind die Worte von Psalm 91,14–15 eingraviert:

> Weil er Wonne an mir hat, will ich ihn erretten;
> ich will ihn in Sicherheit setzen, weil er meinen Namen kennt.
> Er wird mich anrufen, und ich werde ihm antworten,
> *ich* werde bei ihm sein in der Bedrängnis;
> ich werde ihn befreien und ihn verherrlichen.

---

37 »Big Religious Liberty Win for John MacArthur and Grace Church«, *The Thomas More Society*, 1. September 2021, https://thomasmoresociety.org/big-religious-liberty-win-for-john-macarthur-and-grace-church/.

Es ist unser Gebet, dass diese Worte dienen mögen als fort-währende Erinnerung an Gottes unerschütterliche Treue ge-genüber den Seinen und als eine beständige Ermutigung für unsere Gemeinde, in ihrer Hingabe im Gehorsam gegenüber dem Herrn festzustehen, koste es, was es wolle.

IN VERBUNDENHEIT ZUSAMMENSTEHEN

Im Frühjahr 2021 war eine Beilegung unseres Rechtsstreits mit dem Landkreis Los Angeles abzusehen. Die Einmischung sei-tens der Obrigkeit ließ immer mehr nach. Dies traf allerdings nicht auf einige Gemeinden in anderen Teilen der Welt zu. Ein guter Freund von mir dient als Gemeindehirte in Südafrika. Aufgrund von strengen Lockdown-Auflagen war seine Ge-meinde mehrmals gezwungen, sich im Geheimen zu treffen. Der Schutz der Religionsfreiheit, der Südafrikanern gewährt wird, ist nicht derselbe, dessen wir uns in den Vereinigten Staaten erfreuen. Folglich blieb seiner Gemeinde keine andere Wahl, als in den Untergrund zu gehen. Bei einer Gelegenheit wandte er sich sogar an Älteste in China, um in Erfahrung zu bringen, welche Strategien sie bei der Leitung einer Unter-grundgemeinde verfolgen. Es war kaum zu glauben, dass so etwas in einer westlichen Nation passieren konnte, wo man gemeinhin auf eine Geschichte zurückblickt, in der die Reli-gionsfreiheit aufrechterhalten wurde. Doch die Zeiten haben sich geändert.

Es war schon ernüchternd, von einer Situation wie der in Südafrika zu hören. Doch zu erfahren, dass so etwas auch an einem Ort wie Kanada geschah, war regelrecht schockierend. In den folgenden Kapiteln wirst du die Geschichte von James Coates zu lesen bekommen und was ihm zugestoßen ist, als er sich darum bemühte, der *GraceLife Church* in Edmonton (Alberta, Kanada) ein treuer Hirte zu sein. Unsere Ältesten erfuhren von seiner Situation und unterstützten ihn unter Gebet aus der Ferne.

Am 23. Februar 2021 veröffentlichte ich den folgenden Artikel als Beitrag auf der Webseite des *The Master's Seminary*.[38] (*The Master's Seminary* ist eine Ausbildungsstätte für Prediger und Älteste, die sich auf dem Gelände der *Grace Community Church* befindet.) Der Artikel trug die Überschrift »Wir stehen an der Seite von Pastor James Coates« und bringt die Wertschätzung unserer Gemeinde für die mutige Stellung, die James und seine Gemeinde bezogen hatten, zum Ausdruck. Dieser Beitrag ist gleichzeitg eine passende Überleitung zum nächsten Abschnitt dieser Geschichte:

Die Seiten der Geschichtsbücher sind voller Beispiele von treuen Gläubigen, die mit Entschiedenheit Gott gehorchten, selbst wenn dies bedeutete, dem harten Widerstand von Mitmenschen ins Auge zu sehen. Als Daniel sich weigerte, mit seinem täglichen Gebet aufzuhören, wurde er in die Löwengrube geworfen. Als die Apostel sich weigerten, die öffentliche Verkündigung des Namens Jesu einzustellen, wurden sie verhaftet und ausgepeitscht. Als der Kirchenvater Polycarp sich weigerte, Christus zu verleugnen, wurde er auf dem Scheiterhaufen verbrannt. Als der Puritaner John Bunyan sich weigerte, mit dem Predigen aufzuhören, wurde er 12 Jahre ins Gefängnis geworfen. Viele weitere Beispiele könnten noch angeführt werden, aber der springende Punkt ist klar: Gott zu gehorchen ist nicht immer einfach. Aber dies war das Lebenszeichen aller Glaubenden zu allen Zeiten.

---

38 Nathan Busenitz, »We Stand with Pastor James Coates«, *The Master's Seminary*, 23. Februar 2021, https://blog.tms.edu/we-stand-with-pastor-james-coates. Zitiert nach: Uwe A. Seidel, »Wir stehen an der Seite von Pastor James Coates«, EBTC Blog, 18. März 2021, https://www.ebtc.org/blog/wir-stehen-an-der-seite-von-pastor-james-coates.

James Coates ist eine lebendige Illustration dieser Art von Entschlossenheit. Als Abgeordnete der Obrigkeit sich einmischten in die Fähigkeit der Gemeinde, sich frei zu versammeln und Gottesdienst zu halten, entschieden James und seine Mitältesten, dass sie Gott Priorität vor der Obrigkeit einzuräumen hatten. Diese mutige Stellungnahme hatte ihren Preis. James wurde verhaftet und angeklagt. Als er vor dem Richter erschien, wurde ihm mitgeteilt, dass man ihn freilasse, wenn er aufhören würde, Gottesdienste in seiner Gemeinde abzuhalten. Wie Luther einst auf dem Wormser Reichstag, antwortete er respektvoll, dass er dies niemals tun könne. Sein Gewissen sei gebunden an Gott und die Heilige Schrift. Das hatte zur Folge, dass James ins Gefängnis geworfen und wie ein gewöhnlicher Krimineller behandelt wurde.

Es ist klar, dass die Regierung in Edmonton an James ein Exempel statuieren will. Auch wir wollen James als Exempel [Vorbild] hinstellen, denn sein Verhalten war in der Tat vorbildlich. Die Fakultät, die Mitarbeiter und die Studierenden von *The Master's Seminary* stehen solidarisch zu James und seiner Gemeinde. Er erfüllt uns mit rechtem Stolz. Unser Wunsch ist es nämlich, Männer auszubilden, die nicht nur den Inhalt der Heiligen Schrift kennen, sondern ihre biblischen Überzeugungen auch ausleben. James ist so ein Mann. Wir stehen zu seinem Mut. Vielmehr jedoch geben wir unseren Beifall jenen unverhandelbaren Überzeugungen, welche die Begründung für solchen Mut bilden. Wir vertrauen dem Herrn in allem diesem und werden weiter für unseren geschätzten Bruder, seine Ehefrau, seine Söhne, seine Mitältesten und seine Gemeinde beten. Unser Gebet ist nicht nur, dass James bald aus der Haft entlassen und seiner Familie wiedergegeben werde, sondern dass als Ergebnis des Ganzen das Evangelium weit hinaus scheine zur Verherrlichung und Ehre Christi.

Soli Deo Gloria!

– Kapitel 5 –

GraceLife Church

James Coates

Im Herbst 2019 befand ich mich im Abschlussjahr des »Doctor of Ministry«-Programms am *The Master's Seminary*. Es gehörte zu den Anforderungen dieses Programms, eine Predigtreihe zu entwickeln, die auf unsere jeweilige Heimatgemeinde zugeschnitten war. Mein Projekt konzentrierte sich auf die Theologie der Verkündigung, ihren vorrangigen Stellenwert im Leben der Gemeinde und wie die Gläubigen die heiligende Wirkung der Verkündigung am besten nutzen können.

Im Abschnitt über die Theologie der Verkündigung sprach ich Themen wie die Autorität Gottes, die Stimme Gottes und die Gegenwart Gottes im gepredigten Wort an. Hinsichtlich der Frage, wie wichtig die Zusammenkünfte der Gemeinde sind, waren all diese Aspekte sehr relevant. Doch es war die dritte Komponente, die entscheidend war: Die Verkündigung von Gottes Wort vermittelt dem Volk Gottes die Gegenwart Gottes (1Kor 14,24–25). Diese Überzeugung ist nicht nur biblisch und stimmt mit der historischen reformatorischen Sicht der Wortverkündigung überein, sondern sie hebt auch die

Bedeutung der persönlichen Zusammenkünfte der gesamten Gemeinde hervor.

Das Ergebnis des gesamten Projekts war, dass die Gemeindeglieder nicht nur eine hohe Wertschätzung und eine biblisch korrekte Auffassung von der Wortverkündigung entwickelten, sondern dass sie die gemeindlichen Zusammenkünfte noch mehr als früher schätzten. Sie verstanden, dass die gemeindlichen Zusammenkünfte keinen Selbstzweck darstellten, sondern ein entscheidend wichtiges Mittel zur Förderung des geistlichen Wachstums und zur Verherrlichung Gottes ist (Joh 15,8).

DER LOCKDOWN BEGINNT
März 2020

Als der Lockdown in Kanada begann und Einschränkungen für kirchliche Zusammenkünfte umgesetzt wurden, war meine erste Reaktion recht skeptisch. Dennoch verhielten wir uns anfänglich regelkonform, und zwar aus folgenden Gründen:

Erstens befanden wir uns im selben Boot wie alle anderen. Wir kannten den Schweregrad des Virus nicht. Die anfänglichen Hochrechnungen und Modelle führender Wissenschaftler sagten eine Pandemie apokalyptischen Ausmaßes voraus.[39] Zweitens hatten wir überhaupt keine Ahnung, wie unser Rechtssystem funktioniert. Als unsere Obrigkeit der Öffentlichkeit Geldstrafen in Höhe von 100.000 kanadischen Dollar beim ersten Verstoß und 500.000 kanadischen Dollar beim Folgeverstoß androhte, waren die Konsequenzen für Nicht-

---

39 Madeline Osburn, »The Scientist Whose Doomsday Pandemic Model Predicted Armageddon Just Walked Back the Apocalyptic Predictions«, *The Federalist*, 26. März 2020, https://thefederalist.com/2020/03/26/the-scientist-whose-doomsday-pandemic-model-predicted-armageddon-just-walked-back-the-apocalyptic-predictions/.

befolgen ziemlich überzeugend: Nach einem zweiten Verstoß wären wir bankrott gewesen. Drittens: Als wir uns einen Überblick über die Reaktionen der Gemeindeleitungen anderer angesehener Gemeinden in unserer Provinz (Alberta) und in den Vereinigten Staaten verschafften, stellten wir fest, dass man sich im Allgemeinen an die Gesundheitsauflagen hielt. Unter dem zusammen genommenen Gewicht dieser Faktoren entschlossen wir uns, dem Großteil der beim ersten Gesundheitsnotstand verkündeten Verordnungen Folge zu leisten.

Es war allerdings offensichtlich, dass wir dies nur ungern taten. Am Sonntag, dem 29. März, nahm ich mir vor meiner Predigt geraume Zeit, um die Situation vor der versammelten Gemeinde anzusprechen. Dabei wies ich auf die Spannung zwischen Römer 13 und Hebräer 10,25 hin und sagte Folgendes: »Wir haben es also mit diesen beiden Befehlen zu tun, mit denen wir uns auseinandersetzen müssen und bezüglich derer wir Weisheit brauchen, um zu wissen, wann der Tatbestand erfüllt ist, dass die Obrigkeit ihren Zuständigkeitsbereich überschritten hat und somit gegen die Autorität Gottes verstößt. Demzufolge müssten wir dann die Entscheidung treffen, ob wir Gott oder Menschen gehorchen wollen.« Meine Abneigung (für Letzteres) war so offensichtlich, dass ich eine E-Mail von einem besorgten Gemeindeglied erhielt, welches dachte, dass wir uns doch mit etwas größerem Eifer und größerer Freudigkeit regelkonform zeigen sollten.

Die Einhaltung der vorgegebenen Kapazitätsgrenzen bedeutete für uns, die Gottesdienstbesucherzahlen zunächst auf 250, dann auf 50 und dann auf 15 zu begrenzen. Das ging sehr schnell: Während uns am 15. März noch 250 Gottesdienstbesucher erlaubt waren, wurden uns am 29. März nur noch 15 zugestanden. Das Kapazitätslimit von 15 blieb bis zum Sonntag, dem 17. Mai (acht Wochen lang) in Kraft. Da wir allein schon ungefähr sieben Personen brauchten, um den Livestream möglich zu machen, waren wir kaum mehr in der Lage, uns in irgendeiner Form zu versammeln.

DIE REAKTION DER GEMEINDE UND DIE AUSWIRKUNGEN
März–Juni 2020

Unsere Gemeinde liebt es, Zeit miteinander zu verbringen, insbesondere an Sonntagen. Wir sind von jeher eine Gemeinde gewesen, die viel von Gemeinschaft hält. Während viele Gemeinden sich leeren, bevor die Uhr Mittag schlägt, sind unsere Leute bis in den späten Nachmittag zusammen. Wenn sie dennoch schon kurz nach dem Gottesdienst gehen, hat es oft damit zu tun, dass sie andere zu sich nach Hause eingeladen haben. Sich rein online zu »versammeln«, genügte den Ansprüchen unserer Gemeinde überhaupt nicht. Natürlich versuchten sie, das Beste aus den »Online-Zusammenkünften« herauszuholen. Doch hätte man es ihnen nicht zweimal sagen müssen, und sie wären sofort begeistert wieder in das Gemeindegebäude zurückgekehrt.

Unsere Gemeindeglieder sind stets gut informiert, sowohl theologisch als auch im Allgemeinen. Sie denken kritisch über Kultur, Politik, Medizin, Bildung usw. nach. In vielen Fällen lag auch ein gesundes Maß ans Skepsis gegenüber der Reaktion der Obrigkeit auf das Virus vor. Einige in unserer Gemeinde waren der Ansicht, wir hätten unsere Türen noch früher wieder öffnen sollen, als wir es letztlich dann taten, sie offenbarten aber stets eine unterstützende und fügsame Einstellung.

Dennoch war es unglaublich schwierig, während dieser Monate auf die Zusammenkünfte zu verzichten. Insgesamt waren es 14 Wochen, in denen wir uns nicht als Gemeinde versammelten. Viele in unserer Gemeinde litten erheblich darunter, weil wir nicht nur auf den gemeinsamen Gottesdienst verzichten mussten, sondern weil auch die ganze Welt dabei war, aus den Fugen zu geraten. Große wirtschaftliche Ungewissheit, Sorgen, wie es weitergeht, und ein anhaltendes Gefühl des Isoliertwerdens machten sich breit. Gerade in solchen Zeiten ist der Leib Christi für die Ermutigung und das Ausharren überlebenswichtig. Im Gegensatz dazu mussten wir uns nun voneinander fernhalten.

HIRTENDIENST AN EINER ABWESENDEN HERDE
März–Juni 2020

Während dieser Zeit befand ich mich in der Anfangsphase meiner Predigtreihe durch Johannes 3. Das bedeutete für mich, dass ich Johannes 3,16 vor einer Kamera in einem leeren Gebäude predigte. Obwohl das Feedback unserer Gemeindeglieder nach wie vor positiv war, gab es einen Moment, der besonders entmutigend für mich war. Meine Familie und ich waren gerade von unserem Livestream nach Hause zurückgekehrt und ich war dabei, mein Jackett aufzuhängen. Ich hatte die zurückliegende Woche fleißig in der Schrift geforscht. Ich hatte gerade mein ganzes Herz in meine Predigt hineingelegt und war dennoch nicht in der Lage, mich mit dem Großteil der Menschen, die meiner geistlichen Obhut anvertraut worden waren, persönlich auszutauschen. Wie ging es ihnen wohl? War jemand von ihnen schwach und angeschlagen? Wurde jemand zu einer Sünde verführt? Die Worte des Apostel Paulus, die er in Verbindung mit solchen Bedenken anbrachte, schienen mir besonders relevant zu sein (2Kor 11,28–29). Ich erinnere mich noch gut, wie ich laut zu mir sagte: »Was, um alles in der Welt, machen wir nur?«

Es ist unmöglich, einer abwesenden Herde als Hirte treu und wirksam zu dienen. Sogar die Wortverkündigung ist ja so gedacht, dass sie von Mensch zu Mensch, vom Prediger zur versammelten Schar, erfolgt. Als Prediger geht man auf sein Publikum ein und es kommt zu Wechselwirkungen zwischen dem Prediger und den Versammelten. Schon alleine das Bild eines Hirten und seiner Herde bezeugen dies. Wie kann ein Hirte eine Herde weiden, die abwesend ist? Wie kann er sie beschützen? Wie kann er sich um ihre Wunden kümmern? Wir sollten uns davor hüten, das Leben im Leib Christi derart zu vergeistigen, dass die persönlichen Zusammenkünfte als belanglos betrachtet werden. Immerhin geht die Erlösung die ganze Person an – sowohl den Körper als auch die Seele.

VORBEREITUNGEN ZUR WIEDERERÖFFNUNG
Juni 2020

Obwohl unser Ältestenkreis sich entschieden hatte, sich den Gesundheitsauflagen zu beugen, war jeder von uns aktiv dabei, so viel wie möglich über die Pandemie und darüber, wie damit umgegangen wurde, in Erfahrung zu bringen. Schließlich kamen wir immer mehr zu der Überzeugung, dass die Reaktion der Obrigkeit auf das Virus eine Überreaktion war und dass das Virus nicht so schlimm war, wie es die Behörden ursprünglich vorhergesagt hatten. Die Statistiken der Gesundheitsbehörde der Provinz Alberta bestätigten diese Einschätzung. Doch zu jenem Zeitpunkt hatten wir noch keine ernsthafte Diskussion darüber geführt, unsere Gemeindetüren wieder zu öffnen.

Durch den Dialog mit einem anderen Gemeindeältesten in unserer Provinz bemerkte ich, dass ich bislang noch nicht über die aktuell zentrale Frage gepredigt hatte. Am Anfang des Lockdowns hatte ich den Gemeindegliedern zwar aus den Psalmen Zuspruch zukommen lassen, doch die große Frage, die im Raum stand, hatte ich noch nicht direkt angesprochen. Am ersten Sonntag im Juni hielt ich daher aus Römer 13 eine Predigt mit dem Titel »Die Obrigkeit auf ihren Platz verweisen«. Meine Gliederungspunkte waren: Der Ursprung, der Zweck und die Ehre der Obrigkeit. Ich betonte das Gebot, sich der Obrigkeit unterzuordnen. Ich sprach über die Folgen davon, wenn wir unser Gesundheitswesen der Verwaltung der Obrigkeit überlassen. Doch ich stellte auch die offensichtliche und hierher gehörende Frage: Gibt es irgendwelche Grenzen für die staatliche Autorität? Die biblische Antwort ist ein ganz klares Ja. Wann ist diese Grenze erreicht? Wenn unser Gehorsam gegen Gott mit unserem Gehorsam gegenüber der menschlichen Obrigkeit in Konflikt steht.

Würde man diese Predigt mit Teil 2 dieses Buches vergleichen, so würde man ein großes Maß an Kontinuität entdecken – sowohl bei der Bestimmung der Umstände, wo es angebracht ist, zivilen Ungehorsam zu üben, als auch bei der Beschreibung der Einstellung, die wir als Nachfolger Christi an den Tag legen sollten. Jene Predigt war es dann auch, die sowohl die Ältesten als auch die Glieder unserer Gemeinde darauf vorbereitete, unsere Gemeindetüren wieder zu öffnen.

Am darauffolgenden Sonntag predigte ich über den anderen im Zusammenhang mit dieser Diskussion oft zitierten Abschnitt, über Hebräer 10,19–25. Ich gab der Predigt den Titel »Ein Aufruf zum Ausharren« und gliederte sie nach der Grundlage und den Mitteln unseres Ausharrens. Die Grundlage unseres Ausharrens ist Christus. Die Mittel sind dreierlei: Gott im Gebet nahen (Heb 10,22), Festhalten an der Schrift (Vers 23) und Anreizung zur Liebe und zu guten Werken durch das gemeinsame Zusammenkommen (Verse 24–25).

Bei der Anwendung in Verbindung mit dem gemeinsamen Zusammenkommen betonte ich das besondere Wesen einer Zusammenkunft der Gemeinde und dass wir gegenwärtig nicht so als Gemeinde zusammenkamen (die erlaubte Kapazität zu jenem Zeitpunkt war auf 50 Personen beschränkt). Ich wies darauf hin, dass der Augenblick kommen würde, wo es notwendig sein würde, uns mit oder ohne den Segen unserer Obrigkeit und unserer Nachbarschaft als Leib Christi komplett zu versammeln. Außerdem merkte ich an, dass es eine Verbindung gibt zwischen dem Versäumen des Zusammenkommens und dem Risiko des Abfallens vom Glauben, weil der Autor des Hebräerbriefes in den darauffolgenden Versen eine der ernstesten Warnungen in Bezug auf den Abfall ausspricht. Hier liegt eine große Gefahr. Älteste, die sich bemühen, ihre gemeindliche Herde in Treue gegenüber dem Herrn zu hüten, sollten dies sehr sorgfältig bedenken.

Nach diesen beiden Predigten waren unsere Ältesten und ein Großteil unserer Gemeindeglieder bereit, zu unseren gemeinsamen Zusammenkünften zurückzukehren, auch wenn dies den Auflagen der Obrigkeit zuwider lief.

ENDE DES ERSTEN GESUNDHEITSNOTSTANDES
Juni 2020

Der erste ausgerufene Gesundheitsnotstand lief Mitte Juni aus und der Premierminister unserer Provinz (vergleichbar mit einem Gouverneur in den USA oder einem Ministerpräsidenten in Deutschland) entschied sich, ihn nicht zu erneuern. Das bedeutete, dass die Gesundheitsauflagen nicht mehr länger rechtlich durchsetzbar waren. Es gab zwar Richtlinien für Anbetungsstätten, aber es waren eben nur Richtlinien. Obwohl die strengen Kapazitätsgrenzen nicht mehr galten, riefen diese Richtlinien dazu auf, persönliche Sicherheitsabstände einzuhalten (sog. »*social distancing*«). Damit waren Gemeinden im Grunde angehalten, die Anzahl ihrer Gottesdienstbesucher so zu begrenzen, dass jeder den entsprechenden Sicherheitsabstand einhalten konnte. Wir öffneten dessen ungeachtet unsere Türen. Es oblag nun der Entscheidung eines jeden Einzelnen, seine Risikotoleranz bzgl. des Virus abzuwägen. Anstatt persönliche Sicherheitsabstände vorzuschreiben oder durchzusetzen, überließen wir diese Entscheidung jedem einzelnen Gemeindeglied.

Unser erster Vor-Ort-Gottesdienst wurde am 21. Juni 2020 abgehalten. Am Freitag zuvor schickten wir eine Bekanntmachung an unsere Gemeindeglieder hinaus, worin Folgendes stand:

Hallo *GraceLife*-Familie!

Nach reiflicher Überlegung, intensiver Diskussion und ernsthaftem Gebet geben wir mit Vorfreude und gespannter Erwartung bekannt, dass wir an diesem Sonntag, dem 21. Juni, zu annähernd normalen Gottesdiensten zurückkehren werden. Wir sind zudem begeistert anzukündigen, dass wir miteinander das Abendmahl feiern werden!

1. Da wir die Türen für unsere Gottesdienste wieder öffnen, ist es äußerst wichtig, dass wir uns fleißig darin üben, die Einheit zu bewahren, die wir in Christus haben (Eph 4,3). Einige finden diese Rückkehr zu unseren Zusammenkünften verfrüht und für andere geschieht sie nicht früh ge-

nug. Daher müssen wir in den schwierigen Fahrwassern der nächsten Wochen besonders darauf achten, einander in Liebe und mit Nachsicht zu begegnen. Wir müssen auch verstehen, dass es durchaus triftige Gründe dafür gibt, dass jemand die Rückkehr zu den Zusammenkünften noch ein Weilchen aufschiebt. Ob berufliche Gründe, ein hohes Risiko bei Erkrankung oder enger Kontakt mit einer Person mit hohem Risiko, in jedem Fall ist sorgfältiges Abwägen angebracht, bevor man wieder am Vor-Ort-Gottesdienst teilnimmt.

2. Für jene, die die Gottesdienste wieder besuchen werden, ist es wichtig, dass wir weiterhin verantwortungsvoll handeln und sinnvolle Maßnahmen ergreifen, um die Ausbreitung des Virus einzudämmen. Dementsprechend ermutigen wir jeden, sich zumindest noch ein paar Wochen zurückzuhalten, was Umarmungen und Händeschütteln anbelangt. Wir wissen, dass dies schwierig sein wird, insbesondere in Anbetracht der Liebe und Zuneigung, die wir füreinander empfinden. Doch dabei handelt es sich um Vorsichtsmaßnahmen, die zu ergreifen sind, um Infektionen vorzubeugen. Außerdem müssen wir daran denken, dass einige von uns aus den oben genannten Gründen mehr darauf achten müssen, Sicherheitsabstände einzuhalten, und sie darin unterstützen.

3. Obwohl es unser Gebet ist, dass der Herr diese Entscheidung, unsere Zusammenkünfte wiederaufzunehmen, segnen möge, indem er keine Infektionen zulässt, und obwohl Infektionen das Potenzial haben, negative öffentliche Aufmerksamkeit auf *GraceLife* zu ziehen, so verstehen wir, dass dies dennoch geschehen könnte. Der Premierminister von Alberta hat betont, dass es durch das Öffnen der Provinz mit hoher Wahrscheinlichkeit zu Infektionen und Todesfällen kommen wird. Wir verstehen aber auch, dass dieses Risiko von jeher bei Influenza (Grippe) und verschiedenen anderen Viren gegeben war. Darüber hinaus

ist dieses Risiko auch jedes Mal vorhanden, wenn wir das Haus aus irgendeinem anderen Grund verlassen. Deshalb muss jede Person bei der Entscheidung, ob sie zu Zusammenkünften zurückkehrt oder nicht, dieses Risiko selbst abwägen. Wenn man Symptome der Krankheit hat, sollte man selbstverständlich zu Hause bleiben.

4. Wenn wir unsere Gottesdienste wieder aufnehmen, wird im Gemeindesaal wahrscheinlich nicht genügend Platz vorhanden sein, um während des strukturierten Teils unserer Zusammenkünfte (d. h., im Gottesdienst an sich) persönliche Sicherheitsabstände einzuhalten. Wenn du gerne zurückkommen möchtest und genügend Platz für persönliche Sicherheitsabstände benötigst, melde dich bitte an. Die Empore wird eigens für diesen Zweck reserviert werden. Außerdem wird der Kücheneingang für jene reserviert, die auf der Empore sitzen wollen. Er bietet leichten Zugang zur Treppe, die zur Empore hinaufführt, und bietet auch einen leichten Ausgang. Je nachdem, wie viele Leute sich für diese Option anmelden, könnte eine wöchentliche Rotation erforderlich sein, ähnlich der Rotation, die wir in den letzten Monaten angewandt haben.

5. Was die derzeitigen Richtlinien betrifft, so verstehen wir sie momentan so, dass persönliche Sicherheitsabstände gesetzlich weder erforderlich noch durchzusetzen sind. Sie werden lediglich empfohlen. Während wir also jeden ermutigen, sinnvolle Maßnahmen zu ergreifen, um die Ausbreitung des Virus zu mindern, geschieht dies weniger aus der Perspektive, dass dies von staatlicher Seite vorgeschrieben ist, sondern vielmehr aus Gründen der Weisheit und Vorsicht. Bei der Wiederöffnung unserer Türen für die Zusammenkünfte gehen wir davon aus, dass uns sowohl COVID-19 als auch die Empfehlung, persönliche Sicherheitsabstände einzuhalten, auf absehbare Zeit begleiten werden. Diese Einsicht hat teilweise zu unserer Entscheidung beigetragen, unsere Gottesdienste wieder

abzuhalten. Die Gründe, die gegen eine Wiederöffnung der Gemeinde vorgebracht werden könnten, könnten möglicherweise auch für den Rest des Jahres 2020 gegeben sein, aber uns für eine so lange Zeit nicht zu versammeln, würde Gott verunehren, der uns geheißen hat, uns regelmäßig zu versammeln, und dessen souveräner Fürsorge sein Volk stets zu vertrauen hat.

6. Obwohl wir davon ausgehen, dass sich einige Gemeindeglieder dafür entscheiden werden, ein wenig länger zu warten, bis sie zurückkehren, haben wir beschlossen, am kommenden Sonntag das Mahl des Herrn zu feiern. Wir tun dies in dem Bewusstsein, dass auch unter normalen Umständen nie die Gesamtheit der Gemeindeglieder beim Mahl des Herrn anwesend ist. In Anbetracht der Tatsache, dass wir unsere Gottesdienste nun wieder abhalten und dass wir die Anzahl der Gottesdienstbesucher nicht mehr beschränken, glauben wir, dass auch die Feier des Herrenmahles berechtigt ist. Dass wir diese so wunderbare, vom Herrn selbst verordnete Erinnerungsfeier zeitweilig aufgeben mussten, war uns sehr schwer gefallen. Daher beabsichtigen wir, am kommenden Sonntag wieder auf diese Weise unseres Herrn zu gedenken. Wir werden Vorsichtsmaßnahmen ergreifen, um zu gewährleisten, dass die Mahlfeier so sicher und unbedenklich wie möglich vonstatten geht.

7. Am kommenden Sonntag, dem 21. Juni, wird die Krabbelstube (Kleinkinderbetreuung) vorläufig noch geschlossen bleiben. Wenn sich daran in den nächsten Wochen etwas ändern wird, werden wir euch rechtzeitig informieren.

Ungeachtet dessen, wie du persönlich zu dieser Entscheidung stehst, bete bitte, dass der Herr unsere Zusammenkünfte anerkennen und segnen möge. Wir haben uns in den vergangenen drei Monaten weitgehend an die Auflagen der Obrigkeit gehalten. Wir haben dies aus Gehorsam gegenüber dem Herrn getan (Röm 13,1–7). Und Gehorsam gegenüber dem Herrn führt uns nun dazu, dass wir unsere Zusammenkünfte wieder aufnehmen (Heb 10,24–25). Möge Gott verherrlicht werden! Mögen die Seinen erbaut werden! Und möge all das, was wir tun, von der Liebe füreinander geleitet und bestimmt werden: »Alles bei euch geschehe in Liebe« (1Kor 16,14).

– Kapitel 6 –

SCHLIESSUNGEN UND ÜBERZEUGUNGEN

James Coates

Unsere Entschlossenheit, die Gemeinde für Gottesdienste wieder zu öffnen, wurde nur wenige Sonntage später auf die Probe gestellt. Aufgrund einiger positiver Fälle entschieden wir Anfang Juli, unsere Türen vorsichtshalber wieder zu schließen und den Gottesdienst für die nächsten beiden Sonntage ausschließlich als Livestream anzubieten. Folgende Ankündigung verschickten wir am Freitag, dem 10. Juli:

Liebe *GraceLife*-Familie,

in Anbetracht der COVID-19-Fälle, die unlängst unter unseren Gemeindegliedern aufgetreten sind, werden wir unsere Gottesdienste an den nächsten beiden Sonntagen auf den Livestream begrenzen. Das gibt uns ein Zeitfenster, in dem weitere mögliche Fälle zutage treten können. Vorerst planen wir, im Anschluss daran unsere annähernd normalen Gottesdienste abzuhalten, beginnend mit Sonntag, dem 26. Juli. Je nach Informationslage könnten wir diesen Plan jedoch auch wieder ändern.

Wir ergreifen diese Maßnahme, um die Ausbreitung des Virus zu verlangsamen. Zudem wollen wir auch nicht das Narrativ[40] nähren, dass Gemeindezusammenkünfte sogenannte »Superverbreiterereignisse«[41] seien. Indem wir für zwei Sonntage auf reine Online-Übertragung des Gottesdienstes umstellen, glauben wir, im besten Interesse der Gemeinde, unseres ungläubigen Umfelds, anderer Gemeinden und des Evangeliums zu handeln.

Obwohl wir Verhaltensweisen nicht kontrollieren können und auch nicht wollen, möchten wir euch bitten, während der veranschlagten Zeit gegenüber Gemeindegliedern stets die Sicherheitsabstände einzuhalten. Dadurch sollte es einfacher sein, diese anfänglich unter den Gemeindegliedern aufgetretenen Fälle zu isolieren und somit die Ausbreitung des Virus zu verlangsamen. Diese Maßnahmen sollten zudem dazu beitragen, dass wir uns am 26. Juli wieder versammeln können.

Es könnte sein, dass wir diesen Ansatz grundsätzlich wählen, um in der absehbaren Zukunft die Ausbreitung des Virus einzudämmen. Sofern also Fälle in der Gemeinde auftreten, könnten wir dann ab und zu wieder zu Livestream-Gottesdiensten übergehen.

Außerdem würde es uns eine große Hilfe sein, wenn ihr einen der Gemeindeleiter von jedem positiven Testergebnis zeitnah in Kenntnis setzen würdet. Genau genommen würde es uns auch helfen, zu wissen, ob jemand Symptome aufweist

---

40 Narrativ: Eine konstruierte Erzählung, die einen gewissen Sinn oder eine bestimmte Botschaft vermitteln soll. (A. d. Ü.)
41 Als Superverbreitungsereignis (engl. *superspreading event*) wird ein plötzliches, explosionsartiges Übertragungsereignis bezeichnet, bei dem bestimmte Infizierte, sog. Superverbreiter (engl. *superspreader*), ungewöhnlich viele Folgefälle mit einem bakteriellen oder viralen Krankheitserreger anstecken, während die meisten Infizierten nur wenige oder niemand anderen infizieren. Quelle: https://de.wikipedia.org/wiki/Superverbreitungsereignis, abgerufen am 04.01.2022. (A. d. Ü.)

aufgrund des Kontakts mit jemandem, der bereits positiv getestet wurde. Falls ihr irgendwelche weiteren Fragen oder Bedenken habt, richtet sie bitte an unsere Gemeindeleiter.

Gott ist gut! Wir durften drei wundervolle Sonntage miteinander genießen. Es war ein ausgesprochener Segen, uns wieder zu versammeln. So der Herr will, ist diese neuerliche Pause nur eine kurze Zäsur in unserem Bemühen, einen Weg durch die Pandemie zu finden.

WIEDERERÖFFNUNG
26. Juli 2020

Entsprechend unserer Planungen beabsichtigten wir, unsere Türen am Sonntag, dem 26. Juli wieder zu öffnen. Diese Entscheidung stand im Grunde schon fest, wenngleich wir bis zum Freitag davor abwarteten, dies bekanntzugeben. Zufällig wurde am selben Tag die Stellungnahme der *Grace Community Church* mit dem Titel »Christus, nicht Cäsar, ist das Haupt der Gemeinde« veröffentlicht. So hängten wir diese mit dem Vermerk »Wichtiger Artikel« an unsere gemeindeinterne Bekanntgabe an.

Das Wiederöffnen unserer Gemeindetüren war diesmal umstrittener. Man bat uns, doch bitte deutlicher zu erklären, warum wir uns wieder versammeln wollten. Einige störten sich daran, dass wir die Stellungnahme der *Grace Community Church* angehängt hatten. Dies erweckte den Eindruck, dass unser Beschluss, die Gemeinde wieder zu öffnen, davon beeinflusst worden war. Das war aber nicht der Fall, wenngleich wir uns in völliger Übereinstimmung mit dieser Stellungnahme befanden. Schon als wir unsere Türen im Vormonat geöffnet hatten, hatten wir das aus eigenem Antrieb getan, und so war es auch dieses Mal.

In Anbetracht des kritischen Feedbacks, dass wir von einer Reihe von Gemeindegliedern erhielten, beschlossen wir, deren Bedenken anzusprechen und diese Antwort allen zugänglich zu machen. Wir setzten ein Dokument auf, das darauf abzielte, alle ihre Fragen zu beantworten. Darin stand Folgendes:

Nachfolgend versuchen wir, viele der Fragen zu beantworten, die aufgeworfen wurden.

1. Glauben wir, dass die Gemeinde von der Obrigkeit Albertas verfolgt wird?

Gott sei Dank, nein. Wenn wir den Vergleich mit verschiedenen anderen Regierungen ziehen, so sind wir im Großen und Ganzen dankbar für die Art und Weise, wie der Premierminister von Alberta mit der Pandemie umgegangen ist. Dass wir den Artikel der *Grace Community Church* unserer letzten Mitteilung vom 24. Juli 2020 beigefügt hatten, geschah (wie angegeben) nur, weil wir dachten, es sei ein wichtiger Artikel zum Thema. Unsere Entscheidung, die Türen am vergangenen Sonntag wieder zu öffnen, war intern schon vor der Veröffentlichung dieser Stellungnahme gefallen und wurde in keiner Weise davon beeinflusst. Dennoch möchten wir darauf hinweisen, dass wir den Standpunkt der *Grace Community Church* samt dessen Begründung befürworten.

2. Glauben wir, dass Verfolgung jene Schwelle ist, die erst überschritten werden muss, um zivilen Ungehorsam zu rechtfertigen?

Nein, das glauben wir nicht. Pastor James hat dies ziemlich deutlich und direkt in seiner Predigt über Römer 13 angesprochen. Die Schwelle für das Praktizieren zivilen Ungehorsams ist dann überschritten, wenn die Obrigkeit uns dazu auffordert, Gott ungehorsam zu sein. In solchen

Fällen müssen wir Gott mehr gehorchen als Menschen (Apg 5,29).

3. Wieso hatten wir uns dann den vorherigen Versammlungsbeschränkungen der Obrigkeit gebeugt?

Wir hatten uns in erster Linie aufgrund der anfänglichen Informationen über den vermeintlichen Schweregrad von COVID-19 an die Einschränkungen gehalten. Obwohl wir auch damals den Schweregrad des Virus in Frage gestellt hatten, erkannten wir an, dass wir über diese Angelegenheit nicht genug wussten. Wir hielten eine Regelkonformität bezüglich der Auflagen und Einschränkungen während des Gesundheitsnotstands für besonnen.

Als aber immer mehr Informationen zur Verfügung gestellt wurden, wurde klar, dass die anfänglichen Vorhersagen bezüglich des Schweregrads des Virus beträchtliche Überschätzungen waren. Angesichts dieser Informationen und angesichts des Endes des Gesundheitsnotstands hielten wir es vor Gott für richtig, die regelmäßigen gemeinsamen Gottesdienste wieder aufzunehmen.

4. Glauben wir, dass man das Virus ernstnehmen und es meiden sollte?

Wir glauben, dass man das Virus ernstnehmen sollte. Wir erkennen an, dass eine Infektion zum Tod führen kann. Deshalb sollten angemessene Maßnahmen ergriffen werden, um eine Infektion zu vermeiden (solche Maßnahmen, mit denen man sich auch vor Grippe schützt). Gleichwohl glauben wir nicht, dass das Virus so schwerwiegend ist, dass ein Nicht-Versammeln für uns derzeit gerechtfertigt wäre. Nach unserem Ermessen scheinen die von der Obrigkeit verhängten Einschränkungen zur Minderung der Ausbreitung des Virus überzogen zu sein. Obwohl das Virus zweifelsohne Todesopfer fordern könnte, ist dies, sta-

tistisch gesehen, nicht sehr wahrscheinlich (https://www.
alberta.ca/covid-19-alberta-data.aspx).

Die Zahl der Todesfälle beträgt in Alberta aktuell 195 (obwohl man unterscheiden muss zwischen einem Sterben
mit COVID-19 und einem Sterben *an* COVID-19). Nach
unserem Verständnis haben sich die meisten Todesfälle
in Langzeitpflegeeinrichtungen ereignet (ca. 75 %). Das
durchschnittliche Alter der Todesopfer liegt bei 83 Jahren
(die durchschnittliche Lebenserwartung in Alberta liegt
bei 81,5 Jahren). Diese Faktoren müssen bei der Einschätzung der Gefährlichkeit des Virus berücksichtigt werden.

5. Glauben wir, dass ein ausschließlicher Livestream-Gottesdienst eine gemeindliche Zusammenkunft der *GraceLife
Church* darstellt?

Nein, das glauben wir nicht. Das griechische Wort für
»Gemeinde« (nämlich *ekklesia*) ist ein Wort, das in seiner
Grundbedeutung eine Versammlung beschreibt. Deshalb
ist eine Versammlung, die sich nicht versammelt, ein Widerspruch in sich. Wir sind allerdings überaus dankbar für
die Technologie, die uns das Livestreaming ermöglicht,
und wir betrachten es als nützliche Übergangslösung in
einer Zeit, in welcher wir uns nicht versammeln können.

6. Erfordert eine gemeindliche Zusammenkunft, dass jedes
Gemeindeglied körperlich anwesend sein muss, damit es
eine reguläre Zusammenkunft darstellt?

Jeden Sonntag kommt es vor, dass Gemeindeglieder und
regelmäßige Besucher abwesend sind. Ein gemeindliches
Zusammenkommen erfordert also nicht, dass jede einzelne Person zugegen ist. Jedoch ändert jede Begrenzung der
Anzahl der Gottesdienstbesucher, die dazu führt, dass Gemeindegliedern und regelmäßigen Besuchern untersagt
wird, den Gottesdienst zu besuchen, das Wesen unserer Zusammenkünfte, wie wir sie derzeit umsetzen (nämlich als

ein Leib von Gläubigen, die miteinander in einem einzigen Gottesdienst vor Ort zusammenkommen). Deshalb müssen wir als Gemeindeleiter herausfinden, ob die gegenwärtige Pandemie es rechtfertigt, den Gliedern des Leibes die Vor-Ort-Teilnahme zu verbieten.

Es war stets unser Ziel, diese Frage angesichts der Wahrheit zu beantworten, dass Christus das Haupt der Gemeinde ist, da wir ihm gegenüber auch dafür Rechenschaft ablegen müssen.

7. Sind jene, die wegen der Pandemie davon Abstand nehmen, sich zu versammeln, dem Herrn ungehorsam?

Nein, nicht unbedingt. Jeder Einzelne und jeder Haushalt muss eine sachkundige Entscheidung darüber treffen, ob man bereit ist, das Risiko einer Zusammenkunft einzugehen. Das Risiko besteht darin, dass man sich mit dem Virus anstecken und womöglich an dieser Krankheit sterben könnte. Darüber hinaus gibt es berufsbezogene Fragen, die erwogen werden müssen (z. B. Beachtung von Quarantäneauflagen, wenn jemand mit dem Virus in Kontakt kommt). Außerdem muss man erwägen, inwiefern man aufgrund seines Alters oder wegen Vorerkrankungen ein erhöhtes Risiko mitbringt.

Es gibt allerdings zwei Angelegenheiten, die angesprochen werden müssen. Die erste hat mit der Geisteshaltung zu tun, mit der jemand von den Zusammenkünften Abstand nimmt. Der eigene Entschluss, sich von den Zusammenkünften fernzuhalten, sollte in Demut erfolgen. Als Älteste sind wir nicht nur letztendlich verantwortlich für unsere Entscheidung, unsere Türen zu öffnen oder geschlossen zu halten, und müssen dafür Rechenschaft ablegen, sondern wir halten uns auch sowohl theologisch wie auch in Bezug auf das Virus selbst für einigermaßen aufgeklärt. Deshalb obliegt es jedem Gemeindeglied und jedem regelmäßigen

Besucher, die Entscheidung der Ältesten zu respektieren, selbst wenn man es persönlich anders sehen sollte.

Die zweite Angelegenheit hat mit unserer Antwort auf die ursprüngliche Frage zu tun. Es könnte der Zeitpunkt kommen, wo es tatsächlich auf Ungehorsam hinausläuft, wenn man auf die Zusammenkünfte verzichtet. Zum gegenwärtigen Zeitpunkt erkennen wir an, dass es eine Menge von widersprüchlichen Informationen bezüglich der Pandemie gibt. Demzufolge haben wir Verständnis für jene, die den Schweregrad des Virus anders sehen als wir. Doch im Laufe der Zeit wird dieser Schweregrad wahrscheinlich klarer. Deshalb könnte der Augenblick kommen, wo ein Zuhausebleiben darauf hinausläuft, dass man Christus ungehorsam ist. Wir ermutigen jeden, dass er sicherstellt, gut informiert zu sein. Das erfordert, sich mit einem weiten Spektrum an Informationen auseinander zu setzen.

8. Warum machen die Ältesten den persönlichen Sicherheitsabstand nicht zur Pflicht?

Zunächst einmal ist es uns nicht möglich, uns als Ortsgemeinde zu versammeln und gleichzeitig alle persönlichen Sicherheitsabstände während des Gottesdienstes einzuhalten. Unser Gebäude ist dafür nicht geräumig genug. Wenn wir persönliche Sicherheitsabstände zur Pflicht machen würden, müssten wir eine Teilnehmerobergrenze für die gemeinsamen Zusammenkünfte festlegen, die darauf hinausläuft, dass man nicht allen die Erlaubnis erteilt, den Gottesdienst zu besuchen. Dementsprechend würde ein Einhalten der Richtlinien der Gesundheitsbehörde von Alberta (AHS, Alberta Health Services) bedeuten, dass wir uns nicht so versammeln können, wie es der gegenwärtigen Grundordnung unserer Gemeinde entspricht.

Zweitens glauben wir, dass die Einhaltung eines persönlichen Sicherheitsabstands im eigenen Ermessen jeder Person liegt. Wir sind nicht hier, um Verhaltensweisen zu kontrollieren oder die persönlichen Freiheiten von Individuen zu verletzen. Das Anordnen und Überwachen der Einhaltung des persönlichen Sicherheitsabstands von zwei Metern fällt nicht in unseren Verantwortungsbereich. Jede Person muss Eigenverantwortung dafür übernehmen, in welchem Maße sie solche Sicherheitsabstände einhalten will. Darüber hinaus muss jeder die Entscheidung der anderen in dieser Sache respektieren.

Wie bereits angemerkt, haben wir eine Möglichkeit eingerichtet, persönliche Sicherheitsabstände vom Betreten des Gebäudes bis zum Verlassen einhalten zu können.

9. Warum verhängen die Ältesten keine Maskenpflicht?

Nochmals: Dies liegt im Ermessen jedes Einzelnen. Es steht uns nicht zu, eine Maskenpflicht aufzuerlegen. Wir unterstützen allerdings von Herzen jeden, der gerne einen Mund- und Nasenschutz tragen möchte (wir haben zudem keine Kosten und Mühen gescheut, uns Masken zu besorgen und zur Verfügung zu stellen). Außerdem möchten wir unsere Gemeindeglieder ermahnen, die persönliche Entscheidung anderer zu respektieren, ganz gleich, ob man mit ihnen übereinstimmt oder nicht. Jeder Einzelne ist verantwortlich, jene Maßnahmen zu ergreifen, die er für notwendig hält, um sich bei der Zusammenkunft sicher zu fühlen.

Wenn die Obrigkeit eine Maskenpflicht auferlegen würde, so würden wir diese Anordnung nicht durchsetzen. Wir sind nicht der verlängerte Arm der Obrigkeit. Vielmehr ist das dann eine Sache der persönlichen Verantwortung gegenüber der Obrigkeit. (Bitte beachtet, dass unser Gemeindegebäude in den Zuständigkeitsbereich von Parkland County fällt. Somit trifft die vor kurzem in Edmonton erfolgte Abstimmung für eine Maskenpflicht an öffentlichen Orten auf uns nicht zu.)

10. Habt ihr andere Möglichkeiten erwogen (z. B. Aufspaltung in mehrere Gottesdienste, Versammlungen unter freiem Himmel usw.)?

Ja, das haben wir. Was die Aufspaltung in mehrere Gottesdienste anbelangt, gibt es viele Dinge, die man berücksichtigen muss. Zum einen würde das Aufspalten in mehrere Gottesdienste grundlegend verändern, wie wir uns als Leib versammeln. Im Grunde gäbe es dann zwei (oder noch mehr) Zusammenkünfte und es würde darauf hinauslaufen, dass wir uns nicht alle als *ein* Leib versammeln können.[42] (Hierzu ist anzumerken, dass wir uns selbst dann konsequent gegen eine solche Veränderung ausgesprochen haben, als die Gottesdienstbesucherzahlen es halbwegs rechtfertigten.)

Zweitens würde die Aufspaltung in mehrere Gottesdienste eine größere Belastung für den Leib darstellen, was die Dienste anbelangt. Das Team, das für die Tontechnik verantwortlich ist, würde doppelt belastet werden. Auch das Musikteam würde viel mehr belastet werden.

Drittens würde damit unsere sonntäglich gepflegte Gemeinschaft stark verkürzt werden. Die Besucher des ersten Gottesdienstes müssten nach dessen Beendigung das Gebäude fast unverzüglich verlassen. Die Gemeinschaft im Anschluss an unseren Gottesdienst gehört aber zu den besonders wertvollen Kennzeichen unserer Gemeinde.

Viertens könnte dadurch der Prediger weniger fähig sein, an den Besuchern des ersten Gottesdienstes einen persönlichen Hirtendienst zu tun. Um diesem Problem zu entgehen, könnte man vorschlagen, einen Vormittags- und einen Abendgottesdienst abzuhalten. Doch auch eine sol-

---

42 Vgl. Paulus: »Denn *ein* Brot, *ein* Leib sind wir, die Vielen, denn wir alle nehmen teil an dem *einen* Brot.« (1. Korinther 10,17; Betonung in Kursivschrift im Original) u. a. (A. d. Ü.)

che Lösung würde diejenigen, die an Diensten während der Gottesdienste beteiligt sind, zusätzlich belasten und würde auch grundlegend verändern, wie wir als Gemeinde verfasst sind.

Was Gottesdienste unter freiem Himmel anbelangt, ist nicht nur das Wetter oft unberechenbar oder ungeeignet, sondern es ist auch unwahrscheinlich, dass alle an so einem Gottesdienst teilnehmen würden. Höchstwahrscheinlich gäbe es für diese Fernbleibenden auch keinen Livestream als Ersatz mehr.

Doch selbst wenn wir uns auf irgendeine der oben genannten Möglichkeiten einlassen würden, wäre die nächste Frage: Wie lange soll das so gehen? Es ist unwahrscheinlich, dass COVID-19 bald verschwindet. Deshalb müssten wir darauf vorbereitet sein, für geraume Zeit (d. h. über Monate hinweg, wenn nicht noch länger) ein entsprechend verändertes Zusammenkommen umzusetzen. Nach unserem Ermessen ist das Virus nicht bedrohlich genug, um dies zu rechtfertigen.

11. Wie haben wir festgelegt, welche der Punkte in den »Richtlinien für Anbetungsstätten« und welche andere Maßnahmen zum Schutz der öffentlichen Gesundheit wir beachten wollen?

Unser bisheriger Ansatz gegenüber der Gesundheitsbehörde von Alberta sieht so aus, dass wir ihre Richtlinien in Betracht ziehen und entscheiden, was nach unserem Dafürhalten für das Miteinander als Gemeinde am besten ist. Nach unserem Ermessen ist ein Ansatz, der die konkreten Gegebenheiten nicht berücksichtigt, nicht effektiv. Darüber hinaus gibt es Merkmale unserer Anbetung, bezüglich derer wir keine Kompromisse eingehen wollen (z. B. der Gemeindegesang gemäß Eph 5,19 und Kol 3,16). Wir glauben, die Obrigkeit täte am besten darin, uns alle Informationen, die sie hat, zukommen zu lassen und es uns zu überlassen, Entscheidungen zu treffen, die ganzheitlich gesehen zum Besten der Gemeinde sind. Die Gesundheitsbehörde von Alberta (AHS) befasst sich fast ausschließlich mit der körperlichen Gesundheit. Wir hingegen verstehen, dass zur Gesundheit einer Person viel mehr gehört, als nur das körperliche Wohlergehen.

12. Gibt es irgendwelche Konsequenzen, die *GraceLife* treffen könnten, weil die Gemeinde sich nicht an die Richtlinien der Gesundheitsbehörde von Alberta (AHS) hält?

Möglicherweise ja, aber wir wissen nicht, welche diese Konsequenzen sind. Gemäß unseren jüngsten Nachforschungen ist die Anordnung, persönliche Sicherheitsabstände zu halten, ein »Gesetz«. Allerdings hat der Leitende Amtsarzt (Chief Medical Officer) angedeutet, dass dieses Gesetz nicht durchgesetzt werden wird. Außerdem kann man unseres Erachtens durchaus sagen, dass nicht alle Gesetze den gleichen Stellenwert haben (z. B. Mord im Vergleich zum Nichtbeachten des persönlichen Sicherheitsabstands). Zudem ist es nicht ganz klar, ob die Gesetzgebung der Obrigkeit bezüglich der Sicherheitsabstände verfassungsrechtlich zulässig und gerichtsfest ist.

Zum Abschluss:

Wir glauben, dass das Versammeln als örtliche Gemeinde für den Gott und Vater unseres Herrn Jesus Christus von unfassbar großer Bedeutung ist. Wir glauben auch, dass die Zusammenkünfte als gesamte Gemeinde für das geistliche Wohl der Seinen entscheidend sind. Demzufolge glauben wir, dass Glaubenstreue uns abverlangt, dass wir unsere Türen sonntags wieder öffnen und uns auf (fast) normale Art und Weise wieder versammeln. Trotzdem hören wir weiterhin auf eure Rückmeldungen und auf neu auftauchende Informationen und bleiben offen für weitere Überlegungen und Neubewertungen.

Ihr seid eine kostbare Herde Gottes und ein jeder von euch liegt uns sehr am Herzen. Wenn wir über die letzte Zeit und über die kürzliche Umstellung auf Livestreaming für zwei Sonntage nachdenken, fühlen wir uns wie der Apostel Paulus in seiner Besorgtheit um die Thessalonicher (1Thes 3,1–10). Uns fehlen die Worte zu beschreiben, wie herausfordernd es war, in dieser Zeit den Hirtendienst an euch zu tun. Herden sollten zusammen bleiben, aber in einigen Fällen hat diese besondere Zeit uns von euch getrennt. Seid versichert, dass wir euch lieben und uns nichts mehr wünschen, als dass ein jeder von euch im Herrn gedeiht. Ungeachtet dessen, ob ihr unseren Standpunkt teilt oder nicht, befleißigt euch bitte, die Einheit des Geistes zu bewahren in dem Band des Friedens (Eph 4,3).

An den darauffolgenden Sonntagen wuchsen unsere Gottesdienstbesucherzahlen stetig. Wenngleich die meisten unserer Gemeindeglieder zurückgekehrt waren, gab es hier und da noch einige wenige Haushalte, die unseren Standpunkt nicht nachvollziehen konnten und glaubten, dass Römer 13 uns abverlange, dass wir uns an jede Vorschrift der Obrigkeit zu halten hätten. Diese Haushalte waren uns eine Hilfe darin, noch genauer nachzudenken. Sie waren der Anlass dafür, dass wir sicherstellten, dass wir die biblische Wahrheit unseres Standpunktes verteidigen konnten, und sie halfen uns dabei, jenen Mut und jene Überzeugung aufzubringen, die für den noch vor uns liegenden Kampf nötig waren. Jeder dieser Haushalte verließ *GraceLife* schließlich gütlich und einvernehmlich. Rückblickend wurde es allerdings ersichtlich, dass der Herr sowohl unsere Ältesten als auch unsere Gemeinde darauf vorbereitete, zu einem Hauptschlachtfeld in einem Kampf zu werden, der weltweit Aufmerksamkeit auf sich ziehen würde – dem Kampf, treu daran festzuhalten, dass Christus das Haupt seiner Gemeinde ist.

– Kapitel 7 –

DER KAMPF BEGINNT

James Coates

Am 16. November wurden wir darüber benachrichtigt, dass sich jemand bei den Behörden darüber beschwert hatte, dass wir uns in unserem Gemeindegebäude versammelten, sowohl sonntags als auch unter der Woche. Diese Beschwerde kam wahrscheinlich von einem Nachbar, möglicherweise von einem Mitarbeiter der Gesundheitsbehörde von Alberta (AHS), der in der unmittelbaren Nachbarschaft unseres Gemeindegeländes wohnt. In derselben Woche hatte die Regierung Gemeinden aufgefordert, ihre Gottesdienstbesucherzahlen auf ein Drittel der Maximalkapazität zu begrenzen, wenngleich es sich dabei um eine Bitte und keine Anordnung handelte. Anstatt unsere Besucherzahlen zu begrenzen, benachrichtigten wir unsere Gemeindeglieder über diese Bitte der Obrigkeit und überließen es jedem Haushalt zu entscheiden, wie man damit umgehen wolle. Obwohl unsere Gottesdienstbeteiligung während der nächsten beiden Sonntage leicht zurückging, befanden wir uns immer noch über der empfohlenen Höchstgrenze von einem Drittel der Kapazität.

In der folgenden Woche erhielt ich per E-Mail die Ankündigung einer Zoom-Schaltung von Gemeindeältesten in Alberta, die über Gerüchte beunruhigt waren, dass evtl. ein erneuter Lockdown bevorstünde. Der ausdrückliche Zweck dieser Zoom-Konferenz war »die Förderung der Schaffung eines Zusammenschlusses von Gemeinden, die beabsichtigten, ihre Türen offenzuhalten, falls die Provinz einen neuen Lockdown beschließen sollte.« Anfänglich gab uns diese Nachricht neuen Auftrieb, denn ein Zusammenschluss von Gemeinden, die sich im Schulterschluss gegen die übertriebene Einmischung des Staates richteten, hätte das Potenzial, einen wesentlichen Einfluss auszuüben. Leider hatten die verschiedenen Gemeinden aber unterschiedliche Auffassungen davon, was es bedeutet, »geöffnet zu bleiben«.

Meiner Erinerung nach wurde am Tag vor unserem geplanten Zoom-Meeting der Lockdown angekündigt. Dies war mittlerweile der zweite ausgerufene öffentliche Gesundheitsnotstand. Gemeinden wurde nun verbindlich angeordnet, ihre Gottesdienstbesucherzahlen auf ein Drittel der Kapazität zu begrenzen. Als wir dann die Konferenzschaltung hatten, um uns zu einer Koalition zusammenzuschließen, sprachen sich alle Wortführer dagegen aus, sich in irgendeiner Weise gegen die Obrigkeit zu stellen. Man war einfach dankbar, dass der Premierminister Gemeinden als unverzichtbar (engl. *essential*) ansah und ihnen daher gestattete, ihre Türen geöffnet zu lassen, wenngleich bei beträchtlich reduzierter Kapazität. Als das Zoom-Meeting endete, gab es keinen Zusammenschluss. Als Gemeinde, die es anstrebte, ihre Türen offenzuhalten, ohne die Anzahl der Gottesdienstbesucher zu begrenzen, standen wir im Grunde ganz alleine da.

Es gab allerdings einen Hoffnungsschimmer. Während der Zoom-Konferenz stellte man uns den Rechtsanwalt James Kitchen vor. James ist ein eiserner, prinzipientreuer Verfassungsrechtler, sehr versiert in allem, was Geschichte und Politik anbelangt. Er beobachtete, was zu Beginn der Pandemie ablief, und war über die Reaktion der Gemeinden und die Reaktion der allgemeinen Öffentlichkeit entsetzt. Er schaltete sich über Zoom hinzu, um uns über den Rechtsschutz aufzuklären, den wir im Rahmen der *Kanadischen Charta der Rechte und Freiheiten*[43] genießen. Da ich das Gefühl hatte, dass unsere Situation kurz davor war, sich zu verschärfen, wusste ich, dass ich direkt mit ihm sprechen musste. Kurz danach führte ich mit James ein Telefongespräch. Dieser Kontakt erwies sich als Vorsehung Gottes.

DER WACHSENDE KONFLIKT MIT DER GESUNDHEITSBEHÖRDE VON ALBERTA
Dezember 2020

Was sich zwischen unserer Gemeinde und der Gesundheitsbehörde von Alberta (AHS) abspielte, hatte etwas an sich, was wir im Englischen als »Staredown« bezeichnen: eine Konfrontation zwischen zwei Parteien, bei der keine Seite zuerst nachgeben will, vielmehr auf den Fehler des Gegenüber lauert. Am Sonntag, dem 13. Dezember, spitzte sich die Lage weiter zu. Bereits Ende November hatte die AHS uns am Sonntagmorgen einen ersten Besuch abgestattet. Dieser Kontrollbesuch geschah in der Stunde, in der wir gewöhnlich unsere Sonn-

---

43 »Die Kanadische Charta der Rechte und Freiheiten (engl. *Canadian Charter of Rights and Freedoms*, frz. *Charte canadienne des droits et libertés*) ist die Erklärung der Grundrechte in der Verfassung von Kanada und bildet den ersten Teil des Verfassungsgesetzes von 1982. Sie schützt die Bürgerrechte der Menschen in Kanada vor Handlungen und Gesetzen der Regierungen auf Bundes- und Provinzebene und trat am 17. April 1982 in Kraft.« Wikipedia, zitiert nach: https://de.wikipedia.org/wiki/Kanadische_Charta_der_Rechte_und_Freiheiten, abger. am 06.01.2022. (A. d. Ü.)

tagschule (für alle Altersgruppen, auch Erwachsene; A. d. Ü.) abhalten. Meine Unterhaltung mit dem Beamten der AHS war kurz und freundlich, aber ich konnte ihm klarmachen, dass wir uns einer höheren, göttlichen Autorität verpflichtet sahen. Einer unserer angehenden Ältesten kümmerte sich um den Großteil jenes Besuchs und verwickelte den Beamten sogar in eine geistliche Unterhaltung. Der AHS-Beamte gab an, selbst Kirchgänger zu sein, wenngleich er seit geraumer Zeit keinen Gottesdienst mehr besucht hatte. Dieser Gesundheitsbeamte würde in den darauffolgenden Wochen das Evangelium noch viele Male zu hören bekommen.

Im Vorfeld des 13. Dezembers hatten wir, wie es inzwischen zu unserer Gewohnheit geworden war, eine E-Mail verschickt, worin wir unsere Gemeindeglieder zum Gottesdienstbesuch einluden und sie darüber informierten, was sie erwartete. Wir ließen sie wissen, dass die AHS eine weitere Beschwerde über unsere Zusammenkünfte erhalten hatte und dass ihre Vertreter uns wahrscheinlich einen weiteren Besuch abstatten würden. Wir merkten zudem an, dass unser Rechtsbeistand uns angewiesen hatte, der AHS auf friedliche Weise den Zutritt zu verwehren.

Später fanden wir heraus, dass unsere E-Mail der AHS zugespielt wurde. Die Folge davon war, dass der Gesundheitsbeamte zwei Vertreter der berittenen Polizei (RCMP)[44] mitbrachte. Als die Polizei an unserem Gemeindegrundstück eintraf, gingen einige zuvor bestimmte Gemeindeglieder zu deren Fahrzeugen und brachten freundlich zum Ausdruck, dass wir ihnen auf Grundlage von Abschnitt 176 des Kanadischen

---

44 »Die Royal Canadian Mounted Police (Abkürzung RCMP, deutsch etwa »königliche kanadische berittene Polizei«, ugs. ›Mounties‹ […]) ist die nationale Polizei Kanadas, die im Auftrag der Provinzen (außer Ontario und Québec) und Territorien sowie vieler Gemeinden auch lokale Aufgaben wahrnimmt.« Wikipedia. Quelle: https://de.wikipedia.org/wiki/Royal_Canadian_Mounted_Police, abgerufen am 04.01.2022. (A. d. Ü.)

Strafgesetzbuches den Zutritt zu unserem Gemeindegelände verweigerten. In besagtem Abschnitt steht Folgendes:

Behinderung oder Gewaltanwendung oder Verhaftung eines Geistlichen bei der Ausführung seines Amtes

176 (1) Jede Person macht sich einer strafbaren Handlung schuldig und kann mit einer Haftstrafe von bis zu zwei Jahren belegt werden oder macht sich einer strafbaren Handlung schuldig, die ohne Schöffengerichtsverfahren zu ahnden ist, die

(a) mittels Bedrohungen oder Gewalt einen Geistlichen inmitten der Ausübung eines Gottesdienstes oder einer geistlichen Amtshandlung oder irgendeiner anderen Funktion, die dieser in Verbindung mit seiner Berufung ausführt, gesetzeswidrig behindert oder von seiner Amtsausübung abhält, oder versucht, zu behindern oder abzuhalten, oder

(b) in dem Wissen, dass ein Geistlicher im Begriff ist, sich auf dem Weg befindet oder davon zurückkehrt, eine der in Absatz (a) erwähnten Pflichten oder Funktionen auszuüben,

(i) eine solche Person angreift oder gegen sie Gewalt anwendet, oder

(ii) sie zivilrechtlich, oder unter dem Vorwand, eine solche zivilrechtliche Handlung auszuführen, verhaftet.

Störung von Gottesdiensten oder bestimmter Zusammenkünfte

(2) Jede Person, die vorsätzlich eine Versammlung von Personen, die zur Religionsausübung oder zu moralischen, sozialen oder wohltätigen Zwecken zusammengekommen sind,

stört oder unterbricht, macht sich einer strafbaren Handlung schuldig, die ohne Schöffengerichtsverfahren zu ahnden ist.

(3) Jede Person, die bei oder in der Nähe einer in Absatz (2) genannten Versammlung vorsätzlich irgend etwas unternimmt, das die Ordnung oder die Feierlichkeit dieser Versammlung stört, macht sich einer strafbaren Handlung schuldig, die ohne Schöffengericht zu ahnden ist.

Der Versuch, den Vertretern der Obrigkeit den Zugang zu verwehren, war erfolglos. Wir zitierten unsere Paragraphen und sie zitierten ihre Paragraphen und drohten an, jeden zu verhaften, der sich ihnen in den Weg stellen würde. Auf diese Weise waren sie in der Lage, sich Zugang zu unserem Gelände und Gebäude zu verschaffen, um mit uns den Gottesdienstbeginn zu erleben.

Meine Familie und ich waren zu jenem Zeitpunkt noch nicht eingetroffen. Als wir schließlich eintrafen, war ich zugegebenermaßen ziemlich verunsichert. Auf unserem Gemeindeparkplatz Polizeifahrzeuge stehen zu sehen, war alles andere als normal. An jenem Tag fand keine Sonntagschule statt, so dass der Gottesdienstbeginn unmittelbar bevorstand. Wie sollte ich nur mit dieser Situation umgehen? Was sollte ich sagen? Durch Gottes Beistand wurde mir aber langsam klar, was zu tun war. In einer Zeit, in der unsere Polizeikräfte, insbesondere südlich unserer Landesgrenze (d. h., in den USA; A. d. Ü.), beständig heftigster Kritik ausgesetzt waren, schien es angebracht zu sein, sie einmal mit einem Applaus im Stehen zu ehren. Und das taten wir dann auch. Danach verkündigte ich das Evangelium. Das war genau das, was viele unserer Gemeindeglieder brauchten, um den Zorn und die Furcht in ihrem Herzen zu überwinden. Wie es ihre Gewohnheit war, verließ uns die AHS in Begleitung der Polizeibeamten, sobald wir anfingen zu singen. Sie hatten die Beweise, die sie brauchten.

Am Donnerstag, dem 17. Dezember, erhielten wir von der AHS eine Verfügung. Darin wurden wir aufgefordert, uns an die Anweisungen der leitenden Amtsärztin der Provinz[45] zu halten, und es wurden uns für das Nichtbefolgen weitere rechtliche Schritte angedroht. Obwohl sich die Lage weiter zuspitzte, waren wir entschlossen, unsere Zusammenkünfte weiterhin abzuhalten. Im Rahmen meiner Predigtreihe hatte ich gerade Johannes 8 abgeschlossen, und da der letzte Sonntag vor Weihnachten vor der Tür stand, hätte ich unter normalen Umständen eine Predigt über die Menschwerdung des Sohnes Gottes gehalten. Allerdings hatte ich das Empfinden, dass es an der Zeit war, eine Predigt zu halten, die auf die biblischen und theologischen Überzeugungen eingeht, die unseren Standpunkt zugrunde lagen. Ich gab dieser Predigt den Titel »Der Zeitpunkt ist gekommen«, ihr Inhalt wird in Kapitel 13 dieses Buches wiedergegeben.

Beim Predigen dieser Botschaft explodierte ich förmlich. Ich predigte mit tiefster Überzeugung. Es gab einen Augenblick, wo ich in meinem Innern von dieser tiefen Überzeugung so sehr ergriffen war, wie ich es noch nie beim Predigen erlebt hatte, und anfing, mit der Faust auf die Kanzel zu donnern. Es war so überwältigend, dass ich mich sofort zur Mäßigung zwang. Als ich die Kanzel verließ, hatte ich das Gefühl, dass ich von nun an im Fadenkreuz stehen würde. Nur wenige Augenblicke nach Beendigung des Gottesdienstes kam einer unserer Gästebegrüßer auf mich zu und ließ mich wissen, dass

---

45 Der *Chief Medical Officer of Health* (CMOH) ist der Leitende Amtsarzt (o. Oberster Medizinalrat) der Provinz Alberta. Dieses Amt hat seit Ende Januar 2019 Dr. Deena Hinshaw inne. Sie kümmert sich u. a. um Seuchenkontrolle und öffentliche Gesundheit und berichtet dem stellvertretenden Gesundheitsminister, in Krisensituationen auch direkt dem Gesundheitsminister der Provinz Alberta. (A. d. Ü.)

die Polizei zurückgekehrt war und mit mir sprechen wollte. Als ich mich auf den Weg zum Eingang des Gebäudes machte, ging ich davon aus, dass man mich womöglich verhaften würde. Als ich schließlich die Polizeibeamten erreicht hatte, drückten sie mir verlegen ein Strafmandat in Höhe von 1.200 kanadischen Dollar in die Hand. Ich hatte den Eindruck, dass sie bevorzugt hätten, dies nicht tun zu müssen, und dass es ihnen recht peinlich war.

Die Predigt hatte auf unsere Gemeinde eine ziemlich tiefgehende Wirkung. Die Luft knisterte förmlich vor Euphorie und die Gemeinschaft an jenem Nachmittag war innig. Unsere Gottesdienstbesucherzahl war an den beiden vorausgehenden Sonntagen zurückgegangen, doch nach dieser Predigt kam unsere Gemeinde mit größerer Überzeugung, als je zuvor, zurück. Tatsächlich erwies sich diese Predigt als Katalysator für erneuten Gemeindezuwachs.

WER IST DAS HAUPT DER GEMEINDE?
21. Dezember 2020

Ich muss gestehen: Als sich die wunderschöne Zeit unserer Gemeinschaft dem Ende neigte und sich der Staub jenes Tages gelegt hatte, überkam mich ein Stück weit Angst. Das alles war ja Neuland. Was würde wohl als nächstes passieren? Würde ich Weihnachten zuhause erleben können? Musste ich davon ausgehen, dass bald jemand an meiner Tür klopfen würde? Selbst noch am Montag, als ersichtlich wurde, dass meine Predigt immer mehr Aufmerksamkeit erhielt, fühlte ich etwas Unruhe in mir. Genauer gesagt war das so bis zu den Sechs-Uhr-Abendnachrichten.

Wir saßen beim Abendessen, als ich eine Nachricht auf dem Mobiltelefon erhielt. Sie enthielt die Videoaufzeichnung einer Nachricht, die womöglich die Titelgeschichte jenes Tages war. Die Aufzeichnung enthielt auch einen Ausschnitt aus meiner Predigt, was mich überaus ermutigte. Der Nachrichtensprecher leitete diesen Abschnitt mit folgenden Worten ein: »In seiner Predigt am 20. Dezember stellte Pastor James Coates von *GraceLife Church* die Frage, wer das Sagen in der Gemeinde hat und wer bestimmen darf, wie und ob sich die Gemeinde versammelt.« Der Predigtausschnitt, der verwendet wurde, lautete: »Wer ist also das Haupt der Gemeinde? Nicht Cäsar. Nicht Jason Kenney. Nicht Deena Hinshaw. Nicht der Hauptpastor. Nicht die Ältesten […] Es ist der Herr Jesus Christus! Amen.« (Zu jenem Zeitpunkt war Kenney der Premierminister von Alberta und Hinshaw war Leitende Amtsärztin der Provinz Alberta.)

Wir glaubten unseren Augen und Ohren nicht. Die Medien hatten tatsächlich den besten Ausschnitt verwendet, den man überhaupt verwenden konnte! Es war aufregend zu hören, wie die Herrschaft Christi auf diese Weise verkündigt wurde. Dieses Ereignis füllte unser Segel mit einer frischen Brise Wind vom Himmel. Nichts liefert einen triftigeren und überzeugenderen Grund, einen von Prinzipien geleiteten Standpunkt einzunehmen, als die Ehre und Herrlichkeit Christi.

IM AUGE DES STURMS
27. Dezember 2020 – 4. Januar 2021

Als Sonntag, der 27. Dezember herannahte, hielten wir es bereits für möglich, dass man uns aus unserem Gemeindehaus aussperren könnte. Meine Predigt der Vorwoche hatte ca. 8.000 Aufrufe erlangt und wir hatten eine gehörige Aufmerksamkeit in den Medien bekommen. In der spannungsgeladenen Situation eines »Staredowns« versucht man ständig zu erahnen, was wohl der nächste Schachzug des Gegners ist. Am Sonntag kam dann der Beamte der AHS in Begleitung der Polizei zurück, doch diesmal betrat die Polizei unser Gebäude nicht, sondern blieb draußen. Unser Gottesdienst verlief ohne Unterbrechungen und ohne Zwischenfälle.

Normalerweise erhielten wir Schreiben von der AHS jede Woche donnerstags oder freitags. Ich habe mich oft gefragt, warum sie immer solange warteten. Einerseits könnte es damit zusammenhängen, dass man damit beabsichtigte, den Einschüchterungsfaktor im Vorfeld des Sonntags hochzuschrauben. Es schien so, als wäre es ihr Ziel, uns in die Knie zu zwingen. Dementsprechend liefen alle ihre Maßnahmen darauf hinaus sicherzustellen, dass wir uns ihren Vorschriften beugen würden. Andererseits könnte es auch sein, dass es sie tatsächlich so viel Zeit kostete zu entscheiden, was sie tun sollten. Wir stellten uns oftmals vor, wie die Leiter der AHS verblüfft in ihrem Vorstandszimmer saßen und überlegten, was sie mit uns machen sollten. Denn wir waren immer freundlich, nachsichtig und respektvoll, aber eben auch stets standhaft, unbeweglich und mutig.

In jener Woche blieb die übliche Korrespondenz aus und am Sonntag besuchte uns weder die AHS, noch die Polizei. Dies erwies sich als eine große Erleichterung für uns, die wir auch dringend nötig hatten. Ich predigte aus Daniel 3 und wir genossen einen wunderschönen Nachmittag der Gemeinschaft. Einen Augenblick lang war uns so zumute, als wären wir selbst aus dem Feuerofen herausgerettet worden. Noch ahnten wir nicht, dass wir lediglich die trügerische Ruhe im Auge des Orkans erlebten. Die Lage würde sich bald verschlimmern.

Am nächsten Montag ging ich los, um mir einen neuen Anzug zu kaufen. Ich hatte das Gefühl, recht optimistisch in die Zukunft blicken zu können. Das alles hört sich vielleicht etwas merkwürdig an, doch Familienangehörige hatten mir zu Weihnachten etwas Geld geschenkt, damit ich mir einen persönlichen Wunsch erfüllen konnte. Die ganze Erfahrung davon vermittelte mir ein aufregendes Freiheitsgefühl. Noch nie war mir klar gewesen, wie wunderbar dieses Gefühl der Freiheit war, weil ich es bisher noch nie wahrgenommen hatte. Ich hatte Freiheit stets als selbstverständlich angesehen. Während der vorangegangenen Wochen hatte sich ein derartiges Maß an Dunkelheit über uns ausgebreitet, dass sich nun die Freiheit so gut anfühlte wie noch nie.

In meiner Familie ist es üblich, dass man sich Geldgeschenke macht, und ich hatte vor, das Geld zu verwenden, um mir einen Anzug zu kaufen. Dies schien mir eine einigermaßen sinnvolle Verwendung des Geldes zu sein, da mir der Anzug bei meinen geistlichen Aufgaben gut zu Diensten sein würde. Doch bis zu jenem Wochenende steckte ich in einem Dilemma: Brauchte ich denn im Gefängnis noch einen Anzug? Der Gedanke, dass ich im Gefängnis landen könnte, war mir immer wieder durch den Sinn gegangen. Dass ich nun aber wieder optimistischer in die Zukunft blickte und mir einen Anzug kaufen konnte, im festen Glauben, dass ich ihn auch würde tragen können, erwies sich als ein großer Segen.

DER HÖCHSTE GERICHTSHOF DER PROVINZ ALBERTA

8.–21. Januar 2021

Die Freiheit hielt allerdings nicht lange an. Am Freitag jener Woche erhielt unsere Gemeinde ein Aufforderungsschreiben von der AHS, das unsere Zuwiderhandlung im Einzelnen darlegte. Man setzte uns davon in Kenntnis, dass man »keine andere Wahl habe, als sofortige rechtliche Schritte einzuleiten« vor dem höchsten Gerichtshof von Alberta[46], falls wir uns nicht an die Verfügung vom 17. Dezember halten würden. Obwohl dies bedeutete, dass die Schlacht begonnen hatte, bedeutete es auch, dass wir noch mindestens ein, zwei gemeinsame Sonntage haben würden. Die AHS würde den kommenden Sonntag benötigen, um festzustellen, ob wir uns an die Verfügung halten würden, und danach müsste erst noch ein Gerichtstermin anberaumt werden. Natürlich beugten wir uns auch weiterhin nicht dieser Verfügung und so war die Folge ein Gerichtstermin am Donnerstag, dem 21. Januar.

Ein Erscheinen vor Gericht erfordert eine große Menge an Vorbereitung. Ich musste eine eidesstattliche Erklärung aufsetzen, die sowohl unsere theologischen Überzeugungen als auch unsere Reaktion auf das Virus darlegten. Dies musste zusätzlich zu den normalen Anforderungen und Pflichten, die mein Gemeindedienst mit sich bringt, erledigt werden. Die Arbeitsstunden, die von dieser Schlacht verschlungen wurden, waren viel zu viele, als dass man sie hätte zählen können.

---

46 Der »Court of the Queen's Bench of Alberta« ist das höchste Prozessgericht der Provinz Alberta. Es behandelt Zivil- und Strafprozesse und nimmt Berufungen gegen Urteile der Provinzgerichte an. Außerdem überwacht es das Handeln der Regierung von Alberta. Siehe: https://albertacourts.ca/qb/home, abgerufen am 06.01.2022. (A. d. Ü.)

Obwohl wir ein gutes Gefühl hatten bezüglich der von uns eingereichten Dokumente, rechneten wir nicht mit einem Sieg. Der höchste Gerichtshof der Provinz Alberta (»The Court of the Queen's Bench«) ist nicht gerade dafür bekannt, eng zur Verfassung zu stehen. Wie erwartet, mussten wir eine Schlappe einstecken. Das Gericht entschied, dass wir uns der AHS-Verfügung vom 17. Dezember beugen müssten. Für diesen Fall hatten wir uns vorgenommen, in Berufung zu gehen. Eine Berufung stellte uns aber vor drei Herausforderungen: Erstens würde es von uns erfordern, dass wir während des laufenden Berufungsverfahrens den Auflagen der AHS nachkämen. Zweitens könnte es bis zur Berufungsverhandlung noch sechs bis acht Wochen dauern. Und drittens gab es keine Garantie dafür, dass wir die Berufung gewinnen würden. Umgekehrt würde eine weitere Zuwiderhandlung dazu führen, dass man uns wegen Missachtung des Gerichts belangte. Dies ist eine strafbare Handlung, die mit einer bis zu zweijährigen Haftstrafe geahndet wird.

JACOB REAUME

22. Januar 2021

Obwohl wir im Vorfeld unseres Gerichtstermins die unverbindliche Absicht hegten, bei einer möglichen Niederlage in Berufung zu gehen, brachte der Ältestenkreis unserer Gemeinde von Anfang an diesbezüglich Bedenken zum Ausdruck. Die Vorstellung, dass wir dann für einen Zeitraum von bis zu zwei Monaten den Gesundheitsauflagen nachzukommen hätten, passte uns gar nicht. Als wir also bei der Anhörung eine Niederlage einstecken mussten, wussten wir, dass es an der Zeit war zu überlegen, was der nächste Schritt sei.

Am folgenden Abend hatten wir eine lange und kraftraubende Besprechung.

Während dieser Zeit ging unser Ältestenkreis eine Sache nach der anderen an und bürdete sich nicht mehr auf, als von Woche zu Woche absehbar war. Das bedeutete, dass wir uns einmal wöchentlich treffen mussten. Ein Großteil der Diskussionen bei unserem wöchentlichen Treffen drehte sich um die Frage, ob wir weitermachen und unsere Türen offenlassen sollten. Das änderte sich natürlich mit meiner Inhaftierung. Als diese geschehen war, war das Diskussionsthema »Weitermachen?« vom Tisch: Es gab kein Zurück mehr, wir mussten uns weiter voran bewegen.

Etwas passierte jedoch am Tag vor jener bestimmten Freitagsbesprechung. James Kitchen stellte mir Jacob Reaume vor, Ältester der *Trinity Bible Chapel* aus der Provinz Ontario. Ich betrachte Jacob als mein Pendant in seiner Provinz. Er war die lauteste Stimme in Ontario und hatte von den staatlichen Behörden bereits recht viel einstecken müssen. Kurz vor unserer Ältestensitzung telefonierten Jacob und ich miteinander. Während dieser Unterhaltung kündigte Jacob an, dass seine Gemeinde am nächsten Sonntag ihre Türen öffnen würde, auch wenn dies auf eine Missachtung des Gerichts hinauslief.

Unsere Ältestensitzung dauerte drei bis vier Stunden. Wir betrachteten die Situation aus allen möglichen Blickwinkeln. Ich hielt mich zunächst zurück mitzuteilen, was *Trinity Bible Chapel* vorhatte, weil ich abwarten wollte, wie weit unser Ältestenkreis war. Doch nach reiflicher Überlegung und als es passte, ergriff ich das Wort und sagte: »Jacob und Trinity öffnen am kommenden Sonntag, auch wenn das Missachtung des Gerichts bedeutet.« Darauf erwiderte unser Vorsitzender: »Nun, wir können sie nicht alleine dastehen lassen.« Damit war es beschlossen. Auch wir würden unsere Türen offen lassen und das Risiko eingehen, wegen Missachtung des Gerichts

belangt zu werden, aber uns dabei mit Jacob Reaume und der
Trinity Bible Chapel solidarisch zeigen.

DER SCHWERSTE SAMSTAG MEINES LEBENS
23. Januar 2021

Am nächsten Tag telefonierte ich mit James Kitchen. Ich fragte
ihn: »Wie wahrscheinlich ist es, dass ich ins Gefängnis muss?«
Bis dahin hatte ich dies für ziemlich unwahrscheinlich gehalten. Würden die wirklich einen Gemeindeältesten ins Gefängnis sperren? Ohne zu zögern, sagte er: »Ziemlich wahrscheinlich.« Sela. Pause zum Nachdenken. Diese Antwort hatte ich
nicht erwartet. Also stellte ich die nächste offensichtliche Frage: »Wie lange?« Worauf James antwortete: »Ein paar Monate.«

Ich verbrachte die nächsten beiden Stunden damit, dies
zu verarbeiten. Die physiologische Auswirkung auf meinen
Körper war beträchtlich. Mir fiel es allein schon schwer, auf-
recht stehen zu bleiben. Ich spürte, wie sich die Last der Welt
auf meine Schultern legte. Eine Migräne war im Anflug und
Angst und Sorge kamen über mich. Das wäre also der Preis
dafür, Christus nachzufolgen. Ein Kurswechsel kam nicht in
Frage. Nichts versuchte mich dazu. Ich stand unter etwas, was
ich als göttlichen Drang bezeichnen würde. Doch ich musste
nun für mich selbst klären, ob ich bereit war, mich wegen dieser Angelegenheit einsperren zu lassen.

An jenem Tag traf ich den Herzensentschluss, für unsere
Überzeugungen, für die wir klar Stellung bezogen hatten,
auch ins Gefängnis zu gehen. Der Herr ließ mir in meiner
Schwachheit Stärkung zukommen und der fast unerträgliche

Druck des Augenblicks ließ nach. Nachdem ich ganz bewusst in den Gewehrlauf der Konsequenzen gestarrt hatte, die mir im schlimmsten Fall drohten, gestanden mir meine Überzeugungen kein Einlenken mehr zu. Der Herr trug mich durch dieses alles hindurch und ließ mich unbeschadet auf der anderen Seite herauskommen. Wenn unser Standpunkt zur Konsequenz hatte, dass man mich hinter Schloss und Riegel brachte, dann sollte es so geschehen.

DEN BLUFF AUFDECKEN
24.–29. Januar 2021

Durch Gottes Vorsehung war ich gerade dabei, anhand von Johannes 10 über den Guten Hirten zu lehren. Geistlich gesehen war dies genau die Textstelle, die wir zum gegebenen Zeitpunkt nötig hatten. Wir versammelten uns, wir beteten den Herrn an, wir hatten Gemeinschaft miteinander und wir warteten ab, was passieren würde.

Als ich am Freitag der darauffolgenden Woche aufwachte, wartete bereits eine E-Mail von der AHS in meinem Posteingangsfach. Doch es war nicht das, was wir erwartet hatten. Es handelte sich vielmehr um eine Schließungsanordnung, was für uns wie ein Bluff aussah. Sie ordneten darin an, dass wir unsere Einrichtung für die Öffentlichkeit solange schließen sollten, bis wir die aktuellen Gesundheitsauflagen erfüllten. Der »Staredown« ging also weiter: Wir stellten unsererseits den politischen Willen der Gesundheitsbehörde von Alberta (AHS) auf die Probe – und sie waren ihrerseits wohl noch nicht direkt bereit, einen Gemeindeältesten ins Gefängnis zu werfen.

– Kapitel 8 –

EIN DIENER IN KETTEN

James Coates

Eines der Werkzeuge, die die Regierung einsetzte, um uns zum Nachgeben zu bewegen, waren die Massenmedien. Deren Ziel war es, uns im allerschlechtesten Licht darzustellen, öffentliche Empörung und Anfeindung zu erzeugen und dies dann zu gebrauchen, um uns einzuschüchtern und in die Knie zu zwingen. Wir gerieten unter erbarmungslosen Beschuss durch die Medien, die Kommentare in den Internetforen waren giftig und hasserfüllt und unsere Gemeindeglieder erlebten immer mehr Widerstand seitens ihrer Arbeitskollegen und Verwandten. In Anbetracht dessen glaubten wir, dass nun die Zeit für eine öffentliche Antwort reif war.

Ich begann an einer öffentlichen Erklärung zu arbeiten. Das Ziel dabei war nicht, unser Handeln theologisch zu verteidigen. Stattdessen versuchte ich das Narrativ zu widerlegen, dass wir selbstsüchtig seien und uns einen Dreck um unsere Nachbarn scherten. Wir wollten den Mitbürgern von Alberta zu verstehen geben, dass wir etwas taten, von dem wir glauben, dass es im besten Interesse unserer ganzen Provinz ist.

Wir stellten zudem sicher, dass in der Erklärung auch das Evangelium zur Sprache kam.

Nun kam es auf das richtige Timing an. Wir wussten, dass unsere Stellungnahme die Gesundheitsbehörde von Alberta (AHS) weiter herausfordern würde. Wir warteten ab, um zu sehen, ob die Medien an jenem Sonntag, dem 7. Februar, wieder bei uns auftauchen würden. Meiner Erinnerung nach waren ungefähr 15 Minuten vor Beginn des Gottesdienstes bereits vier Nachrichtensender dabei, außerhalb unseres Geländes in unsere Richtung zu fotografieren und Videoaufnahmen zu machen. Dies veranlasste uns, unsere Stellungnahme nun ins Internet zu stellen.

Die Stellungnahme war an »Unsere lieben Mitbürger von Alberta« gerichtet. Sie begann mit folgendem Absatz:

> Es erübrigt sich zu sagen, dass die letzten elf Monate unglaublich schwierig gewesen sind. Die Wirkungen und Folgen von COVID-19 für unsere geschätzte Provinz sind beträchtlich. Unser Mitgefühl gilt jedem, der während dieser Zeit Schaden und Verluste erlitten hat, sei es der Verlust eines geliebten Angehörigen oder ein Schaden durch die von der Regierung angeordneten Lockdowns (wie z. B. wirtschaftliche Verluste oder körperliches Leid als Folge davon, dass die Durchführung notwendiger Gesundheitsmaßnahmen verweigert wurde).

Die Erklärung ging dann dazu über, die Reaktion der Regierung auf die Pandemie anzusprechen. Wir brachten unsere Ansicht zum Ausdruck, dass die Vertreter der Gesundheitsbehörden und die Medien wissenschaftliche Daten manipuliert hatten, um Angst zu schüren und die Kontrolle zu übernehmen. Darüber hinaus erwähnten wir die traumatischen Auswirkungen, die soziale Isolation auf unsere Gesellschaft hat – Auswirkungen, die unserer Ansicht nach verheerender waren als das Virus selbst. Außerdem beklagten wir den erschütternden Verlust persönlicher Freiheit und brachten unser Bedauern zum Ausdruck, dass unsere Mitbürger in Alberta unter dem Druck der Obrigkeit ihre Grundrechte und Freiheiten bereitwillig preisgaben. Wir erklärten, dass das Gebot der Nächstenliebe uns dazu verpflichtete, unsere Zusammenkünfte fortzusetzen. Wir traten indessen nicht nur für die Religionsfreiheit unserer eigenen Gemeindeglieder ein, sondern für die aller Mitbürger von Alberta. Wir ermutigten unsere Mitbürger, zu einem normalen Leben zurückzukehren. Wir schrieben:

Was sollen die Leute unserem Dafürhalten nach tun? Wir glauben, dass sie auf eine verantwortliche Weise wieder zu ihrem Leben zurückkehren sollten. Kirchengemeinden sollten ihre Türen wieder öffnen, Geschäfte sollten wieder öffnen, Familien und Freunde sollten zu gemeinsamen Mahlzeiten zusammenkommen und die Leute sollten wieder damit anfangen, ihre bürgerlichen Freiheiten auszuüben. Ansonsten könnte es sein, dass wir diese nie mehr zurückbekommen. Einige sagen sogar, dass wir kurz vor dem Punkt stehen, von dem aus es kein Zurück mehr gibt. Beschützt die Schwachen und Verletzlichen, ergreift angemessene Vorsichtsmaßnahmen, aber fangt wieder an, euer Leben zu leben.

Die Stellungnahme fuhr fort mit der allgemeinen Einsicht, dass es kein Leben ohne Risiken gibt, ob diese nun mit einem Virus zu tun haben oder mit zahllosen anderen möglichen Gefahren. In Anbetracht dieser Risiken forderten wir unsere Leser auf, den Herrn Jesus in rettendem Glauben anzunehmen. Die Stellungnahme endete mit den folgenden Worten:

Das menschliche Leben ist kostbar, aber auch zerbrechlich. Der Tod ist unser aller ständiger Begleiter. Deswegen brauchen wir eine Botschaft der Hoffnung, eine, die unsere größte Not anspricht. Diese Botschaft ist in Jesus Christus zu finden. Sie ist deshalb in ihm zu finden, weil jeder von uns gesündigt hat und niemals dem vollkommenen Gerechtigkeitsmaßstab Gottes entsprechen kann (Röm 3,23). Zu sündigen bedeutet, gegen die Heiligkeit und Gerechtigkeit Gottes zu verstoßen. Als unser Schöpfer ist Gott derjenige, der uns nach unseren Werken richten wird, und keiner wird in diesem Gericht aufgrund eigener Verdienste und Leistungen bestehen können. Deshalb brauchen wir einen Stellvertreter, jemand, der an unsere Stelle tritt, jemand, der sowohl das Leben gelebt hat, das wir nicht leben können, als auch den Tod gestorben ist, den wir verdient haben.

Gott sei Dank gibt es einen solchen Stellvertreter! Gott der Vater sandte seinen Sohn in diese Welt, um Mensch zu werden (Joh 1,14). Als wahrer Gott und wahrer Mensch lebte er unter dem Gesetz Gottes (Gal 4,4), erfüllte es in jeder Hinsicht, wurde in allem versucht in gleicher Weise wie wir, doch war stets ohne Sünde (Heb 4,15). Dann ging er aus Gehorsam gegenüber dem Vater ans Kreuz, leerte dort bis zum letzten Tropfen den Kelch des Zornes des Vaters für die Sünde all jener, die je an seinen Namen glauben, starb und stand von den Toten wieder auf! Auf diese Weise bewies er, dass er sowohl die Sünde als auch den Tod, unsere beiden größten Feinde, besiegt hatte. Er fuhr in den Himmel und sitzt nun zur Rechten des Vaters (Kol 3,1), bis der Zeitpunkt seiner Wiederkehr gekommen ist.

In der Zwischenzeit soll diese Heilsbotschaft allen Menschen verkündet werden (Mt 28,18–20). Und in der Tat ist die christliche Gemeinde hier, um diese Botschaft zu verkündigen. Kurz gesagt: Wenn du dich von deiner Sünde abwendest und an den Herrn Jesus Christus glaubst, indem du dein ganzes Vertrauen auf sein vollbrachtes Werk am Kreuz und auf seine Auferstehung von den Toten setzt, dann wirst du gerettet werden! Dann werden dir nämlich nicht nur alle deine Sünden vergeben, sondern dir auch eine vollkommene

Gerechtigkeit zugeschrieben, die Gerechtigkeit Christi selbst (2Kor 5,21). Und daher bitten wir dich inständig, dich noch heute durch den Sohn Gottes mit Gott versöhnen zu lassen – mit dem selben Gott, der dir bereits Leben und Odem geschenkt hat.

Wenn du dies tust, wird dir das ewige Leben geschenkt werden und du wirst leben, auch wenn du gestorben bist (Joh 11,25). Der Tod bedroht uns alle. Aber es gibt eine greifbare, feste Hoffnung im Evangelium des Herrn Jesus Christus.

VERHAFTUNG UND VERPFLICHTUNGSERKLÄRUNG
7. Februar 2021

Vor dem Hintergrund der Verlautbarungen unseres Premierministers und der leitenden Amtsärztin der Provinz spürten wir, dass am Sonntag eine Vollstreckung geschehen würde. Die Hetzkampagne der Massenmedien drängte die Regierung darauf, endlich etwas zu unternehmen. Wir konnten nur mutmaßen, welche Form die bevorstehende Vollstreckung annehmen würde, doch eines wussten wir: Die Vollstreckung kommt auf jeden Fall. Ich hatte schon eine Tasche mit Wechselwäsche gepackt für den Fall, dass ich an jenem Tag verhaftet und in Gewahrsam genommen werden würde.

Zum ersten Mal verlangte die Polizei (RCMP) Zugang zu unserem Gemeindegebäude, *ohne* dass Vertreter der Gesundheitsbehörde von Alberta (AHS) dabei waren. Bei einem Konflikt, der sich dermaßen in die Länge zieht, ist jede Veränderung verunsichernd. Als ich davon erfuhr, war ich ziemlich aufgewühlt. Wo war nur die AHS geblieben? Warum wollte die Polizei unser Gemeindegelände allein betreten? Was hatte das zu bedeuten?

Vor den Bekanntmachungen gelang es mir, mich zusammenzureißen. Allerdings merkte man mir immer noch an, dass ich sehr unruhig war. Ich erwähnte die Gegenwart der Polizei und wir gaben den Beamten einen stehenden Applaus, wie wir es schon einmal getan hatten. Die Polizisten blieben nicht lange und verließen uns wieder, sobald sie den nötigen Beweis davon hatten, dass wir uns immer noch nicht an die Gesundheitsauflagen hielten. Nach dem Gottesdienst informierte mich der Vorsitzende unseres Ältestenkreises, der früher selbst einmal RCMP-Polizist gewesen war, dass man mir eine Verpflichtungserklärung formal zustellen wolle und dass man mir überlasse, wann diese offizielle Zustellung erfolgen solle.[47] Anstatt das Unvermeidliche aufzuschieben, bat ich darum, dass man sie mir sofort zustelle. Innerhalb von 15 Minuten war die Polizei wieder zurück auf unserem Gelände.

Als die Polizeibeamten eintrafen, gingen wir direkt in mein Büro. Meine Frau Erin war zusammen mit dem Vorsitzenden unseres Ältestenkreises und ein paar angehenden Ältesten zugegen. Ich wurde verhaftet und man überreichte mir offiziell die Verpflichtungserklärung. Sie verlangte meine Zustimmung, dass ich fortan die Auflagen des Gesundheitsgesetzes (*Public Health Act*) einhalte. Ich wusste, dass ich dem nicht zustimmen konnte. An der Stelle, die für meine Unterschrift vor-

---

47 Im kanadischen Strafgesetzbuch (*Criminal Code of Canada*) wird das formelle Aushändigen (engl. *serve*) einer solchen Verpflichtungserklärung (engl. *undertaking*) näher beschrieben. Die Verpflichtungserklärung ist ein schriftliches Dokument, das ein Polizist einem Angeklagten bei der Verhaftung vorlegt. Es enthält spezielle, dem jeweiligen Fall angepasste Auflagen. Der Angeklagte kann sich mit Unterschrift verpflichten, diese Auflagen einzuhalten, um seiner Verhaftung und/oder einer gerichtlichen Anhörung für Freilassung auf Kaution zu entgehen. Zudem erklärt er dabei sein Einverständnis, zu einem bestimmten Zeitpunkt vor einem Richter zu erscheinen. Gegen eine solche Verpflichtungserklärung zu verstoßen, ist eine Straftat (engl. *process crime*), die mit bis zu zwei Jahren Gefängnis geahndet werden kann. (A. d. Ü.)

gesehen war, wurde »*Unterschrift verweigert*« eingetragen. Obwohl ich die Unterschrift verweigert hatte, war ich trotzdem rechtlich verpflichtet, mich an die Auflagen zu halten. Man ließ mich wieder frei und die Polizeibeamten kündigten an, dass sie nächste Woche wiederkommen würden. Das bedeutete, dass sie davon ausgingen, dass auch wir wiederkommen und unseren Gottesdienst abhalten würden. Der ganze Umgang miteinander war freundlich und respektvoll.

Gelegentlich hatte der unnachgiebige Druck der Situation für Augenblicke der Ermüdung gesorgt. Aber nun hatte ich einen Ausdauerzustand erreicht, der mir das Gefühl vermittelte, für immer durchhalten zu können. Man kann es vielleicht damit vergleichen, was Sportler erleben, wenn sie den toten Punkt überwunden haben und neuen Schwung bekommen. Ich erlebte ein Niveau geistlicher Ausdauerkraft, welches ich bis dahin noch nie erlebt hatte. Die Sportmetapher, derer sich der Apostel Paulus im Neuen Testament immer wieder bedient, wurde in meinem Erfahren äußerst lebendig. Ich fühlte mich wie ein geistlicher Athlet im Wettlauf meines Lebens – und ich musste einfach bis zur Ziellinie durchhalten. Getragen von Gottes Gnade und umgeben von einem gottesfürchtigen Team von Ältesten, preschten wir voran und vertrauten unsere Zukunft völlig dem Herrn an.

GOTTES WORT ZUR OBRIGKEIT
Sonntag, 14. Februar 2021

In der darauffolgenden Woche war mir klar, dass ich die aktuellen Ereignisse in meiner Predigt aufgreifen musste. Doch bevor ich der Vorbereitung dieser Botschaft meine ungeteilte Aufmerksamkeit widmen konnte, musste ich eine Beerdigung durchführen. Wir hatten gerade ein Leben an die Pandemie verloren. Doch der Bruder war nicht COVID-19 zum Opfer gefallen, sondern den Auswirkungen der Lockdown-Maßnahmen. Er hatte Krebs und sein zweiter Therapiedurchgang war hinausgezögert worden. Aus menschlicher Sicht war sein Ableben durch den Behandlungsaufschub beschleunigt worden. Und dann starb er auch noch in Isolation und völlig abgeschottet von der Schar der Gläubigen, die er so innig liebte.

Es ist erstaunlich, wie befremdlich das Leben mittlerweile geworden war. Zunächst war ich wegen Abhalten eines Gottesdienstes verhaftet und wieder freigelassen worden. Nun nahm ich mich einer Familie an, die ihren gläubigen Vater, Verwandten und Freund verloren hatte. Gerade erst hatte ich einen verbotenen Gottesdienst abgehalten, nun kümmerte ich mich um Angehörige eines Verstorbenen am Rande eines offenen Grabes. Legte es die Obrigkeit wirklich darauf an, mich wie einen Verbrecher zu behandeln?

Am Donnerstagnachmittag derselben Woche wurde ich von dem christlichen Podcast-Kanal »CrossPolitic« interviewt.[48] Normalerweise befinde ich mich zu jenem Zeitpunkt in der Woche bereits mitten in der Predigtvorbereitung für den darauffolgenden Sonntag. Ich war mir allerdings immer noch unschlüssig, worüber ich predigen sollte. Ich tendierte zwar zum Thema »Obrigkeit«, aber aus einem anderen Blickwinkel betrachtet, als in meiner Predigt im vorausgehenden Sommer.

Am Tag meiner ersten Verhaftung, während der Gemeinschaftszeit am Sonntagabend, stellte einer unserer Bibelkreis-

---

48 Der Podcast »Waterbreak with The Waterboy« wird von Gabriel Rench moderiert. Seine Show hat die Auseinandersetzungen mit kanadischen Provinzregierungen, die bei ihrer Reaktion auf die Pandemie über das Ziel hinausgeschossen waren, stark ins Rampenlicht gerückt. Eine Reihe von kanadischen Gemeindehirten erschien in seiner Show. Das betreffende Interview ist hier abrufbar: https://www.youtube.com/watch?v=UqVnUHE3fuo. (Es scheint von YouTube inzwischen gesperrt worden zu sein (»Video nicht verfügbar«); abgerufen am 08.01.2022 aus der BRD. Als Audio-Aufnahme (z. B. auf *Apple Podcasts*) war es hingegen noch verfügbar. A. d. Ü.)

leiter einige Fragen, die in etwa wie folgt lauteten: »Wie können wir am besten die Obrigkeit dazu auffordern, ihre gottgegebene Pflicht zu erfüllen? Sollten wir ihren Vertretern einen Brief schreiben? Sollten wir sie anrufen? Sollten wir einen offenen Brief in einem Blog veröffentlichen?« Sein Denkanstoß sorgte dafür, dass ich die ganze Woche lang über die möglichen Antworten nachdachte. Als es Freitag wurde, widmete ich den ganzen Tag dem Ordnen meiner Gedanken. Am Ende des Tages war mir die Richtung klar geworden. Ich verbrachte dann den Samstag damit, meine Predigt niederzuschreiben.

Durch Gottes Fügung kam die Predigt genau zum richtigen Zeitpunkt. Der Titel lautete: »Die Obrigkeit auf ihre Pflicht hinweisen« (diese Botschaft ist in Kapitel 14 wiedergegeben). Sowohl diese Predigt als auch die frühere mit dem Titel »Der Zeitpunkt ist gekommen« waren von entscheidender Bedeutung in meinem Denken und im Leben unserer Gemeinde. Die Wahrheit von Gottes Wort ermutigte die Herzen unserer Gemeindeglieder. In der souveränen Güte Gottes erwies sich diese Wahrheit auch als Ermutigung für viele außerhalb unserer Gemeinde. Wie die vorangegangene Predigt breitete sich auch diese Botschaft im Internet rasend schnell aus, stündlich schienen weitere tausend Aufrufe hinzuzukommen.

DER TAG, AN DEM ICH MICH DER POLIZEI STELLTE
Dienstag, 16. Februar 2021

Nach dem Gottesdienst teilte man mir mit, dass sich die Polizei (RCMP) am Montag mit mir in Verbindung setzen würde, um zu besprechen, wie ich mich am Dienstag freiwillig stellen sollte. Montag, der 15. Februar, war ein gesetzlicher Feiertag, an dem das Amtsgericht geschlossen und kein Friedensrichter zugegen sein würde. Eine Verhaftung am Sonntag hätte bedeutet, dass man mich von Sonntag bis Dienstag in einer Gefängniszelle im Polizeirevier von Spruce Grove (Alberta) hätte in Gewahrsam nehmen müssen. Die Polizei hielt das offensichtlich nicht für notwendig, sie befürchtete bei mir keine Fluchtgefahr. Die Tatsache, dass ich mich erst am Dienstagmorgen, dem 16. Februar, der Polizei stellen würde, bedeutete, dass ich zwei weitere Nächte in meinem eigenen Bett schlafen konnte.

Am Dienstagmorgen sprach ich mit dem Polizeibeamten, der mit meinem Fall betraut worden war, weil ich ein Gespür davon bekommen wollte, was mich erwartete. Sollte mich meine Frau hinfahren? Würde ich noch am selben Tag wieder nachhause fahren? Obwohl der Polizeibeamte nicht garantieren konnte, wie die Sache ausgeht, deutete er an, dass ich wahrscheinlich alleine hinfahren konnte. Er glaubte, dass ich noch am selben Tag wieder zu Hause sein würde. Erst später wurde uns klar, dass er niemals damit gerechnet hatte, dass ich die Kautionsauflagen nicht unterschreiben würde.

Als ich an jenem Morgen das Haus verließ, war ich noch zuversichtlich, dass ich am Abend wieder zuhause sein würde. Erin sagte mir später, dass sie nicht so optimistisch gewesen war, was sich für sie später als Gnade erwies. Ich fuhr die 45 Minuten zum Polizeirevier mit Frieden und Freude im Herzen. Unterwegs telefonierte ich mit meinem Mitältesten Jacob Spenst. Ich hatte ihm Anweisungen gegeben, was zu tun wäre, falls man mich in Gewahrsam nehmen sollte. Er würde dann meine Aufgaben übernehmen und der Gemeinde weiterhin als Hirte dienen. Die anderen Ältesten waren von mir instruiert worden, sich der Obrigkeit zu fügen, falls Jacob ebenfalls eingesperrt werden würde, damit die Gemeinde nicht all ihre

Hirten verlieren würde. Allerdings waren alle Gemeindeleiter tief davon überzeugt, dass sie klar Stellung beziehen sollten.

Als ich bei der Polizei eintraf, wartete auf dem Parkplatz bereits ein Bruder aus unserer Gemeinde auf mich, der dort war, um zu beten. Unser Austausch war zwar nur kurz, doch es tröstete mich, ihn zu sehen. Mir kam dann ein Polizeibeamter entgegen, der mich in Gewahrsam nahm. Man bat mich, mein Jackett, meine Schuhe, mein Shirt und meinen Gürtel auszuziehen. Soweit ich mich erinnere, wurde ich dann abgetastet. Ehe ich mich versah, befand ich mich in meiner Zelle und wartete darauf, dass ich mittels Videoschaltung dem Friedensrichter vorgeführt werden würde.[49]

In der Zelle gab es keine Uhr, somit hatte ich kein Gefühl dafür, wie die Zeit verging. Ich verbrachte ein wenig Zeit damit, den Brief des Paulus an die Philipper zu lesen und zu beten. Irgendwann brachte man mir das Mittagessen und danach schlief ich ein wenig. Die Zelle war kalt, man hatte kaum Privatsphäre. Ab und zu schaute der Wärter herein, um zu sehen, wie es mir ging.

Irgendwann am Nachmittag wurde ich dem Friedensrichter vorgeführt. Ich wurde geweckt und in einen anderen Raum geführt. Auf einem Bildschirm waren ein Friedensrichter (der erste), mein Anwalt und die Staatsanwältin, die die »Krone« bzw. die Provinz Alberta vertrat, zu sehen. Sie ließ mich gleich spüren, dass sie mich überhaupt nicht leiden konnte. Diese erste Anhörung wurde dann vertagt, um meinem Anwalt und der Staatsanwältin Zeit zu geben, eine bestimmte Angelegenheit zu besprechen, doch ich erinnere mich daran, wie meine

---

49 Der Friedensrichter (engl. *Justice of the Peace*, kurz: *JP*) arbeitet im Bereich von Straftaten und provinzialen Ordnungswidrigkeiten. Bei Straftaten ist er Vorsitzender bei praktisch allen Kautionsverhandlungen, Anhörungen (vor dem eigentlichen Prozess) und Berufungsverfahren. Bei Ordnungswidrigkeiten auf Provinzebene oder Verstößen gegen städtische Verordnungen kann er auch Urteile fällen. Das Amt des *JP* gibt es seit dem mittelalterlichen England (erste Erwähnung 1361). (A. d. Ü.)

Anklägerin während der zweiten Anhörung eine lange Liste von Verstößen gegen die öffentlichen Gesundheitsauflagen aufzählte, um damit ihre Behauptung zu stützen, ich stelle eine Gefahr für die Gesellschaft dar und sollte deshalb eingesperrt werden.

Obwohl ich glaubte, dass ich letzten Endes sowohl vom Gesetz Gottes als auch vom höchsten Gesetz des Landes rehabilitiert werden würde, spürte ich trotzdem die Schwere meiner Lage. Während meiner Verhandlung wurde mir immer wieder der starke Kontrast zwischen der Position unserer Gemeinde und der Position der Krone (d. h., der Obrigkeit) deutlich. Die Krone wirkte düster, schwerfällig, gnadenlos und kalt. Demgegenüber waren die Worte meiner Anwälte von Wahrheit, Freiheit, Vernunft und Besonnenheit geprägt.

Mir kam der Gedanke, dass die Art und Weise, wie das Gesetz gegen mich verwendet wurde, wohl dem ähnlich ist, was mit jenen passieren wird, die sich beim Endgericht ohne Christus verantworten müssen. Dies machte mich einerseits traurig für diejenigen, die Christus ablehnen, aber andererseits veranlasste es mich auch, mich über die Vergebung meiner Sünden zu freuen. Jemand, der allein aus Gnade, allein durch Glauben und allein in Christus gerechtfertigt wurde, wird das Gewicht des moralischen Gesetzes Gottes niemals so erleben. »Glückselig der, dessen Übertretung vergeben, dessen Sünde zugedeckt ist!« (Ps 32,1).

Obwohl die Krone wollte, dass ich eingesperrt werde, signalisierte der Friedensrichter (der zweite) schon früh in der Verhandlung, dass er eine Haftstrafe nicht für gerechtfertigt hielt. Er deutet an, dass ich auf freien Fuß gesetzt würde, jedoch nicht ohne Auflagen. Man würde mir abverlangen, dass ich mich fortan an alle bestehenden Gesundheitsauflagen halte. Die Frage war also: Würde man mich freilassen und mir einfach nur jene Bedingung auferlegen oder würde meine

Freilassung davon abhängig gemacht werden, dass ich zuvor
der Erfüllung der Bedingungen zustimmte? Das war ein wichtiger Unterschied. Die erste Variante würde mir keine formelle
Verpflichtungserklärung abverlangen, mich an die Auflagen
zu halten, die zweite jedoch schon. Wenn es auf diese zweite Variante hinausliefe, war ich bereits innerlich entschlossen,
diese Bedingungen nicht zu unterschreiben.

Als die Unterlagen eintrafen, wusste der zuständige Polizeibeamte bereits, was ich zu tun beabsichtigte. Er wusste, in
welchem Dilemma ich mich befand. Als er die Bedingungen
gelesen hatte, sagte er: »Sieht ganz danach aus, als ob man ihnen die Entscheidung bereits abgenommen hat.« Um wieder
freigelassen zu werden, müsste ich zustimmen, mich an die
Bedingungen zu halten.

Ich befand mich in einer Zwickmühle: Wenn ich mich verpflichtete, mich an die Bedingungen zu halten, würde ich entweder im Alleingang und ohne Abstimmung die Gemeinde
zum Einhalten der behördlichen Vorgaben zwingen, oder ich
müsste beschließen, dauerhaft zuhause zu bleiben, während
sich die Gemeinde weiterhin versammelte. Keines von Bei-
dem konnte ich wählen. Weder würde ich Gottes Volk von ihren Gnadenmitteln abhalten, noch würde ich wie ein Feigling
zuhause bleiben, während *GraceLife* sich versammelte. Keinesfalls würde ich die Einhaltung einer Bedingung unterschreiben, von der ich wusste, dass ich sie nicht einhalten würde.
Das würde nicht nur meine Integrität kompromittieren, sondern es würde auch den juristischen Ärger, den ich ohnehin
schon hatte, über die Maßen erhöhen. Nach meinem Verständnis würde ein Verstoß gegen die Kautionsbedingungen sofort
als Straftat gerechnet werden.

Meine Unterschrift zu verweigern, war nicht das Schwerste
für mich. Das wirklich Schwere war vielmehr, die Konsequenzen dieser Weigerung zu tragen. Obwohl ich zuvor noch nie

mit dem Gesetz in Konflikt geraten war, wusste ich irgendwie noch aus meiner Kindheit, wie es sich anfühlt, wenn man eingesperrt ist. Und es fühlte sich auch genauso an, wie ich es mir vorgestellt hatte. Zu jenem Zeitpunkt gestattete man mir, James Kitchen anzurufen. Ich weinte am Telefon mit ihm. Nachdem ich ihm erzählt hatte, was passiert war, tröstete er mich, betete für mich und umriss, was in den nächsten Tagen rechtlich passieren würde. Danach, nachdem ich mich wieder etwas gefangen hatte, rief ich meine Familie an, um meinen Lieben die Neuigkeiten beizubringen.

IN KETTEN GELEGT

Mitten in der Nacht kam ein Polizeibeamter, um mich abzuholen. Seine Aufgabe war es, mir die Fingerabdrücke abzunehmen und mich erkennungsdienstlich zu fotografieren. Das war mir äußerst unangenehm. Ich fragte den Polizeibeamten immer wieder, warum das überhaupt notwendig war. Immerhin hätte ich ja mittlerweile genauso gut entlassen werden können. Ich war ja schließlich freiwillig da. Er sagte einfach nur: »Ich folge lediglich meinen Befehlen.« Er ließ mich wissen, dass das Polizeifoto wieder aus dem System gelöscht würde, wenn man mich keines Verbrechens überführen würde. Daran hatte ich so meine Zweifel.

Weil ich mich weigerte, die Kautionsbedingungen zu unterschreiben, hatte ich gleich am nächsten Morgen eine Anhörung vor einem Provinzgericht. Ein anderer Polizeibeamter kam, um mich abzuholen. Mir wurden Handschellen und Fußfesseln angelegt. Ich war wohl ganz plötzlich doch zu einer Fluchtgefahr geworden. Er sagte, er hielte sich nur an die übliche Vorgehensweise. Rückblickend kann ich mich aber des Eindrucks nicht erwehren, dass das alles dazu dienen sollte, mich zu zerbrechen, um doch meine Unterschrift unter die Kautionsbedingungen zu bekommen. Mehr dazu später.

Als wir beim Provinzgericht eintrafen, wusste man nicht, was man mit mir anstellen sollte. Es kommt selten vor, dass jemand seine Haftentlassungsbedingungen nicht unterschreibt. Man sperrte mich bis zu meiner Anhörung in eine Wartezelle. Während ich dort war, konnte ich einem der Gerichtsbeamten das Evangelium mitteilen. Diese Begegnung ermutigte mein Herz, als ich über die Gelegenheiten zur Verherrlichung Christi und zum Verkündigen des Evangeliums nachdachte, die sich noch daraus ergeben würden, dass ich Stellung bezogen hatte.

Die Anhörung ergab nicht viel Neues. Sie besiegelte im Grunde mein Schicksal dahingehend, dass ich in die Untersuchungshaftanstalt von Edmonton (*Edmonton Remand Center*) eingewiesen wurde, zusätzlich wurde noch ein weiterer Anhörungstermin festgelegt. Als ich aus dem Gebäude geführt wurde, erkannte ich ein Fahrzeug, das zu mir heranfuhr und anhielt. Der Fahrer war einer unserer angehenden Ältesten. Es wurde uns nur einen kurzen Moment gestattet, miteinander zu reden, aber wir konnten uns gegenseitig unserer brüderlichen Liebe versichern. Als ich dann im Streifenwagen den Parkplatz verließ, sah ich einen weiteren Mann aus unserer Gemeinde – es war derselbe Mann, der mit mir gebetet hatte, als ich mich anfangs der Polizei gestellt hatte. Er ging betend auf dem Bürgersteig auf und ab. Das trieb mir Tränen in die Augen.

– Kapitel 9 –

HINTER GITTERN GOTT VERTRAUEN

James Coates

Bevor ich in die Untersuchungshaftanstalt versetzt wurde, brachte man mich erst noch einmal zum Polizeipräsidium zurück. Man gestattete mir einige Anrufe und ich rief zuerst Erin an. Sie befand sich im Auto auf dem Weg zu mir. Als wir uns am Telefon unterhielten, verlor ich die Fassung. Sofort ermutigte sie mich und strahlte eine starke Überzeugung aus. Ihre Standfestigkeit erinnerte mich daran, was für ein Schatz eine gottesfürchtige und ermutigende Frau im christlichen Dienst ist. Sie half mir, dass ich meine Fassung wieder zurückgewann. Danach rief ich James Kitchen an. Anschließend wurde ich in die Untersuchungshaftanstalt überführt.

Auf dem Weg dorthin hatte der Beamte das Autoradio eingeschaltet. Meine Situation erregte bereits große Aufmerksamkeit in den Medien. Das fühlte sich ziemlich unwirklich an. Als wir im Untersuchungsgefängnis eintrafen, nahm man mir die Handschellen und Fußfesseln ab und brachte mich in einen Aufnahmeraum. Zwei weitere Personen befanden sich ebenfalls dort. Wir tauschten uns darüber aus, was wir verbrochen hatten. Ich sagte ihnen, dass ich Gemeindeältester sei und gegen die Gesundheitsauflagen verstoßen habe, weil ich Gottesdienste abgehalten hatte. Sie hielten das für lächerlich. Dann bat mich einer von ihnen, für ihn zu beten.

Von dort brachte man mich dann in einen Haftraum. Ich hatte eine Zelle für mich allein, anscheinend zu meinem Schutz. Nun mussten mehrere Bearbeitungsschritte erledigt werden. Bei jedem einzelnen Schritt holte mich ein Wärter ab, vollzog den entsprechenden Schritt und brachte mich wieder in meine Zelle zurück. Die Wärter wussten bereits, wer ich war und warum ich dort war. Auch sie hielten meine Verhaftung für lächerlich. Das waren die ersten Anzeichen der Unterstützung, die ich seitens der Wärter erhielt.

Die Aufnahmeabfertigung beinhaltete einige ungewöhnliche Schritte. Ich musste beispielsweise die Schnürsenkel von meinen Schuhen entfernen. Dies soll der Gefahr vorbeugen, dass Häftlinge sich damit erhängen. Ein weiterer Schritt war eine Leibesvisitation am nackten Körper, bei der der ausführende Wärter sicherstellen soll, dass weder Drogen noch Waffen in die Einrichtung eingeschmuggelt werden.

Nachdem ich die meisten Aufnahmeschritte durchlaufen hatte, steckte man mich in einen Haftraum, wo bereits ein paar andere Häftlinge waren. Einer lag auf dem Boden und schien seinen Drogenrausch auszuschlafen. Später wurde er für ein paar Tage mein erster Zellenkollege. Die anderen Häftlinge unterhielten sich in teilweise deftiger Sprache. Als sie herausgefunden hatten, warum ich einsaß, sagte mir einer von ihnen, dass es für mich bestimmt glimpflich ablaufen werde. Ich kann mich nicht daran erinnern, was ihn veranlasst hatte, dies zu sagen. Obwohl es sich vielleicht merkwürdig anhört, fand ich einen gewissen Trost in seinen Worten.

Es dauerte nicht lange, bis man uns in unseren Zellenblock und in unsere Zelle brachte. Jeder Zellenblock bestand aus einem Hauptgeschoss mit Zellen sowie zwei weiteren Stockwerken mit weiteren Zellen. Als wir in unserem Zellenblock eintrafen, sagte der Wärter: »Wunderbar! Drei Verbrecher frisch von der Straße!« Es ist schwer in Worte zu fassen, wie diese Worte in meinen Ohren klangen. Kurz danach hatte ich Gelegenheit, ihn zu fragen, ob er wisse, warum ich da war. Als er nach meiner Akte griff, sagte ich ihm, dass ich ein Gemeindeältester bin. Er hätte mich anschreien und fluchen können, doch das tat er nicht. Als ich später wieder in meiner Zelle war, sprach er über die Gegensprechanlage und sagte: »Hey, Prediger, willst du ein Blatt Papier und einen Stift?« Ich antwortete: »Ja, gerne!« Worauf er sagte: »John Bunyan hat einige seiner besten Werke im Gefängnis geschrieben.«[50] Das war wieder so ein Moment, in dem der Herr mein Herz erquickte.

Wir standen letztlich 15 Tage lang unter Quarantäne. Während dieser Quarantänezeit gestand man uns pro Tag nur zwei Mal 15 Minuten Hofgang zu. Das bedeutete, dass man fast den ganzen Tag in der Zelle verbrachte. Einmal wartete ich sogar knapp 24 Stunden bis zum nächsten Hofgang.

Eine der Überraschungen im Gefängnis waren die vier Radiosender, die wir hören durften. Einer davon war ein Talk-Radio-Sender, der alle halbe Stunde die aktuellen Nachrichten brachte.[51] Mein Name wurde in diesen Nachrichten häufig genannt. Wir

---

50 *John Bunyan* (1628–1688) war englischer Prediger und Schriftsteller von rund 60 Werken. Die anglikanische Staatskirche verhaftete ihn 1660, weil er das Predigtverbot für »Nonkonformisten« missachtete. 1672 wurde er freigelassen, jedoch 1675 erneut wegen Predigens acht Monate inhaftiert. In dieser Zeit schrieb er sein berühmtes allegorisches Werk »Die Pilgerreise zur seligen Ewigkeit« (orig.: *The Pilgrim's Progress from This World to That Which Is to Come*. (A. d. Ü.)

51 *Talk radio* ist ein Radioformat, bei der ein Moderator über aktuelle Themen berichtet und die Zuhörer einlädt, sich in der Sendung dazu per Telefon zu Wort zu melden. (A. d. Ü.)

ließen das Radio sogar die ganze erste Nacht an und mehrere Male hörte ich Ausschnitte aus meiner Predigt vom vergangenen Sonntag. Es überraschte mich, wie viel Aufmerksamkeit die Situation unserer Gemeinde bekam.

Mein erster Zellenkollege schlief fast immer. Er schlief Tag und Nacht und stand lediglich auf, um zu essen, auf die Toilette zu gehen oder seine Bewegungszeit zu nutzen, obwohl er selbst diese manchmal verschlief. Wir teilten die Zelle nur ein paar Tage. Aufgrund der Aufmerksamkeit, die ich in den Medien erhielt, stellte man mich dann unter ständige Überwachung. Man befürchtete, dass einer meiner Mithäftlinge mir etwas zuleide tun könnte. Das bedeutete, dass ich meine beiden täglichen Hofgänge nun alleine verbringen musste und dass mein Zellenkollege in eine andere Zelle verlegt wurde. Das Evangelium hatte ich ihm zu dem Zeitpunkt bereits erklärt.

Die Hofgänge waren absolut wichtig, um irgendeine sinnvolle Verbindung zur Außenwelt zu halten. Ich verbrachte praktisch jeden Hofgang damit, mit Erin zu telefonieren. Diese Unterhaltungen waren wie ein Rettungsanker. Erin teilte mir stets mit, wie sich meine Inhaftierung draußen auswirkte – was weit über das hinausging, was ich hätte erahnen können. Unvergesslich in Erinnerung geblieben ist mir die Ermutigung, die ich von John MacArthur erhielt. Erin spielte eine Sprachnachricht ab, die er ihr geschickt hatte. Das blies frischen Wind in mein Segel.

An einen bestimmten Hofgang erinnere ich mich besonders. An meinem ersten Sonntag im Gefängnis teilte man mir meinen Hofgang so zu, dass er gerade vor dem Gottesdienst an jenem Morgen lag. Ich rief meine Frau an und sprach einige Minuten mit ihr. Dann gab sie mich an meinen Mitältesten Jacob weiter. Er war zu jenem Zeitpunkt erst wenige Monate im Dienst und war im Begriff, auf die Kanzel zu steigen, um zu predigen, ohne zu wissen, was als nächstes passieren würde. Aber das wusste ja keiner von uns. Es war denkbar, dass er dasselbe Schicksal erleiden würde, wie ich. Also sagte ich ihm, was ich mir vor einer schwierigen Predigt manchmal selbst sage: »Noch eins hast du zu tun: Predige und sterbe.« Damit will man sagen, dass es jetzt nur noch um eine Aufgabe geht: Predige das Wort und mache dir wegen der Konsequenzen keine Sorgen. An jenem Morgen betrat er die Kanzel und predigte mutig und mit tiefer Überzeugung. Im Wesentlichen sagte er: »Man kann mich ruhig wegsperren, aber dann wird ein anderer an meiner Stelle aufstehen, und dann ein weiterer, und dann ein weiterer.« Diese Botschaft erzeugte Entschlossenheit aus Stahl.

Während der ersten paar Tage hatte ich recht viele Besucher. Am ersten oder zweiten Tag kam auch einer der Gefängniskaplane vorbei. Er gab mir eine Bibel und einen Berg an Literatur. Außerdem beantwortete er alle meine Fragen und stellte mich darauf ein, was man vom Leben im Gefängnis erwarten kann. Auch ein anderer Kaplan besuchte mich. Schon während seines ersten Besuchs, als er noch nicht wissen konnte, ob ich wirklich aufrichtig und vertrauenswürdig wäre, erwies er sich als große Stütze. Doch beim zweiten Besuch brachte er mir noch mehr Unterstützung entgegen, weil er mittlerweile herausgefunden hatte, warum ich das tat, was ich tat. Es gab auch einen Gefängniswärter, der einige Leute von unserer Gemeinde kannte. Anfangs gab es solche Besuche regelmäßig.

Mir wurde recht schnell klar, dass mich die Gefängnisverwaltung nicht in ihrem Gefängnis haben wollte. Drei Wärter mit höherem Dienstrang riefen mich im Verlauf der ersten Woche aus meiner Zelle. Sie sagten mir: »Sie verstehen doch, dass Sie nicht hier sein müssen, oder?« Ich hätte nur sagen müssen, was sie hören wollten, und schon hätte man meine Entlassungspapiere ausgefertigt. Sie konnten nicht nachvollziehen, warum ich das Formular mit den Kautionsbedingungen nicht unterschreiben wollte.

Dann erhielt ich auch noch einen Telefonanruf von einem Parlamentsabgeordneten, der bekennt, Christ zu sein. Ich vermute, dass der Premierminister von Alberta ihn veranlasst hatte, mich zu kontaktieren. Er versuchte von Anfang bis Ende dieses zwanzigminütigen Telefongesprächs, mich aus der Heiligen Schrift zu überzeugen, dass ich das Falsche tat. Nebenbei bemerkt: Während eines Anrufs wird man benachrichtigt, wenn man nur noch eine Minute Gesprächszeit übrig hat. Normalerweise verabschiedet man sich dann voneinander. Aber hier lief das ganz anders: Der Parlamentsabgeordnete verabschiedete sich nicht, sondern bombardierte mich auch die ganze letzte Minute lang aus allen Richtungen und beschwor mich, ich möge doch das Kautionsformular unterschreiben. Bei einer anderen Gelegenheit überreichte mir ein Wärter ein Ersuchen des Premierministers selbst. Er bat mich darin, einen bestimmten Vertreter der Kirche anzurufen. Ich vermute, dass ich diesen kontaktieren sollte, damit er mich zum Unterschreiben überreden könnte. Sie konnten sich offensichtlich einfach nicht vorstellen, dass ich nicht bereit sein würde, dies zu tun.

Später sprach meine Frau mit jemandem, der in der Untersuchungshaftanstalt arbeitet. Laut dieser Person hatte man diese spezielle ständige Überwachung gezielt angeordnet, um meinen Widerstand zu brechen. Die betreffende Person behauptete weiter, dass meine Akte einen Vermerk enthielt, möglichst regelmäßig Besuche bei mir durchzuführen im Versuch, mich zu überreden, die Kautionsbedingungen zu unterschreiben. Auch meine Isolierung und die gelegentliche Aussetzung meines Hofgangs waren offensichtlich eine List, meine Entschlossenheit zu schwächen.

Bevor ich aus dem Quarantänebereich in den allgemeinen Gefängnisbereich überführt wurde, fand ich heraus, dass jemand meine Akte gefälscht hatte. Mein Familienstand war von »verheiratet« auf »Lebensgefährte in eheähnlicher Gemeinschaft« (sog. »wilde Ehe«) und meine Religionszugehörigkeit von »Christ« oder »Baptist« auf »Christliche Wissenschaft« (Christian Science) abgeändert worden. Es kam zwar nichts dabei heraus, aber man kann sich vorstellen, dass dies in der Absicht getan wurde, mich irgendwann einmal in Verruf zu bringen. Auf jeden Fall pokerte da jemand mit immer höherem Einsatz im Kampf, mich innerlich zu zermürben.

Einer der Vorteile davon, dass uns bewusst wurde, dass man mich in der Untersuchungshaftanstalt eigentlich gar nicht haben wollte, war, was dies für meinen Mitältesten Jacob und für Tim Stephens (einem Gemeindehirten in Alberta, der ebenfalls die Türen seiner Gemeinde, der *Fairview Baptist Church*, geöffnet hatte) bedeutete. Ich erinnere mich daran, wie ich Jacob entweder am ersten oder zweiten Sonntag meiner Inhaftierung sagte: »Die wollen dich nicht hier haben.« Außerdem war ich mir ziemlich sicher, dass mein Einsitzen dort dafür sorgte, dass Jacob und Tim nicht auch dort landen würden. Es war meine Inhaftierung, die für die *Fairview Baptist Church* letztlich alles klar machte: Sie öffneten die Türen ihrer Gemeinde und machten das auch öffentlich bekannt. Soviel ich weiß, kontaktierte Tim andere Gemeindehirten mit der Absicht, eine Koalition von Gemeinden aufzubauen, die ihre Gemeindetüren offenhalten und gemeinsam Stellung beziehen wollten. Meines Wissens schlossen sich noch während meiner Inhaftierung rund 20 Gemeinden so zusammen.

Im Gefängnis ist der Kampf um das Gemüt der Insassen deutlich spürbar. Man ist isoliert, von der Außenwelt abgeschnitten und erlebt eine völlig andere Realität als draußen. Einen der größten Kämpfe, an die ich mich erinnere, hatte ich bei der Verlegung aus der Quarantäne in den allgemeinen Gefängnisbereich. Wenn man zunächst unter Quarantäne gestellt wird, hat man den Vorteil, dass man sich leichter an die Gefängniskultur gewöhnen kann und zusätzlich ein gewisses Maß an Schutz genießt. Als der Zeitpunkt näher kam, an dem ich in den allgemeinen Gefängnisbereich verlegt werden sollte, hatte ich ein paar Begegnungen mit Menschen, die mir Angst einflößten.

Wie bereits erwähnt, konnten wir im Gefängnis Radio hören. Während jener Zeit machten die Medien versteckt Andeutungen, dass ich ein rechtsextremer Rassist sei. Das ist natürlich völliger Unsinn. Einer der Insassen fand jedoch heraus, wer ich war, kam an meine Zellentür und warnte mich, dass ich mich in Gefahr befinden würde, sobald ich aus der Quarantäne herauskomme. Dies brachte mich ernsthaft ins Trudeln, Angst und Sorge machten sich breit – jedenfalls so sehr, dass meine Entschlossenheit und die Klarheit meiner Überzeugung ins Wanken geraten konnten. Ich wusste, dass ich beten musste. Ich hatte gerade einmal eine Minute lang gebetet, da erschien der erste Kaplan, der mich zuvor schon einmal besucht hatte. Es war, als ob Gott einen Engel zu Daniel sandte. Er beruhigte mich. Er war am Puls dessen, was in dieser Haftanstalt abging und war mit der Gefängniskultur gut vertraut. Er sagte mir, dass ich mir keine Sorgen zu machen brauchte. Und er hatte recht.

Meine Mithäftlinge boten mir fast alle einmütig Rückendeckung. Vom Tag an, wo ich in den allgemeinen Gefängnisbereich verlegt wurde, suchten sie mich auf. Es ist erstaunlich, wie schnell Neuigkeiten im Gefängnis die Runde machen. Manche Häftlinge kamen während ihres Hofgangs zu mir, um mich um Hilfe zu bitten, und ich sprach mit ihnen durch die Zellentür. Der erste Mann, der ratsuchend zu mir kam, hatte seinen fünfjährigen Sohn bei einem Hausbrand verloren. Das veranlasste ihn, Gott den Rücken zuzukehren. Sein Besuch bei mir stellte mich in eine recht herausfordernde Situation hinein. Doch durch Gottes Gnade war ich in der Lage, ihm mit Mitleid und Mitgefühl zu begegnen und ihm das Evangelium zu erklären. Immerhin hatte Gott seinen eigenen Sohn hingegeben, damit wir an ihn glauben und ewiges Leben haben mögen. Und so ergaben sich beständig Gelegenheiten zum Weitergeben des Evangeliums und zum Erteilen von Ratschlägen.

Ich war auch in der Lage, einen Bibelkreis anzufangen. Ein Häftling in der Zelle nebenan war bekennender Christ, so wie auch viele andere Häftlinge. Er fragte mich, ob wir gemeinsam die Bibel studieren könnten. Da Häftlingen nicht gestattet ist, die Zelle eines anderen Häftlings zu betreten, organisierten wir einen Bibelkreis auf der Hauptetage. Ich setzte mich mit meiner Bibel an einen Tisch und innerhalb einer Minute war der Tisch um mich herum voll besetzt. Vier oder fünf Mithäftlinge hörten mir regelmäßig zu, wenn ich aus dem Johannesevangelium lehrte. Ich lehrte, wer Christus ist, dass er sowohl Gott als auch Mensch ist, ich lehrte über die Notwendigkeit der Neugeburt und ich schaffte es sogar bis zu jenem wundervollen Kapitel, das vom Guten Hirten handelt. Ich hatte immer eine gebannt lauschende Zuhörerschaft.

Eines der Dinge, die mein Durchhaltevermögen am meisten nährten, waren ermutigende Briefe. Sie kamen aus der ganzen Welt. Oftmals trafen sie in großen Stapeln zusammengefasst bei mir ein, weil die Wärter keine Lust hatten, wegen jedem Brief extra zu meiner Zelle zu laufen. Aber jene Wärter, die die Aufgabe hatten, jeden Brief vor der Aushändigung zu fotokopieren, waren wohl kaum begeistert. Wenn ich das richtig verstanden habe, fotokopiert man die Briefe, um sicherzustellen, dass keine Drogen in das Gebäude geschmuggelt werden. Offensichtlich mussten sie die Post aber auch durchlesen. Aus diesem Grund waren die Leute, die mir schrieben, sehr gewissenhaft darauf bedacht, dass ihre Briefe stets auch die Evangeliumsbotschaft beinhalteten.

GNADE UNTER BESCHUSS

Während ich im Gefängnis saß, war Erin mein Mundstück. Sie gab viele Interviews. Sie war in der Lage, die theologische Rechtfertigung für unseren Standpunkt auf überzeugende Weise darzulegen. Einige störten sich daran, dass sie die meisten Interviews gab, und fragten sich, wo unsere Gemeindeleiter abgeblieben waren. Aber weil sie meine Ehefrau ist, gingen eben die meisten Anfragen an ihre Adresse, und sie war gut vorbereitet, in meinem Namen zu sprechen. Ich wage zu behaupten, dass die Antworten, die sie in ihren Interviews gab, zusammen mit meiner Inhaftierung dafür sorgten, dass die Augen von vielen Menschen geöffnet wurden. Zum großen Teil gelang es ihr, dem falschen Bild entgegenzuwirken, das von den Massenmedien von mir gezeichnet wurde. Es gab ungläubige Familienglieder in meiner eigenen Verwandtschaft, die ihre Meinung änderten, nachdem sie ihre Interviews sahen. Wir waren das perfekte Team.

Das bedeutendste Interview, das Erin gab, war das bei *Tucker Carlson Tonight* im Nachrichtensender *Fox News*. Allein auf YouTube hatte es bald mehr als eine Million Aufrufe.[52] Dieses Interview erreichte wahrscheinlich mehrere Millionen Menschen. Es schlug schon vor seiner Aufzeichnung Wellen. *CTV News*, das zu den Mainstream-Medien gehört, verwehrte Erin den Zutritt ins Gebäude, um das Interview durchzuführen. Das geschah, obwohl es bereits in den Sendeplan

---

52 Abrufbar auf https://www.youtube.com/watch?v=0ywfs4rQipQ. (Anfang Januar 2022 hatte es bereits rund 1,3 Mio. Aufrufe. A. d. Ü.)

aufgenommen war und die Verträge unterzeichnet waren. Meinem Verständnis nach war dies eine sehr ungewöhnliche Entwicklung. Doch schien dieses Interview den Ausschlag dafür zu geben, dass die Regierung mich nun aus dem Gefängnis wieder entlassen wollte. Das Interview wurde am Freitag, dem 12. März 2021, aufgezeichnet und am Donnerstag, dem 18. März, ausgestrahlt. Zum Zeitpunkt der Ausstrahlung hatten meine Anwälte und die Krone bereits eine Vereinbarung getroffen, mich aus der Haft zu entlassen.

– Kapitel 10 –

DIE UNTERGRUNDKIRCHE VON KANADA

James Coates

Zu jenem Zeitpunkt wurde mein Team durch einen zwei-ten Anwalt verstärkt. Leighton Grey ist ein erfahrener Anwalt, äußerst versiert im Gerichtssaal und ein starker Ver-fechter jener Freiheiten, die uns die Verfassung garantiert. Wir hatten uns vor Gericht darum bemüht, die Auflagen für meine Haftentlassung streichen zu lassen, doch das war uns nicht gelungen. Leighton trat dann an die Krone heran, um zu sehen, ob man zumindest bereit war, meine Kautionsbedin-gungen auf ein grundlegendes Arrangement zur »Bewahrung des Friedens« zu reduzieren. Allerdings hätte ich auch diesem nicht zugestimmt. Laienhaft gesprochen heißt »Bewahrung des Friedens« nämlich nichts anderes, als sich an das Gesetz zu halten. Doch in Anbetracht der Art und Weise, wie das Volksgesundheitsgesetz (*Public Health Act*) durchgesetzt wur-de, würde ich mit dem Abhalten eines Gottesdienstes dann diese Kautionsbedingungen brechen. Und, wie schon gesagt, führt ein Verstoß gegen Kautionsauflagen gewöhnlich zu einer beträchtlichen Eskalation des Falls.

Unerwarteter Weise machte die Krone uns ein noch viel besseres Gegenangebot. Der Zeitpunkt davon ist sehr bemerkenswert: Das Angebot kam in den Tagen nach der Aufzeichnung von Erins Interview mit Tucker Carlson, das bereits öffentliche Aufmerksamkeit bekommen hatte, ehe es überhaupt ausgestrahlt worden war. Die Krone bot an, alle Anklagepunkte bis auf einen fallenzulassen, wenn ich mich zumindest eines Verstoßes auf Provinzebene schuldig bekennen würde, weil ich damals bei meiner ersten Verhaftung die Unterlassungserklärung nicht unterzeichnet hatte. Der verbleibende Anklagepunkt würde es mir weiterhin ermöglichen, die Verfassungsmäßigkeit des Volksgesundheitsgesetzes in Anbetracht der Normen der *Kanadischen Charta der Rechte und Freiheiten* anzufechten. Dieses Angebot vermittelte mir auch den Eindruck, dass die Obrigkeit und die Krone meine Überzeugungen, meine Grundsätze und meine Haltung ernst nahmen.

Obwohl das Angebot verlockend war, bat ich darum, dass wir ein Gegenangebot machten, in dem ich mich in keinem der Anklagepunkte für schuldig erklärte. Die Krone lehnte dies jedoch ab. Somit oblag es mir, das Angebot der Krone anzunehmen oder abzulehnen. Gefiel mir der Gedanke, mich als schuldig zu erklären? Nein, keineswegs. Aber so unrechtmäßig, wie die anfängliche Unterlassungserklärung auch war, zumindest würde ich mich dann einer Sache schuldig bekennen, die ich tatsächlich getan hatte, und immerhin könnte ich dann zu meiner Familie und Herde zurückkehren. Hätte ich hingegen dieses Angebot abgelehnt, ist es möglich, dass ich die Krone so lange hätte hinhalten können, bis schließlich alle Anklagepunkte fallengelassen worden wären. Doch wenn ich das getan hätte, hätte sich mein Standpunkt von einem theologischen auf einen politischen verlagert. Nicht mehr Christus, sondern ich selbst wäre im Mittelpunkt gestanden. Also stimmte ich zu, dass ich mich dieses einen Verstoßes auf Provinzebene schuldig bekannte und somit ohne Vorstrafe davonkam.

Das war eine herausfordernde Woche. Ich war zwar kurz davor, entlassen zu werden, doch die Sache zog sich in die Länge. Die Vereinbarung zwischen der Krone und mir war nun unter Dach und Fach und das Einzige, was noch fehlte, war die Festlegung eines Gerichtstermins. Durch ein Versehen war man der Meinung, dass der nächstmögliche Gerichtstermin erst am Montag, dem 22. März sei. Man bemühte sich daher, mich noch am Freitag davor in einer anderen Jurisdiktion (Rechtsbezirk) einem Gericht vorzuführen. Jener Freitag war übrigens der Tag nach der Ausstrahlung des Interviews mit Tucker Carlson. Doch aufgrund des großen öffentlichen Interesses an meiner Situation weigerte sich das angefragte Gericht, meine Anhörung abzuhalten. Als wir diese Absage erhielten, stellten wir gleichzeitig fest, dass das Gericht, vor dem ich ursprünglich hatte erscheinen sollen, bereits Anfang der Woche Sitzungszeit gehabt hatte. Hätten wir das gewusst, hätten wir schon einen früheren Termin bekommen können. Doch Gott hatte es in seiner Vorsehung wohl so bestimmt, dass ich am Wochenende noch im Gefängnis saß – möglicherweise, um zu gewährleisten, dass das Interview mit Tucker Carlson auch tatsächlich ausgestrahlt wurde.

MEINE HAFTENTLASSUNG
22. März 2021

Am Montag, dem 22. März, erschien ich vor Gericht via Livestream. Obwohl es höchst selten vorkommt, dass ein Richter einen zwischen Anklage und Verteidigung ausgehan-

delten Deal ablehnt, schien es dieser Richter darauf anzulegen, mir noch etwas Angstschweiß auf die Stirn zu treiben.
Er erweckte den Eindruck, dass er mit der Vereinbarung nicht
zufrieden war, weil sie angeblich nicht im besten Interesse des
Gesetzes sei. Laut Vereinbarung hätte ich eine Geldstrafe von
100 kanadischen Dollar bekommen, aber er meinte, dass eine
härtere Strafe angebracht sei. Er deutete sogar an, dass die
Strafe zusätzlich auch eine Haftstrafe beinhalten könne. Ich
vermute, dass der Richter den Eindruck erwecken wollte, dass
es schwer sei, mit ihm auszukommen. Ich glaube allerdings
nicht, dass er beabsichtigte, der Vereinbarung im Weg zu stehen. Er unterbrach die Verhandlung, zog sich in sein Richter-
zimmer zurück und kam dann zurück und verkündigte die
Erhöhung der Geldstrafe auf 1.500 kanadische Dollar. Die Erhöhung der Geldstrafe war ohne praktische Bedeutung, weil
die Zeit, die ich im Gefängnis verbracht hatte, bereits mehr
abdeckte, als was die Höchststrafe hätte sein können.

Bevor er die Sitzung unterbrach, hielt mir der Richter das,
was meine Anwälte eine Standpauke nannten. Er meinte dabei, dass meine Handlungen im Widerspruch zu meiner Aufgabe als Hirte stünden. Seinem Dafürhalten nach erfordere die
Verpflichtung eines Hirten, seine Schafe zu behüten, dass er
alle Zusammenkünfte aussetzt, um die Herde vor dem Virus
zu schützen. Der Richter unterstellte mir zudem, dass der Beweggrund für meine Haltung wohl damit zu tun habe, dass
ich mir als politischer Revoluzzer einen Namen machen wolle.
Als man mir das Wort erteilte, sagte ich Folgendes:

Euer Ehren, ich möchte lediglich verständlich machen, dass
ich bei der ursprünglichen Unterlassungserklärung, im Rahmen derer man mir auch die Bedingungen jener Erklärung
vorlegte, nicht in der Lage war, diese Bedingungen zu unterschreiben. Und ich möchte nur darauf hinweisen, dass meine

Rechtschaffenheit und mein Wort sich die ganze Zeit über nicht verändert haben.

Ich bin nicht hier, um eine Stellungnahme abzugeben. Ich bin mir bewusst, dass die Gesellschaft das, was hier vonstatten geht, sehr wohl so auffassen wird. Ich bin aber einfach deswegen hier, weil ich Jesus Christus gehorsam sein will. Es ist mein Gehorsam gegenüber Christus, der mich nun in Konflikt mit dem Gesetz gebracht hat.

Dem Gericht ist bewusst, dass ich die Rechtmäßigkeit des betreffenden Gesetzes anfechte, und daher denke ich, dass mein Standpunkt ziemlich klar ist. Aber täuschen Sie sich bitte nicht: Diese Stellungnahme gebe ich nicht gegenüber der Gesellschaft ab. Ich versuche nicht, ein Argument vorzutragen. Ich bin kein politischer Revoluzzer. Ich habe eine Verantwortung vor Gott, die Menschen, die mir anvertraut worden sind, als Hirte zu behüten. Ich habe eine Verantwortung, meinem Herrn und Retter Jesus Christus gehorsam zu sein – und genau dieser Gehorsam lässt mich heute hier in diesem Gerichtssaal stehen.

Laut meiner Anwälte dämpften diese Worte den Eindruck des Richters, ich sei ein politischer Revoluzzer. Als er nach der Sitzungsunterbrechung sein Urteil verkündete, schien er eine andere Haltung zu haben. Es war ein Segen, dass es mir möglich war, im jenem Moment Zeugnis von der Herrschaft Christi abzulegen.

Nach dieser Anhörung wurde ich wieder in meinen Zellenblock und in meine Zelle zurückgebracht, wusste aber, dass ich noch am selben Tag entlassen werden würde. Ich teilte diese Neuigkeit meinem Zellenkollegen mit und machte mich daran, mein Zeug zusammenzupacken. Kurz danach rief mich einer der Wärter über die Gegensprechanlage an und sagte mir, dass ich am Nachmittag entlassen werde und dass ich mich dafür bereitmachen solle. Ich konnte eine gewisse freudige Regung in seiner Stimme mitschwingen hören, als er meine Haftentlassung ankündigte.

Es traf mich, dass ich mir gar nicht vorstellen konnte, wie das Verlassen des Zellenblocks so sein würde. Wenn ich daran dachte, wie meine Mithäftlinge mir begegnet waren, lag es nahe, dass es ein denkwürdiger Augenblick sein würde. Die meisten Häftlinge wussten inzwischen, dass ich sie an jenem Tag verlassen würde. Die Nachrichtensendungen hatten bereits über das Wochenende hinweg von meinem Gerichtstermin am Montag berichtet und gaben mittlerweile meine Freilassung bekannt.

Ich erhielt einen Vorgeschmack darauf, wie mein Abschied sich gestalten würde, als mich noch einmal einer der Kaplane besuchte. Ein Wärter sprach über die Gegensprechanlage und forderte mich auf herunterzukommen, um den Kaplan zu treffen. Ich war mir nicht sicher, was ich zu tun hatte, daher nahm ich meine gepackte Tasche mit, um für meine Entlassung bereit zu sein. Es gab da einen Häftling, mit dem ich noch einmal reden wollte, ehe ich die Anstalt verließ. Folglich rannte ich ein paar Zellen den Korridor hinunter, um ihn wissen zu lassen, dass ich für ihn beten würde. Unterwegs hörte ich bereits aus den anderen Zellen um mich herum Geräusche herausdringen. Die Häftlinge dachten wohl, dass ich sie bereits zu diesem Zeitpunkt verlassen würde. Ein Wärter rief von unten zur dritten Etage hinauf und sagte, dass ich noch nicht entlassen würde und dass ich vorerst meine Tasche oben lassen sollte. Ich brachte meine Tasche zurück und ging nach unten, um mit dem Kaplan einige Zeit zu verbringen.

Es fällt mir schwer, mich daran zu erinnern, worüber wir sprachen. Auf jeden Fall ermutigte er mich, stark zu bleiben. Wir konnten für unsere Unterhaltung keinen Raum bekommen und saßen daher draußen an einem Tisch. Während wir uns noch unterhielten, sagte ein Wärter: »Okay, Coates, Du gehst jetzt!« Der Kaplan und ich standen auf, schüttelten die Hände und beteten miteinander. Ich rannte die Treppe hinauf zu meiner Zelle, schnappte meine Tasche und kam wieder herunter. Meine Etage hatte gerade ihren Hofgang, so dass ich mich von den Männern verabschieden konnte. Als ich dann zur Tür ging, um den Zellenblock zu verlassen, kam ein polterndes Geräusch von den Häftlingen, die sich in ihren Zellen befanden. Ich stoppte, drehte mich um und winkte ihnen mit in die Höhe gestreckter Hand zu. Das gesamte Gebäude erbebte. Es war ein unglaublicher Augenblick. Ich schaute zu den Wärtern herüber, um mich von ihnen zu verabschieden, und ich merkte, dass selbst sie davon berührt waren, was sich hier abspielte. Sie verabschiedeten sich – und schon wurde ich aus dem Zellenblock geführt, um für meine Entlassung abgefertigt zu werden.

Leider verflog die Lieblichkeit dieses Augenblicks recht schnell. Im Gefängnis wird man im Grunde wie eine Sache behandelt, wie ein Stück Eigentum. Und so ist die Weise, wie man bei der Aufnahme und auch bei der Entlassung abgefertigt und behandelt wird, eine ziemlich entmenschlichende Erfahrung. Man steckte mich in eine Wartezelle mit anderen Häftlingen, die auch ihre Freilassung erwarteten. Dort musste ich warten, bis alle Schritte für meine Entlassung vollzogen waren. Der gesamte Prozess dauert ungefähr zwei Stunden. Ich rief Erin an, um ihr zu sagen, dass es nun Zeit war, mich abzuholen.

Als ich schließlich die Haftanstalt verlassen durfte, ging ich durch eine Tür und verließ das Gebäude. Meine Familie wartete bereits draußen auf mich. Kaum trat ich aus dem Gebäude, wurde ich von Erin und unseren beiden Jungs umarmt. Es gibt Videoaufnahmen davon, die auf der Webseite von *Rebel*

News abrufbar sind.[53] Von dort aus wollten wir nur noch ins Auto und nach Hause, ohne Reportern über den Weg zu laufen.

Als wir auf dem Nachhauseweg auf die Schnellstraße auffuhren, brach ich zusammen und konnte die Tränen nicht mehr zurückhalten. Bis zum heutigen Tag fällt es mir schwer, genau zu sagen, warum. Es waren keine Freudentränen, sondern Tränen der Trauer. Ich war gerade mit einem Anblick unserer Gesellschaft konfrontiert worden, der finster und verdorben ist. Der gefallene Zustand des Menschen war in vielerlei Hinsicht offen zur Schau getreten. Meine Tränen brachten einfach zum Ausdruck, was ich nicht in Worte fassen konnte.

RÜCKKEHR INS LEBEN UND IN DEN DIENST
Ende März 2021

Es dauerte nicht lange, bis die Dinge hektisch wurden. Sobald ich aus dem Gefängnis war, wurde ich mit Medienanfragen überschüttet. Eine kam von Danielle Smith, die früher auf Provinzebene politisch aktiv gewesen war und in unserer Provinz gut bekannt ist. Während meiner ersten Woche im Gefängnis hörte ich im Radio, wie sie unseren Premierminister über meine Inhaftierung ausquetschte. Selbstverständlich war ich bereit, in ihrer Sendung zu erscheinen.

Am Freitag, dem 26. März, kündigte Danielle in den sozialen Medien an, dass ich in ihrer Sendung zu Gast sein würde. Am Samstag, dem 27. März, erhielten wir von der Gesundheitsbehörde von Alberta (AHS) das Angebot, in einem virtu-

---

53 Abrufbar unter https://www.youtube.com/watch?v=71we5acBrHc. Freundlicherweise zur Verfügung gestellt von einem Mann aus unserer Gemeinde.

ellen Meeting die wissenschaftlichen Erkenntnisse, die hinter COVID-19 und den Lockdown-Maßnahmen der AHS steckten, zu diskutieren. An einem Samstag Post von der AHS zu erhalten, war höchst ungewöhnlich, und ich hatte den Verdacht, dass Danielles Ankündigung der Auslöser dafür war. Ich glaube, dass man mich mundtot machen wollte.

Außerdem versuchten die AHS und die Polizei (RCMP), sich am Sonntagmorgen Zugang zu unserem Gemeindegelände zu verschaffen. Auch dies erschien uns seltsam, weil während meiner Haft weder die AHS noch die Polizei unser Gemeindegelände besucht hatten; sie parkten einfach nur in einiger Entfernung am Straßenrand. Ich erfuhr davon erst ein oder zwei Minuten vor Beginn des Gottesdienstes und musste so zum Pult gehen, ohne zu wissen, was ihre Absicht war. Letzten Endes gelang es zwei von unseren Gemeindeleitern, sie davon abzuhalten, das Gemeindehaus zu betreten. Dank *Rebel News* gibt es Videoaufnahmen von dieser Begegnung.[54] Unsere beiden Männer gingen mit der Situation außerordentlich gut um.

Ich hatte Mike Hovland gebeten, an jenem Sonntag die Predigt zu halten. Er war früher unser stellvertretender Gemeindehirte, war aber inzwischen acht Autostunden gen Norden gezogen, um einer neugegründeten Gemeinde in La Crete (Alberta) als Gemeindehirte zu dienen. Mike spielte eine wichtige Rolle für unseren Standpunkt. In der Woche meiner Inhaftierung fuhr er von La Crete nach Edmonton, um persönlich an unserem Ältestentreffen teilzunehmen. Seine Leiterschaft in jener Zeit war von entscheidender Bedeutung, denn mein Mitältester Jacob stand zu diesem Zeitpunkt erst vier Monate im Dienst. Es war Auferstehungssonntag und Mike predigte kraftvoll und mitreißend die herrliche Wahrheit, dass Jesus nun in den himm-

---

54 Im Video heißt es, dass Jacob Spenst an jenem Sonntag predigte, doch es war in Wirklichkeit Mike Hovland. Das Video ist abrufbar unter https://www.rebelnews.com/pastor_james_returns_to_gracelife_rcmp_try_to_disrupt_services.

lischen Örtern sitzt, weit erhoben über jedes Fürstentum und jede Gewalt und Kraft und Herrschaft. Diese Botschaft fachte das Feuer in mir an.

UNSER GEMEINDEHAUS
WIRD EINGESPERRT
7. April 2021

In der darauffolgenden Woche, es war Mittwoch, der 7. April, wachte ich auf. Einige Textnachrichten von unserem Verwaltungsassistenten waren auf meinem Mobiltelefon eingegangen. Er selbst war geweckt worden, als die Alarmanlage auf unserem Gemeindegelände ausgelöst wurde. Als er sich die Videoüberwachungsaufnahmen durchsah, konnte er sehen, wie die AHS dabei war, unsere Schlösser auszuwechseln. Unser Gebäude war nun von ihnen besetzt und würde das so lange bleiben, bis wir uns an ihre Gesundheitsauflagen hielten. Allerdings war ihnen das Auswechseln der Schlösser allein nicht genug. Sie ließen zusätzlich einen dreifachen Zaun um das Gemeindegebäude errichten und engagierten eine Sicherheitsfirma, um den Standort rund um die Uhr zu überwachen. Das war grotesk – und auch völlig überflüssig. Das Auswechseln der Schlösser hätte vollkommen ausgereicht.

Nun war unser Gemeindegelände also im Kampf für die Freiheit zwischen unserer Gemeinde und unserer Obrigkeit zum »Ground Zero«[55] geworden. Das alles wirkte wie eine

---

[55] »*Ground Zero* (englisch für Bodennullpunkt) bezeichnet in der Militärsprache die Stelle an der Erdoberfläche senkrecht unter dem Explosionsort einer nuklearen Bombe oder Rakete. Seit den Terroranschlägen am 11. September 2001 steht der Begriff auch für das zerstörte World Trade Center in New York (Ground Zero New York).« Wikipedia, Quelle: https://de.wikipedia.org/wiki/Ground_Zero, abgerufen am 10.01.2022. (A. d. Ü.)

Szene aus dem kommunistischen China. Viele von uns kamen vorbei, um mit eigenen Augen zu sehen, was sich dort abspielte. Es war surreal. Die Polizei (RCMP) war vor Ort. Die Medien waren zugegen. Schaulustige umsäumten unser Gelände. Doch trotz all des Umtriebs lagen Frieden und Ruhe in der Luft. Wenngleich wir vielleicht auch Grund dafür gehabt hätten, entmutigt zu sein, konnte ich es kaum erwarten zu sehen, was Gott tun würde. Unser Staat ließ sich hier auf eine direkte Konfrontation mit dem Herrn Jesus Christus ein. Das konnte für den Staat nicht gut ausgehen.

IM UNTERGRUND
11. April 2021

Einige haben sich gefragt, warum wir uns entschlossen hatten, in den Untergrund zu gehen. Warum sich nicht einfach öffentlich im Freien weiterhin versammeln? Der Hauptbeweggrund dafür war, die Eigentümer unserer Versammlungsorte zu schützen. Wenn die Schlacht auf dem eigenen Gelände ausgetragen wird, übernimmt man auch alle Haftung. Doch wenn man den Grundbesitz eines anderen in Anspruch nimmt, will man selbstverständlich den Eigentümer schützen. Obwohl jeder der Eigentümer durchaus bereit war, die Konsequenzen für die Austragung einer unerlaubten Versammlung auf dem eigenen Gelände zu tragen, taten wir alles in unserer Macht, um unnötige rechtliche Risiken zu vermeiden. Darüber hinaus ermöglichte uns die Versammlung an geheimen Orten, dass wir unsere Anbetungsgottesdienste ohne Störungen durchführen konnten.

Als die AHS unser Gelände und unser Gemeindegebäude beschlagnahmt hatte, wurde bald die dringendste Frage, wo wir uns am kommenden Sonntag versammeln würden. Uns standen verschiedene Möglichkeiten zur Auswahl. Eine davon war, uns auf einem Nachbargrundstück unseres Gemeindegebäudes zu versammeln. Es gehört einem Mann aus unserer Gemeinde. Eine weitere Möglichkeit war, sich auf dem großen Platz vor dem *Alberta Legislature Building* in Edmonton zu versammeln, wo oft Demonstrationen stattfinden. Aber gegen Ende der Woche bot man uns an, uns in einem geschlossenen Gebäude versammeln zu dürfen, das groß genug war, alle unsere Gemeindeglieder unterbringen zu können. Wir trafen uns dort und genossen den Gottesdienst und die Gemeinschaft an diesem Ort.

Während wir dort versammelt waren, wurde ohne unser Wissen eine Protestveranstaltung vor unserem Gemeinde-gelände abgehalten. Wenngleich dieser Protest weitgehend friedlich ablief, entluden sich die Spannungen auch einmal, als einige Leute versuchten, den äußeren der drei Zäune um unser Gemeindegebäude niederzureißen. Die Nachwirkun-gen dieses Ereignisses waren ziemlich chaotisch. Einige ver-suchten, uns den Protest in die Schuhe zu schieben. Doch wie die Aufzeichnung unseres Gottesdienstes bewies, befanden wir uns zu jenem Zeitpunkt an einem anderen, geheim gehal-tenen Ort und taten das, was wir immer getan hatten: Unseren Herrn und Retter Jesus Christus anbeten.

Während wir uns 37 Wochen lang in unserem Gemein-dehaus versammelt hatten, ohne dass ein einziger Fall von COVID-19 aufgetreten war, erwischte es uns in den Tagen nach jenem Sonntag schwer. Ein paar Wochen lang schien es, als wür-den viele unserer Leute krank werden. Auch meine Familie zog sich COVID-19 zu. Doch wir betrachten dies als Segen, da es unserer Gemeinde gestattete, Herdenimmunität zu entwickeln. Darüber hinaus war es Gottes Vorsehung, dass dies unserer Ge-meinde ausgerechnet zu jenem Zeitpunkt widerfuhr.

Von da an gebrauchten wir mehrere geheim gehaltene Orte. An den meisten von diesen befanden wir uns völlig unter freiem Himmel. Wir sicherten jeden Standort mehrfach ab. Im Laufe der Zeit entwickelten wir auch eine Kultur der Geheimhaltung unter den Gemeindegliedern, um zu gewährleisten, dass unser Versammlungsort nicht auffliegen würde. Das war nicht nur eine Übung in Bezug auf das, was in unserem Land zur Normalität werden könnte, sondern es wurde auch von entscheidender Bedeutung angesichts einer heimtückischen gerichtlichen Verfügung.

DIE GERICHTLICHE VERFÜGUNG
Mai 2021

Am 6. Mai erwirkte die AHS eine gerichtliche Verfügung gegen ein Restaurant unweit unseres Gemeindegeländes. Die Verfügung war allerdings so allgemein (d. h. nicht fallspezifisch) abgefasst worden, dass sie *jede* behördlich nicht genehmigte Versammlung in der Öffentlichkeit als Verstoß ansah. Sobald jemand diese gerichtliche Verfügung im Vorhinein zugestellt bekommen hatte, konnte man diese Person sofort verhaften und wegen Missachtung des Gerichts belangen, falls sie eine nichtgenehmigte Versammlung durchführen sollte.[56] Eine »Missachtung des Gerichts« wird mit einer Freiheitsstrafe von bis zu zwei Jahren belegt.

---

56 Diese Verfügung vom 6. Mai 2021 durch den stellvertretenden Oberrichter John Rooke in Calgary (Alberta) ermächtigte die Polizei, nicht nur jeden zu verhaften, der eine nicht genehmigte Versammlung durchführte oder an einer solchen teilnahm, sondern auch jeden, der über die sozialen Medien oder auf andere Weise andere darüber informierte und dazu einlud. Die Verfügung galt sowohl für Versammlungen an einem öffentlichen als auch einem privaten Ort. »Nicht genehmigte Versammlung« wird in der Verfügung definiert als »eine Versammlung, die nicht den Auflagen der aktuellen Anweisungen des Leitenden Amtsarztes (CMOH) entspricht«. Quelle: https://www.jccf.ca/wp-content/uploads/2021/05/2021-05-06-Order-Rooke-filed.pdf, abgerufen am 11.01.2022. (A. d. Ü.)

Am Sonntag, dem 9. Mai versammelten wir uns zum zweiten Mal hintereinander an der selben Örtlichkeit. Nach diesem Gottesdienst erhielten wir mehrere Berichte, dass Zivilfahrzeuge der Polizei in der Gegend gesehen worden waren. Uns war klar, dass wir uns am darauffolgenden Sonntag besser an einem anderen Ort treffen sollten. Am gleichen Sonntag versuchte die Polizei von Calgary, besagte gerichtliche Verfügung auch Tim Stephens zuzustellen, doch man stellte sie aus Versehen einer anderen Person zu. Das legte nahe, dass man beabsichtigte, diese gerichtliche Verfügung auch gegen uns zu nutzen.

Am Donnerstag, dem 13. Mai argumentierte die kanadische verfassungsrechtliche Interessenvertretungsorganisation *Justice Center for Constitutional Freedoms* (JCCF) erfolgreich vor Gericht, dass die Verfügung umformuliert werden müsse, um sie auf den ursprünglichen Fall vor Gericht (angeklagt war ein bestimmter Restaurantbetrieb) zu begrenzen.[57] Obwohl die AHS der Änderung vor Gericht zustimmte, verwendete sie die Verfügung weiterhin so, als ob sich nichts an ihr geändert hätte.[58] Es war ersichtlich, dass die AHS das System so manipulierte, dass es zu ihren tyrannischen Absichten passte.

Weil wir vereinbart hatten, uns am darauffolgenden Sonntag an einem völlig neuen Standort zu versammeln, spürte ich auf der Fahrt dorthin eine geringere Last auf meinen Schultern als sonst. Dieses Gefühl sollte sich bei meinem Eintref-

---

57 »Justice Centre obtains change to expansive Court ban on all peaceful outdoor gatherings in Alberta«, *Justice Centre*, 14. Mai 2021, https://www.jccf.ca/justice-centre-obtains-change-to-expansive-court-ban-on-all-peaceful-outdoor-gatherings-in-alberta/.

58 Obwohl dieser Artikel Tim Stephens' zweite Verhaftung ankündigt, wirft er auch ein Licht auf die heimtückische Vorgehensweise der AHS, selbst nachdem die Formulierung der ursprünglichen gerichtlichen Verfügung geändert worden war. »Pastor Tim Stephens arrested illegally again«, *Justice Centre*, 15. Juni 2021, https://www.jccf.ca/pastor-tim-stephens-arrested-illegally-again/.

fen jedoch schnell ändern. Zunächst einmal hatte eine Reihe von Leuten Schwierigkeiten, den neuen Standort zu finden. Das führte zu einem ungewöhnlichen Verkehrsaufkommen, weil eine größere Anzahl von Fahrzeugen an derselben Stelle umdrehen musste. Zweitens bog das Fahrzeug vor mir verfrüht auf ein bewohntes Privatgrundstück ab. Ich folgte dem Fahrzeug und ein weiteres Fahrzeug folgte mir. Das bedeutete, dass nun drei Fahrzeuge auf einem ländlichen, bewohnten Privatgelände eine Kehrwendung machen mussten. Drittens konnte man die Straße, auf der wir zum neuen Standort fahren mussten, völlig einsehen. Praktisch war das nichts anderes, als ob wir den Anwohnern bei der Zufahrt freundlich zugewinkt hätten. Unter heimlich stellt man sich sicher etwas anderes vor. Was das Ganze noch schlimmer machte, war die Tatsache, dass am Straßenrand ein Pärchen in ihrem Golfwagen saß. Die beiden hielten ein Mobiltelefon in der Hand und sahen nicht besonders glücklich aus. Als wir schließlich am richtigen Standort ankamen, verspürte ich mittlerweile einen immensen Druck. Zu jenem Zeitpunkt war uns noch nicht völlig klar, ob man uns erst jene gerichtliche Verfügung zustellen musste, bevor man uns verhaften konnte.

Nur gut, dass während der ganzen Verwirrung eines unserer Gemeindeglieder das Pärchen ansprach und sagte, dass wir eine Gemeinde sind und dass sie uns doch bitte wissen lassen sollten, ob sie gedachten, die Polizei anzurufen. Als sie hörten, dass wir eine Gemeinde sind, waren sie darüber hocherfreut. Als sie herausfanden, dass wir *GraceLife Church* sind, waren sie umso mehr erfreut! Sie sagten uns, dass sie sich um die Situation kümmern würden, was all die Nachbarn und Anwohner anging. Obwohl dies gute Nachrichten für uns waren, konnten wir diesen Standort für zukünftige Versammlungen wahrscheinlich nicht mehr verwenden.

Unsere gemeinsame Zeit an jenem Sonntag war wunderbar – jedenfalls solange, bis ich das Gelände verließ und mein Smartphone wieder einschaltete. Als die Textnachrichten hereinkamen, erfuhr ich, dass die Polizei (RCMP) an dem Standort, an dem wir uns zuvor zwei Wochen lang versammelt hatten, mit zwei zivilen Kleinbussen und einer Hundestaffel erschienen war. Ich bin mir ziemlich sicher: Hätten wir uns erneut an jenem Standort versammelt, hätte man uns die gerichtliche Verfügung überreicht und nach Abschluss des Gottesdienstes wohl gleich unseren gesamten Ältestenkreis verhaftet. Ich erfuhr auch, dass Tim verhaftet und in Gewahrsam genommen worden war. Obwohl die Polizei von Calgary es in der Woche davor verpasst hatte, ihm die gerichtliche Verfügung formell zuzustellen, verhaftete sie ihn trotzdem. Gott sei Dank wurde seine Verhaftung vor Gericht als ungültig erklärt, weil man versäumt hatte, ihm die Verfügung zuvor zuzustellen.

Tim wurde dann die erste Fassung der Verfügung am Samstag, dem 5. Juni formell zugestellt. Dies geschah, obwohl die inzwischen revidierte gerichtliche Verfügung nur noch auf den betreffenden Restaurantbetrieb (sowie vier namentlich genannte Einzelpersonen; A. d. Ü.) und nicht allgemein auf Gemeinden zutraf. Obwohl man uns mitgeteilt hatte, dass die Polizei (RCMP) diese gerichtliche Verfügung nicht durchsetzen würde, tat es die Polizei von Calgary offensichtlich trotzdem. Zu jenem Zeitpunkt musste Tim die Entscheidung treffen, ob *Fairview Baptist Church* sich nun weiterhin versammeln würde oder nicht. Letzten Endes beschloss er, mutig weiterzumachen, und so traf sich die Gemeinde am darauffolgenden Sonntag wieder.

Auf dem Nachhauseweg von unserer Versammlung an jenem Sonntag rief ich Tim an, um in Erfahrung zu bringen, was geschehen war. Auch seine Gemeinde war aus ihrem Gebäude ausgesperrt worden und versammelte sich unter freiem Himmel. Doch *Fairview* versammelte sich ohne Zwischenfall und Tim war noch am selben Tag wieder zuhause bei seiner Familie. Die Gemeinde traf sich am darauffolgenden Sonntag, dem 13. Juni erneut, und am Montagnachmittag wurde Tim dann verhaftet.[59] Es war eine schockierende Wende der Ereignisse. Erstens hätte die gerichtliche Verfügung nicht gegen ihn verwendet werden dürfen. Zweitens stellte sich heraus, dass die Provinz die Lockdowns in weniger als drei Wochen wieder aufheben würde. Er verbrachte 17 Nächte im Gefängnis. Aufgrund meiner eigenen Inhaftierung war ich nun in der Lage nachzuvollziehen, was er durchmachte. Es war unerträglich. Es fiel mir schwer, mich in irgendeiner Weise des Lebens zu erfreuen, während mein Bruder zu Unrecht eingesperrt war.

EINSCHRÄNKUNGEN WERDEN AUFGEHOBEN
1. Juli 2021

Am Donnerstag, dem 1. Juli hob unsere Provinz fast alle Lockdown-Einschränkungen wieder auf. Unser Gebäude wurde uns wieder zurückgegeben. Auch *Fairview* wurde ihr Gemeindehaus wieder zurückgegeben und Tim wurde aus dem Gefängnis entlassen. Am Sonntag, dem 4. Juli befanden wir uns wieder in unseren jeweiligen Gemeindehäusern, um unsere Gottesdienste zu feiern. Obwohl wir uns bereits in den vorausgehenden Monaten versammelt hatten und es einigen schwerfiel, sich darüber zu freuen, dass man uns unser Gemeindegebäude zurückgegeben hatte, war dies ein glorreicher Sonntag.

---

59 Siehe https://www.youtube.com/watch?v=KkLS6w2bmX8.

Gott hatte uns durch eine unermesslich schwierige Zeit hindurchgetragen. Wir hatten seine treue Hand erlebt.

Es ist unwahrscheinlich, dass die Schlacht damit vorüber ist. Der Totalitarismus der Obrigkeit nimmt nicht nur in Kanada weiter zu, das scheint vielmehr weltweit der Fall zu sein. Ungeachtet dessen, was die Zukunft bringen wird, Gott wird sich stets als treu erweisen. Seine Treue in der Vergangenheit beständig erfahren zu haben, wird uns beim Erdulden der Trübsale der Gegenwart entscheidend helfen. Möge er dafür sorgen, dass wir bis zum Ende zu seiner Ehre und zum Wohle der Seinen treu bleiben.

Bei alledem vertrauen wir weiterhin dem, der die Zukunft in seinen Händen hält. Er verkündet von Anfang an das Ende und seine vollkommenen Absichten können nicht vereitelt werden (Jes 46,10; Hi 42,2). Unser Mut, standhaft zu bleiben, ergibt sich aus der Gewissheit, dass er bei uns ist (Heb 13,5–6). Es ist unser Gebet, dass auch andere bestärkt werden, tapfer einen der biblischen Wahrheit entsprechenden Standpunkt einzunehmen für Christus und seine Gemeinde. Durch Gottes Gnade und zu seiner Ehre wollen wir weiterhin standhaft bleiben. Und so stimmen wir in die Worte des Apostels Paulus aus Römer 11,33–36 ein:

> O Tiefe des Reichtums,
>> sowohl der Weisheit als auch der Erkenntnis Gottes!
> Wie unerforschlich sind seine Gerichte
>> und unergründlich seine Wege!
> Denn wer hat den Sinn des Herrn erkannt,
>> oder wer ist sein Mitberater gewesen?
> Oder wer hat ihm zuvor gegeben,
>> und es wird ihm vergolten werden?
> Denn von ihm und durch ihn und für ihn sind alle Dinge;
> ihm sei die Herrlichkeit in Ewigkeit!
> Amen.

– Teil 2 –

UNSERE STELLUNGNAHME

– Kapitel 11 –

FÜNF BIBLISCHE PRINZIPIEN

Nathan Busenitz

Vor fünf Jahrhunderten, im Jahr 1521, stand der protestantische Reformator Martin Luther vor Kaiser Karl V., dem Kaiser des Heiligen Römischen Reiches und mächtigsten Monarchen Europas. Ein paar Monate zuvor (3. Januar 1521) war Luther von der Römisch-katholischen Kirche exkommuniziert worden. Wegen seiner lautstarken Einwände gegen theologische Irrtümer und die religiöse Korruption der römischen Kirche wurde er wegen Ketzerei angeklagt. Würde er überführt werden, würde Luther wahrscheinlich zum Tode verurteilt werden.

Die kaiserliche Ratsversammlung, Reichstag genannt, tagte in Worms. Luther traf am 16. April 1521 dort ein und erschien am darauffolgenden Tag um vier Uhr nachmittags vor der Versammlung. Man präsentierte ihm einen Stapel seiner Bücher und fragte ihn, ob er bereit sei, die angeblichen Irrlehren, die diese enthielten, zu widerrufen. Da er erkannte, was auf dem Spiel stand, und da er eine wohlbedachte Antwort geben wollte, erbat sich der deutsche Reformator Bedenkzeit. Man gab ihm 24 Stunden.

Am darauffolgenden Tag, dem 18. April 1521, erklärte Luther mutig vor dem Reichstag, dass er seine Ansichten nicht widerrufen würde. Er äußerte die berühmten Worte: »Wenn ich nicht durch Zeugnisse der Schrift und klare Vernunftgründe überzeugt werde; denn weder dem Papst noch den Konzilen allein glaube ich, da […] sie […] sich selbst widersprochen haben, so bin ich […] überwunden in meinem Gewissen und gefangen in dem Worte Gottes. Daher kann und will ich nichts widerrufen, weil wider das Gewissen etwas zu tun weder sicher noch heilsam ist. Gott helfe mir, Amen!«[60] Anstatt sich dem Druck zu beugen und sich zurückzuziehen, trotzte er mutig denjenigen, die Autorität über ihn hatten, einschließlich des Kaisers selbst.

Luthers Mut gründete sich auf seine Überzeugungen, und diese Überzeugungen waren ihrerseits verankert in seiner Hingabe an die Oberautorität Christi und dessen Wortes. Sein Gewissen war »gefangen in dem Worte Gottes«. Dessen Autorität verdrängte die Autorität der Päpste, Konzile und sogar die des Kaisers. Trotz der Möglichkeit, eingesperrt oder hingerichtet zu werden, geriet Luther vor dem mächtigsten Monarchen seiner Zeit nicht ins Wanken. Er blieb seinen biblischen Überzeugungen treu, weigerte sich, gegen sein Gewissen zu verstoßen, und vertraute sich dem Herrn an.

Als solche, die sich an das protestantische Prinzip *Sola Scriptura* (lat. für: »Allein die Schrift«) halten, dass nämlich

---

60 Martin Luther auf dem Reichstag zu Worms. Zitiert aus: Owen Anderson, »The First Amendment and Natural Religion«, 15–44 in: *The Cambridge Companion to the First Amendment and Religious Liberty*, Hrsg. Michael D. Briedenbach und Owen Anderson (New York: Cambridge University Press, 2020), S. 28. Deutsches Zitat nach: »Luther und seine wahren Worte«, https://www.worms.de/de/kultur/stadtgeschichte/wussten-sie-es/liste_persoenlichkeiten/2006-11_luthers-wahre-worte.php, abgerufen am 12.01.2022. (A. d. Ü.)

die Heilige Schrift unsere einzige und höchste Autorität für Glaubensinhalt und Glaubenspraxis ist, sind wir ebenfalls verpflichtet, uns an das Wort Gottes zu halten. Beim Suchen eines gangbaren Weges in komplexen Situationen, z. B., wie wir auf staatliche Einschränkungen während einer globalen Pandemie zu reagieren haben, ist es sinnvoll, erst einmal die themenbezogen maßgeblichen biblischen Prinzipien zu ermitteln. Diese Grundsätze informieren unser Gewissen, bilden Überzeugungen und liefern uns einen Gott verherrlichenden Rahmen für eine rasche Entscheidungsfindung.

In diesem Kapitel werden wir fünf biblische Prinzipien untersuchen bezüglich der Fragen, wie ein Gläubiger auf die Obrigkeit reagiert und in welcher Beziehung er zu ihr steht. Das Kapitel nennt jeweils zunächst das Prinzip und führt dieses dann mit durchnummerierten Unterpunkten, die weitere Begründung und Klarheit liefern, weiter aus. Obwohl die gegebenen Informationen nicht erschöpfend sind, werden sie den Lesern hoffentlich einen biblischen Ausgangspunkt liefern, von dem aus man diese wichtigen Fragen durchdenken kann.

PRINZIP 1:
HÖCHSTE TREUEPFLICHT

Warum haben die Ältesten der *Grace Community Church* in Los Angeles und der *GraceLife Church* in Edmonton ihren Standpunkt eingenommen? Die Antwort beginnt mit der festen Überzeugung, dass Christus das Haupt der Gemeinde ist. Als der Herr der Seinen ist er unsere höchste Autorität. Unsere allerhöchste Loyalität gilt ihm. Wenn Gott und Staat kollidieren, müssen wir Christus mehr gehorchen als Menschen (Apg 5,29).

1. Die christliche Weltanschauung gründet auf eine Hingabe an die Herrschaft Jesu Christi (Röm 10,9). Ein Christ zu sein

bedeutet, ein Nachfolger von Jesus Christus zu sein. Wir verstehen unser Leben als Anbetung Christi. Bei allem, was wir tun, sind wir beständig bestrebt, ihn zu ehren und ihm zu gefallen (Röm 12,1; 2Kor 5,9).

2. Wir erkennen an, dass Jesus der Herr über (a) alle Schöpfung (Apg 10,36), (b) alle Nationen (Dan 7,14; Röm 10,12), (c) die Gemeinde (Eph 1,19–23) und (d) das Leben eines jeden Gläubigen (Röm 14,7–9) ist. Eines Tages wird seine Oberherrschaft von jeder Zunge bekannt werden und jedes Knie wird sich beugen, um sich ihm zu unterwerfen (Phil 2,9–11).

3. Da der Herr Jesus unsere höchste Autorität ist, ordnen wir uns zuallererst und vor allem ihm unter. Unsere Loyalität ihm gegenüber übersteigt und übertrumpft unsere Loyalität gegenüber jeder anderen Autorität. Als die religiöse Obrigkeit Israels Petrus und den anderen Aposteln verbot, Jesus zu verkündigen, verweigerten die Apostel den Gehorsam. Sie sahen sich genötigt, Christus mehr zu gehorchen, als jeder irdischen Obrigkeit. Lukas berichtet davon in Apostelgeschichte 4,18–20: »Und als sie [die religiösen Führer] sie gerufen hatten, geboten sie ihnen, sich durchaus nicht in dem Namen Jesu zu äußern noch zu lehren. Petrus aber und Johannes antworteten und sprachen zu ihnen: ›Ob es vor Gott recht ist, auf euch mehr zu hören als auf Gott, urteilt ihr; denn uns ist es unmöglich, von dem, was wir gesehen und gehört haben, nicht zu reden.‹«

4. Unsere Loyalität gegenüber Christus wird von der Realität untermauert, dass wir zuallererst und vor allem Bürger des Himmels sind (Phil 3,20–21). In dieser Welt sind wir Fremdlinge und ohne Bürgerrecht (Heb 11,13; 1Pet 2,11). Unser himmlisches Bürgerrecht prägt unsere Perspektive bezüglich der zeitlichen Dinge dieser Welt (vgl. 1Joh 2,16–17).

5. Eines Tages werden wir vor Christus Rechenschaft ablegen (Röm 14,12; 2Kor 5,10). Er ist unsere höchste Autorität und vor ihm müssen wir letztendlich Rechenschaft ablegen. Er ist der Richter aller Menschen (Joh 5,25–27) und der Herr, der seine Gemeinde prüft und in Augenschein nimmt (Offb 2–3). Sein Maßstab für Erfolg ist die Treue ihm gegenüber (Mt 25,21). Was wir in diesem kurzen Leben auch an Leid oder Verfolgung erfahren, ist nichts im Vergleich mit der ewigen Belohnung, die jene erwartet, die ihm treu sind (2Kor 4,17).

6. Da unsere höchste Loyalität Christus gehört, ist sein Wort unsere höchste Autorität (s. Mt 7,26; Joh 10,27; Kol 3,16). Wie wir auf Vertreter der Obrigkeit reagieren, ergibt sich aus der Wahrheit der göttlichen Offenbarung, die sich auf den Seiten der Heiligen Schrift wiederfindet.

7. Als Christen zeigen wir unsere Liebe zu ihm durch unseren Gehorsam ihm gegenüber (Joh 14,15; 15,14). Wenn wir uns staatlichen Autoritäten unterordnen, tun wir dies immer aus Gehorsam gegenüber Christus. Im umgekehrten Fall, wenn uns der Gehorsam gegenüber unserem Herrn abverlangt, dass wir uns Auflagen oder Verfügungen der Obrigkeit widersetzen müssen, gilt das Prinzip: »Man muss Gott mehr gehorchen als Menschen« (Apg 5,29).

PRINZIP 2:
SOUVERÄNE EINSETZUNG

Wir verstehen, dass jede menschliche Autorität von Gott delegiert ist, der selbst über alle Herrscher und Reiche souverän erhaben ist. Er hat in seinem Wort definiert, was die ordnungsgemäße Rolle der Obrigkeit ist. Bibelabschnitte wie Römer 13 definieren, was Gott mit den staatlichen Autoritäten beabsichtigt. Wenn Vertreter der Obrigkeit die ihnen von Gott verordneten Grenzen ihrer Autorität überschreiten, verstoßen sie gegen den, der ihnen ihre Autorität verliehen hat.

1. Gott hat die höchste Autorität über das gesamte Universum. Keine andere Autorität existiert ohne seine ausdrückliche Erlaubnis und souveräne Festlegung (Ps 10,16; 22,29; 47,8; 1Tim 1,17). Daniel 4,29b erklärt, »dass der Höchste über das Königtum der Menschen herrscht und es verleiht, wem er will.«

2. Nachdem er das Universum erschaffen hatte, gab Gott Menschen Autorität, über die Erde zu herrschen (1Mo 1,26–30; 2,15). Außerdem gab er ihnen das Recht, die Todesstrafe zu verhängen (1Mo 9,6). Diese göttlichen Verordnungen liefern die Grundlage der menschlichen Regierung (Röm 13,1–7).

3. Jede menschliche Obrigkeit erhält ihre Autorität von Gott (Dan 2,37.44; 4,22b; 5,21; 7,27). Er legt die zeitlichen und geographischen Grenzen jedes Reiches, jeder Nation und jeder menschlichen Regierungsautorität fest (Apg 17,26; vgl. Spr 21,1).

4. Jeder Vertreter der Obrigkeit muss vor Gott darüber Rechenschaft ablegen, wie er die Autorität, die Gott ihm verliehen hat, ausgeübt hat (Röm 13,6). Ein anschauliches Beispiel dieses Prinzips ist, wie Gott in Daniel 4 mit Nebukadnezar verfährt. Nebukadnezar war der mächtigste Herrscher der damaligen Welt, aber er wurde auf dramatische Weise gedemütigt, um zu lernen, was sein rechtmäßiger Platz unter Gottes Machtvollkommenheit war.

5. Gott hat die ordnungsgemäße Rolle der Obrigkeit in seinem Plan festgelegt. Diese Rolle besteht in erster Linie darin, das Gute zu fördern und die Rechtschaffenen zu schützen, und gleichzeitig das Böse zu verhindern und die Gottlosen zu be-

strafen (Röm 13,1–6). Herrschende, die gut regieren, indem sie die biblische Moral hochhalten und ihrem Volk dienen, erhalten das Lob der Schrift (2Kön 22,2; 2Chr 25,2). Umgekehrt werden jene Herrschenden verurteilt, die ihr Volk in die Gottlosigkeit führen (1Kön 15,26; 2Kön 23,37).

6. Die Obrigkeit hat das Recht, Steuern einzutreiben, um ihren gottgegebenen Zweck zu erfüllen. Christen werden aufgefordert, ihre Steuern zu zahlen (Röm 13,6–7). Die Verpflichtung, Steuern zu zahlen, ist nicht abhängig davon, dass die Obrigkeit auch tatsächlich gemäß biblischer Prinzipien handelt. Jesus wies seine Nachfolger an, ihre Steuern zu entrichten, und zwar sogar an die heidnische römische Obrigkeit (Mt 22,21).

7. Wenn eine Obrigkeit ihre Amtsmacht missbraucht, indem sie ihre Autorität außerhalb des ihnen von Gott verordneten Zwecks einsetzt, verstößt sie gegen Gottes Gesetz. Kein Vertreter der zivilen Obrigkeit steht je über dem Gesetz Gottes.

8. Bürger leiden darunter, wenn Vertreter der Obrigkeit ihre Autorität auf gottlose oder korrupte Weise ausüben (Spr 29,2.4). Solche Situationen können insbesondere für Gläubige eine Herausforderung sein, da sie auf eine Weise leben wollen, die den Herrn ehrt. Dennoch sollen Gläubige dem Herrn vertrauen, dass er alles wieder in Ordnung bringt und dass er die Taten gottloser Herrscher richten wird (Ps 11,1–7, Röm 12,14–21).

9. Eines Tages wird Gott eine perfekte Obrigkeit errichten, und zwar unter der Herrschaft seines Sohnes, des Herrn Jesus Christus (Dan 7,13–14). Gläubige freuen sich auf den Tag, an dem der Herr wiederkommt (1Thes 1,10; Tit 2,11–14). Er wird sein Reich aufrichten und wird als der vollkommene König herrschen (Offb 20,1–6). Seine Herrschaft wird auf ideale Weise erfüllen, wie Gott sich das Wesen und die Funktion der Obrigkeit vorgestellt hat.

PRINZIP 3:

WELTLICHE ANFEINDUNG

Als Christen sollten wir erwarten, dass wir durch die Hand jener, die zur Welt gehören, leiden. Das schließt auch die Verfolgung durch nicht-christliche Vertreter der Obrigkeit mit ein. Irgendwann ist der Punkt erreicht, wo die Treue zu Christus dazu führt, dass Ungläubige – auch solche in Machtpositionen – uns anfeinden.

1. Obwohl Gott die Obrigkeit dazu bestimmt hat, das Gute zu fördern und zu schützen und das Böse zu unterbinden und zu bestrafen, tun gefallene menschliche Obrigkeiten oft das Gegenteil. Mit solchem Tun spiegeln sie die Verdorbenheit und die Feindseligkeit der Welt wider (Röm 1,18–32). Was Gott betrifft, so lacht und spottet er derer, die sich ihm widersetzen im Wahn, dass es ihnen tatsächlich gelingen könnte, seine Pläne und Absichten zu durchkreuzen (Ps 2,1–12).

2. Während der gesamten Menschheitsgeschichte waren feindselige Obrigkeiten der Hauptverfolger von Gottes Volk gewesen. Die Pharaonen von Ägypten versklavten und unterdrückten die Israeliten. Die Könige Israels und Judas verfolgten häufig die Propheten. Herodes richtete Jakobus hin und sperrte Petrus ein (Apg 12,1–3). Römische Kaiser, wie z. B. Nero, verfolgten auf grausamste Weise die junger Gemeinde. Und am Ende wird der Antichrist dem Volk Gottes während der Großen Trübsalszeit nach dem Leben trachten (Offb 13,7–8).

3. Der Herr Jesus warnte seine Nachfolger, dass sie von feindlich gesinnten Obrigkeiten misshandelt und verfolgt werden würden (Mt 10,16–20; Lk 12,8–12). In Johannes 15,18–21 sagte er ihnen: »Wenn die Welt euch hasst, so wisst, dass sie mich vor euch gehasst hat. Wenn ihr von der Welt wäret, würde die Welt das Ihre lieb haben; weil ihr aber nicht von der Welt seid,

sondern ich euch aus der Welt auserwählt habe, darum hasst euch die Welt. Erinnert euch an das Wort, das ich euch gesagt habe: Ein Knecht ist nicht größer als sein Herr. Wenn sie mich verfolgt haben, werden sie auch euch verfolgen; wenn sie mein Wort gehalten haben, werden sie auch das eure halten. Aber dies alles werden sie euch tun um meines Namens willen, weil sie den nicht kennen, der mich gesandt hat.«

4. Auch Jesus selbst wurde falsch beschuldigt, ihm wurde unrechtmäßig der Prozess gemacht und schließlich wurde er von niederträchtigen Vertretern der Obrigkeit gekreuzigt. Trotz seiner Unschuld wurde er wie ein gemeiner Verbrecher behandelt (Jes 53,9; Lk 24,32) und als Staatsfeind hingerichtet (vgl. Joh 19,12).

5. Obwohl Jesus schwer misshandelt wurde, reagierte er darauf nicht mit Zorn, Bosheit, Gewalt oder Vergeltung. In seinem Leiden offenbarte er vielmehr vorbildlich Langmut, Geduld und Stillschweigen (Jes 53,7). Darin hinterließ er uns ein Beispiel, dem wir folgen sollen (1Pet 2,21–25).

6. Gläubige sollten damit rechnen, dass sie von der Obrigkeit verfolgt werden, und zwar nicht aufgrund irgendeines Fehlverhaltens ihrerseits, sondern einfach wegen ihrer Treue zu Christus. Wenn sie aus diesem Grund leiden, sind sie Gesegnete. Der Apostel Petrus betonte diesen Gedanken in 1. Petrus 4,14–16: »Wenn ihr im Namen Christi geschmäht werdet, glückselig seid ihr! Denn der Geist der Herrlichkeit und der Geist Gottes ruht auf euch. Dass doch niemand von euch leide als Mörder oder Dieb oder Übeltäter oder als einer, der sich in fremde Sachen mischt; wenn aber als Christ, so schäme er sich nicht, sondern verherrliche Gott in diesem Namen.«

7. Die Kirchengeschichte ist voller Beispiele von Menschen, die um Christi willen gelitten haben und gestorben sind. Praktisch von Anfang an wurden die Apostel für ihre Loyalität zu

Jesus bestraft. Aber sie waren »voll Freude, dass sie gewürdigt worden waren, für den Namen [Jesu] Schmach zu leiden« (Apg 5,40–42).

8. Abschnitte wie z. B. Römer 13,1–7 und 1. Petrus 2,13–17 sollten vor dem Hintergrund der Verfolgung und des Leidens interpretiert werden, weil dies der Zusammenhang ist, in dem sie geschrieben wurden (s. Röm 12,14–21; 1Pet 3,13–18). Wir können aus diesen Abschnitten lernen, dass Gläubige selbst bei Verfolgung angewiesen sind, gegenüber der Obrigkeit eine Haltung der Unterwürfigkeit zu pflegen. Christen reagieren nicht mit Vergeltung oder Gewalt, sondern mit Güte, Geduld, Respekt und Nachsicht.

PRINZIP 4:
UNTERWÜRFIGE HALTUNG

In der Regel sollten Gläubige jenen gehorchen, die Autorität über sie haben. Es gibt jedoch Gelegenheiten, wo sie sich den Autoritäten nicht fügen können, weil sie Gott mehr gehorchen müssen (Apg 5,29). Aber selbst da, wo es nicht möglich ist, sich der Obrigkeit zu fügen, bleibt dem Gläubigen weiterhin geboten, eine Haltung des Respekts und des Anstands an den Tag zu legen. Sie dürfen nicht mit Gehässigkeit, Gewalt oder Rachsucht reagieren.

1. Es gibt vier Schlüsselabschnitte im Neuen Testament, die direkt ansprechen, wie ein Christ auf die Regierung reagieren soll: Römer 13,1–7, 1. Timotheus 2,1–8, Titus 3,1–2 und 1. Petrus 2,13–17. Diese Abschnitte leiten Gläubige konsequent an, vorbildliche Bürger zu sein, die sich in Zivilsachen den Regierungsbehörden unterordnen.

2. Diese Abschnitte müssen unter Berücksichtigung der bereits oben dargelegten theologischen Prinzipien ausgelegt werden. Zum Beispiel verstehen wir, dass unsere Loyalität zu Christus stets höher steht, als unsere Verpflichtung, menschlichen Herrschern zu gehorchen. Wenn Gott und die Obrigkeit miteinander in Widerstreit stehen, müssen wir Gott mehr gehorchen als Menschen (Apg 5,29).

3. Diese Abschnitte sollten auch in Anbetracht jener Männer verstanden werden, die sie niedergeschrieben haben. Die Bedeutung der Texte muss mit den Vorbildern ihrer Autoren zusammenpassen. Petrus weigerte sich öffentlich, dem Predigtverbot nachzukommen, das ihm die Autoritäten Israels auferlegt hatten (Apg 4,19–20; 5,27–32). Außerdem floh er bei zwei unterschiedlichen Gelegenheiten aus dem Gefängnis (Apg 5 und 12). Damit brach er nicht nur das Gesetz, sondern der Umstand seiner erfolgreichen Flucht führte zudem zum Tod jener Soldaten, die ihn bewacht hatten (Apg 12,19). Paulus entzog sich dem Zugriff der Behörden, indem er sich in einem Korb außen an der Stadtmauer herabließ und von Damaskus floh (Apg 9,23–25). Er weigerte sich, den Hauptleuten (Magistraten; griech. *stratēgós*) von Philippi Folge zu leisten, als sie ihn baten, heimlich die Stadt zu verlassen, nachdem sie ihn misshandelt hatten, obwohl er römischer Bürger war (Apg 16,35–40). Er wurde mehrmals verhaftet und entweder eingesperrt oder anderweitig bestraft (2Kor 11,23–25; Eph 6,20; Phil 1,7; Heb 13,3.23), weil er sich weigerte, es zu unterlassen, das Evangelium zu verkündigen. Sowohl Petrus als auch Paulus wurden letztendlich im Rahmen der kaiserlichen Verfolgung Neros als Staatsfeinde hingerichtet. Ihre Vorbilder zeigen, dass es nicht an und für sich unrecht ist, sich gegen die Obrigkeit zu stellen. Es kommt vielmehr darauf an, warum man dies tut.

4. Diese Abschnitte sollten im Rahmen ihres unmittelbaren Kontextes (Zusammenhang im umgebenden Bibeltext) verstanden werden. Wenn wir z. B. Römer 13 untersuchen, können wir eine Reihe von Schlüsselbeobachtungen machen (s. unten). Ein Beispiel: Wenn Gläubige angehalten werden, den staatlichen Gewalten Untertänigkeit zu erweisen (Röm 13,1), so ist dies in Übereinstimmung mit der zuvor genannten Forderung, selbst auf Feinde friedlich zu reagieren (Röm 12,14–21). Was zivile Angelegenheiten angeht, sollten Gläubige danach trachten, ihrer Obrigkeit zu gehorchen. In Römer 13,1a formuliert Paulus dieses Prinzip klar und deutlich: »Jede Seele sei den obrigkeitlichen Gewalten untertan«. Der Apostel bringt denselben Gedanken auch in Titus 3,1–2 zum Ausdruck.

5. Der Grund dafür, dass Gläubige sich der zivilen Obrigkeit unterordnen sollen, liegt darin, dass diese Obrigkeit von Gott eingesetzt wurde. Indem sich die Gläubigen menschlichen Herrschern unterordnen, ordnen sie sich Gott unter, der diese Herrscher souverän eingesetzt hat. Paulus sagt das so: »denn es gibt keine Obrigkeit, außer von Gott, diejenigen aber, die bestehen, sind von Gott eingesetzt« (Röm 13,1b).

6. Wenn Menschen gegenüber der Obrigkeit eine aufmüpfige, autoritätsleugnende Einstellung einnehmen, widersetzen sie sich letztendlich der Autorität Gottes. Sie werden die Konsequenzen ihres Ungehorsams ernten, weil Gott der Obrigkeit das Recht gegeben hat, jene, die gegen sie rebellieren, zu bestrafen (und sogar hinzurichten). Römer 13,2 macht diesen Punkt deutlich: »Wer sich daher der Obrigkeit widersetzt, widersteht der Anordnung Gottes; die aber widerstehen, werden ein Urteil über sich bringen.«

7. Gottes Plan für die Obrigkeit bestimmt ihr, dass sie in der Gesellschaft das Gute unterstützen und hochhalten, das Böse jedoch abwehren und abschrecken soll. Wenn eine Obrigkeit

richtig funktioniert, beschützt sie diejenigen, die Gutes tun, und bestraft jene, die Böses tun. Wenn sie das tut, funktioniert die Obrigkeit als Gottes Dienerin. Paulus erklärt dies in Römer 13,3–4: »Denn die Regenten sind nicht ein Schrecken für das gute Werk, sondern für das böse. Willst du dich aber vor der Obrigkeit nicht fürchten? So übe das Gute aus, und du wirst Lob von ihr haben; denn sie ist Gottes Dienerin, dir zum Guten. Wenn du aber Böses verübst, so fürchte dich, denn sie trägt das Schwert nicht umsonst; denn sie ist Gottes Dienerin, eine Rächerin zur Strafe für den, der das Böse tut.«

8. Indem sie der Obrigkeit untertan sind, können Gläubige einer eventuellen Strafe entgehen und gleichzeitig ein reines Gewissen vor dem Herrn bewahren. Deshalb schreibt Paulus: »Darum ist es notwendig, untertan zu sein, nicht allein der Strafe wegen, sondern auch des Gewissens wegen« (Röm 13,5).

9. Es ist richtig (und notwendig), dass Gläubige Steuern entrichten, damit der Obrigkeit die Mittel zur Verfügung stehen, die nötig sind, ihren gottgegebenen Verantwortlichkeiten nachzukommen. Der Text von Römer 13 sagt dies ausdrücklich: »Denn deswegen entrichtet ihr auch Steuern; denn es sind Gottes Beamte, die eben hierzu unablässig tätig sind« (Röm 13,6).

10. Gläubige sollen der Obrigkeit die Ehre, die Ehrerbietung und die Steuern zukommen lassen, die ihr rechtmäßig zustehen (vgl. 1Pet 2,17). Die Worte des Paulus könnten die Gläubigen in Rom durchaus schockiert haben, insbesondere während der Herrschaft eines boshaften Kaisers wie Nero. Dennoch ist die Anweisung des Paulus klar und deutlich: »Gebt allen, was ihnen gebührt: die Steuer, dem die Steuer, den Zoll, dem der Zoll, die Furcht, dem die Furcht, die Ehre, dem die Ehre gebührt« (Röm 13,7).

11. Das gute Verhalten, das Gläubige kennzeichnet, gründet sich nicht auf menschliche Gesetzgebung, sondern auf das Gesetz Gottes. Diese Wahrheit erkennt an, dass Gottes Gesetz stets über den Gesetzen der menschlichen Obrigkeit steht. Paulus deutet diesen Gedanken in Römer 13,8–10 an, nachdem er erläutert hat, wie die staatlichen Gewalten recht zu ehren seien: »Seid niemand irgendetwas schuldig, als nur einander zu lieben; denn wer den anderen liebt, hat das Gesetz erfüllt. Denn das: ›Du sollst nicht ehebrechen, du sollst nicht töten, du sollst nicht stehlen, du sollst nicht begehren‹, und wenn es irgendein anderes Gebot gibt, ist in diesem Wort zusammengefasst: ›Du sollst deinen Nächsten lieben wie dich selbst.‹ Die Liebe tut dem Nächsten nichts Böses. So ist nun die Liebe die Summe des Gesetzes.«

12. Wenn Gläubige gewaltfrei und auf eine Weise reagieren, die von Liebe und Rechtschaffenheit gekennzeichnet ist, dann leuchten sie wie ein helles Licht in der Dunkelheit (Mt 5,12–16). Dies stimmt auch mit dem Verhalten überein, das sie als Nachfolger Jesu kennzeichnen sollte (Röm 13,11–13). Solch vorbildliches Verhalten dient dann den beobachtenden Ungläubigen als Zeugnis.

13. Gläubige werden auch angewiesen, für jene zu beten, die Autoritätspositionen bekleiden. In 1. Timotheus 2,1–2 wird dies betont. Paulus schreibt dort: »Ich ermahne nun vor allen Dingen, dass Flehen, Gebete, Fürbitten, Danksagungen getan werden für alle Menschen, für Könige und alle, die in Hoheit sind, damit wir ein ruhiges und stilles Leben führen mögen in aller Gottseligkeit und würdigem Ernst.«

14. Der Herr Jesus liefert uns das perfekte Beispiel dafür, wie wir uns sowohl in Beziehung zu einer ungläubigen Kultur als auch in Beziehung zur Obrigkeit verhalten sollen. Paulus unterweist seine Leser: »zieht den Herrn Jesus Christus an«

(Röm 13,14) und Petrus sagt, dass Christus das Beispiel sei, dem Gläubige folgen sollten (1Pet 2,21–25).

15. Es ist bemerkenswert, dass Jesus sich nicht immer an die Einschränkungen oder Vorschriften hielt, die ihm von den örtlichen Obrigkeiten auferlegt wurden.

   a. Zum Beispiel ignorierte Jesus im Widerspruch zu den Pharisäern die nichtbiblischen Vorschriften, die jene dem Sabbathgebot hinzugefügt hatten (Mk 3,1–6). Außerdem gestattete er seinen Jüngern, bestimmte außerbiblische Vorschriften zu missachten, wie z. B. zeremonielle Handwaschungen (Mk 7,1–13).

   b. Im Widerspruch zu den Sadduzäern (die den Tempel kontrollierten) reinigte Jesus den Tempel bei zwei unterschiedlichen Gelegenheiten (Joh 2,13–22; Mt 21,12–17). Weil Jesus so beliebt war, betrachtete ihn der Hohepriester als einen Staatsfeind, der hingerichtet werden musste (Joh 11,47–53).

   c. Bei mehreren Gelegenheiten tadelte Jesus die Führer Israels öffentlich wegen ihrer Korruptheit (vgl. Mt 23,13–29). Seine unerschrockene Stellungnahme bzgl. ihrer Leiterschaft und seine Bereitwilligkeit, gegen ihre rabbinischen Regeln zu verstoßen, führte dazu, dass sie Jesus mit Groll und Feindseligkeit entgegentraten (vgl. Lk 6,11).

   d. Manchmal verbarg sich Jesus, um der Gefangennahme durch seine Feinde zu entgehen (Joh 8,59). Er wich Herodes aus, obwohl Herodes ihn sehen wollte (Lk 9,9). Aber als er dann verhaftet worden war, leistete er keinen Widerstand, sondern litt anstelle dessen bis zum Tod (Joh 18,11.36).

16. Diese Beispiele aus dem Leben des Herrn geben uns Aufschluss darüber, wie wir uns der Obrigkeit unterordnen sollen (Röm 13,14; 1Kor 11,1; 1Pet 2,21–25). Jesus hielt sich nicht an

Vorschriften, die dem Gesetz Gottes widersprachen oder die zur korrupten Gesetzlichkeit der religiösen Gebräuche des ersten Jahrhunderts einen Beitrag leisteten (Mk 7,1–14).

Weitere hilfreiche Gedanken zu Römer 13, insbesondere was die Rolle der von Gott eingesetzten Obrigkeit angeht, finden sich in Kapitel 14 dieses Buches.

PRINZIP 5:
UNTERSCHIEDLICHE AUTORITÄTSBEREICHE

Während Gläubige aufgerufen sind, sich der menschlichen Obrigkeit unterzuordnen, ist ihnen auch klar, dass es Dinge gibt, die außerhalb des Zuständigkeitsbereichs der menschlichen Obrigkeit stehen. Aus der Geschichte wissen wir, dass Gläubige z. B. die Art und Weise, wie man Gottesdienste durchführt, Lehrüberzeugungen und Gemeindeordnungen als Angelegenheiten angesehen haben, die nicht der Autorität des Staates unterliegen. Unter Gemeindeordnung (engl. *church polity*) verstehen wir hier die Regelungen zur Leitungs- und Organisationsstruktur der Gemeinde. Solche Angelegenheiten fallen in den Zuständigkeitsbereich der Ältesten der jeweiligen Ortsgemeinde; sie legen fest, wie sie ihre Herde am besten leiten und umsorgen.

1. Unser perfektes Vorbild, der Herr Jesus Christus, wies unterschiedliche Autoritätsbereiche aus, als er seine Jünger lehrte, dem Kaiser zu geben, was des Kaisers ist, und Gott zu geben, was Gottes ist (Mt 22,21). Dies liefert uns ein Grundgerüst dafür, zwischen dem weltlichen Bereich (Staat, Säkular-

bereich) und dem heiligen Bereich (Kirche, Sakralbereich) zu unterscheiden.

2. Paulus wiederholt dieselbe Wahrheit in Römer 13,7, wo er dasselbe Wort »gebt« (griech. *apodidōmi*) verwendet, das auch Jesus in Matthäus 22,21 gebrauchte. Paulus schreibt: »Gebt allen, was ihnen gebührt: die Steuer, dem die Steuer, den Zoll, dem der Zoll, die Furcht, dem die Furcht, die Ehre, dem die Ehre gebührt.« Indem er auf Christi Worte zurückverweist, übernimmt und bekräftigt Paulus dieselbe Unterscheidung zwischen dem Weltlichen und dem Heiligen.

3. Auch bei Petrus klingt die Lehre Christi aus Matthäus 22,21 wider, wenn er in 1. Petrus 2,17 zwischen »fürchtet Gott« und »ehrt den König« unterscheidet. Auch in 1. Petrus 2–3 spricht Petrus die unterschiedlichen Autoritätsbereiche an. Der heilige Bereich der Gemeinde wird in 1. Petrus 2,1–10, der weltliche Bereich der Gesellschaft und der Regierung in 1. Petrus 2,11–17 und 3,8–17 angesprochen. Ein dritter Bereich, der des Haushalts (der zur Zeit der Römer auch Sklaven beinhaltete), wird in 1. Petrus 2,18–20 und 3,1–7 angesprochen.

4. In 1. Korinther 6,1–9a wendet Paulus dieses Prinzip auf die Gläubigen in Korinth an. Sie sollten ihre internen Streitigkeiten nicht vor ein weltliches Gericht bringen, sondern sollten sich vielmehr an die geistliche Autorität der Gemeinde wenden, um eine Konfliktlösung herbeizuführen. Differenzen zwischen Gläubigen sollen im heiligen Bereich der Gemeinde beigelegt werden, nicht im weltliche Bereich. Die Ermahnung des Paulus ist klar und deutlich:

> Darf jemand unter euch, der eine Sache gegen den anderen hat, vor den Ungerechten rechten und nicht vor den Heiligen? Oder wisst ihr nicht, dass die Heiligen die Welt richten werden? Und wenn durch euch die Welt gerichtet wird, seid

ihr unwürdig, über die geringsten Dinge zu richten? Wisst ihr nicht, dass wir Engel richten werden, geschweige denn Dinge dieses Lebens? Wenn ihr nun über Dinge dieses Lebens zu richten habt, so setzt diese dazu ein, die gering geachtet sind in der Versammlung. Zur Beschämung sage ich es euch. So ist nicht ein Weiser unter euch, der zwischen seinen Brüdern zu entscheiden vermag? Sondern es rechtet Bruder mit Bruder, und das vor Ungläubigen! Es ist nun schon überhaupt ein Fehler an euch, dass ihr Rechtshändel miteinander habt. Warum lasst ihr euch nicht lieber unrecht tun? Warum lasst ihr euch nicht lieber übervorteilen? Aber ihr tut unrecht und übervorteilt, und das Brüder! Oder wisst ihr nicht, dass Ungerechte das Reich Gottes nicht erben werden?

Als solche, die dem Reich Gottes angehören, sollten wir niemals weltlichen Autoritäten etwas delegieren, was im Bereich der Gemeinde behandelt werden sollte.

5. Neben dem Staat und der Gemeinde hat Gott auch die Familie als Gesellschaftsstruktur eingesetzt, die dazu da ist, das Gute zu fördern und das Böse einzudämmen (2Mo 20,12; Eph 6,1–4). Diese Strukturen wurden von Gott konzipiert, um das soziale Gefüge zusammenzuhalten. Ohne die Strukturen der Familie, der Gemeinde und der Regierung würde die Gesellschaft bald in Anarchie und Chaos abdriften.

6. Wir erkennen an, dass es zwischen diesen Autoritätsbereichen Überlappungen gibt. Doch im Allgemeinen sollen sich Bürger der Regierung *in zivilen Angelegenheiten* (Röm 13,1–7), Kinder den Eltern *in Familienangelegenheiten* (Eph 6,1–2) und Gläubige ihren Ältesten *in gemeindlichen Angelegenheiten* (1Kor 16,16; Heb 13,7) unterordnen. Der Autor des Hebräerbriefes bringt die richtige Reaktion auf geistliche Autorität mit den folgenden Worten zum Ausdruck: »Gehorcht euren Führern und seid fügsam; denn sie wachen über eure Seelen (als solche, die

Rechenschaft geben werden), damit sie dies mit Freuden tun und nicht mit Seufzen; denn dies wäre euch nicht nützlich« (Heb 13,17).

7. Alle, die Positionen geistlicher Autorität in der Gemeinde einnehmen, sollten ihre gottgegebene Rolle nicht an die Obrigkeit abtreten. Älteste werden vor Christus darüber Rechenschaft ablegen müssen, wie sie die ihnen anvertraute Herde gehütet haben. Denken wir über die Ermutigung nach, die Petrus seinen Mitältesten zukommen lässt (1Pet 5,1–4):

> Die Ältesten nun unter euch ermahne ich, der Mitälteste und Zeuge der Leiden des Christus und auch Teilhaber der Herrlichkeit, die offenbart werden soll: Hütet die Herde Gottes, die bei euch ist, indem ihr die Aufsicht nicht aus Zwang führt, sondern freiwillig, auch nicht um schändlichen Gewinn, sondern bereitwillig, und nicht als solche, die über ihre Besitztümer herrschen, sondern die Vorbilder der Herde sind. Und wenn der Erzhirte offenbar geworden ist, so werdet ihr die unverwelkliche Krone der Herrlichkeit empfangen.

8. Die Unterscheidungen zwischen diesen Autoritätsbereichen sind insbesondere dann wichtig, wenn diese Bereiche in Konflikt miteinander geraten. Wenn die zivile Obrigkeit sich in die Religionsausübung (Gottesdienst), Lehre oder Ordnung und Struktur der Gemeinde einmischt, hat sie ihren gottgegebenen Kompetenzbereich überschritten.[61] Um die Worte Jesu aus Matthäus 22,21 zu gebrauchen, mischt sich dann der Kaiser in das ein, was Gottes ist.

9. Dieses Prinzip wurde durch die Jahrhunderte der protestantischen Kirchengeschichte hindurch als selbstverständlich angesehen. Es gehörte auch zu den Grundprinzipien, auf denen

---

61 In der Juristensprache wird diese Übergriffigkeit mit *ultra vires* bezeichnet. (A. d. Ü.)

sich die Religionsfreiheit in den Vereinigten Staaten (und in anderen westlichen Nationen, wo man zwischen Kirche und Staat unterscheidet) gründet. Das geschichtliche Beispiel der Puritaner und der (presbyterianischen) schottischen »Covenanters«, wie sie auf das vom Staat aufgezwungene *Book of Common Prayer* (Gebetbuch der anglikanischen Kirche) reagierten, liefert einen überzeugenden Präzedenzfall. Jene Gläubigen aus dem 16. und 17. Jahrhundert waren bereit, ihre Karrieren, ihre Freiheit und sogar ihr Leben aufzugeben, um ihre Gemeinden vor den Einmischungen und Übergriffen der Obrigkeit zu schützen.

NACHDENKEN ÜBER DIESE PRINZIPIEN

Wenn wir nun über diese fünf biblischen Prinzipien nachdenken, erkennen wir an, dass wir zu allererst und vor allem Nachfolger des Herrn Jesus und Bürger seines Reiches sind. Als solchen gebietet er uns, den bürgerlichen Autoritäten mit einer fügsamen und respektvollen Einstellung zu begegnen. Da wir anerkennen, dass Gott obrigkeitliche Autorität über uns eingesetzt hat, streben wir danach, jenen, denen Gott Autoritätspositionen über uns verliehen hat, (in unseren Handlungen) gehorsam und (in unserer Einstellung) fügsam zu sein.

Gleichzeitig erkennen wir an, dass Christus geistliche Leiter über die Gemeinde gesetzt hat, die ihm direkt dafür verantwortlich sind, wie sie die ihr anvertraute Herde hüten. Die Vertreter der Obrigkeit haben keine Zuständigkeit und keine Autorität über den Gottesdienst, die Lehre und die Ordnung der Gemeinde. Diese Wahrheit ist nicht nur biblisch, sondern sie wird auch vom Ersten Zusatzartikel der Verfassung der Vereinigten Staaten von Amerika anerkannt. Wenn der Staat seinen von Gott gegebenen Autoritätsbereich überschreitet und die Gemeinde mit in der Bibel nicht enthaltenen Auflagen belegt, dann können sich die Gläubigen nicht daran halten. Die Folge davon mag sein, dass Christen Verfolgung und Leiden trifft, weil sie nicht bereit sind, sich zu fügen.

Da weltliche Obrigkeiten oft mit der Gemeinde in Konflikt stehen, können Christen damit rechnen, von den Vertretern der staatlichen Gewalt verfolgt zu werden. Wenn dies geschieht, dürfen wir nicht mit Gehässigkeit, Rache oder Gewalt reagieren. Stattdessen zeigen wir eine fügsame Haltung, indem wir auf ehrbare Weise leiden. Es sollte unser Anliegen sein, als unbescholtene Bürger zu leben, damit wir nicht nur den Zorn der Regierung vermeiden, sondern, was noch wichtiger ist, weil wir danach trachten, (a) dem Gesetz Gottes zu gehorchen und (b) ein überzeugendes Zeugnis der Rechtschaffenheit und Liebe vor der ungläubigen Welt um uns herum abzulegen.

Im nächsten Kapitel werden wir untersuchen, was die Bibel über zivilen Ungehorsam lehrt. Außerdem werden wir erörtern, wie unsere Ältesten diese Prinzipien bei ihrer Reaktion auf die Gesundheitsauflagen und die Lockdowns der Regierung umgesetzt haben.

– Kapitel 12 –

BIBLISCHE AUSNAHMEN UND IHRE BEDEUTUNG FÜR DEN HIRTENDIENST

Nathan Busenitz

Im letzten Kapitel haben wir gesehen, dass die Bibel Gläubige dazu beruft, sich der Obrigkeit unterzuordnen. Der Grund dafür ist, dass Gott die menschliche Obrigkeit verordnet und die Vertreter der Obrigkeit für ihre diversen Rollen und Verantwortlichkeiten eingesetzt hat. Von Christen wird erwartet, dass sie gesetzestreue Bürger sind und die Auflagen und Gesetze befolgen, die von der Obrigkeit erlassen werden.

Es gibt allerdings Ausnahmen zu dieser Regel. Wie wir bereits gesehen haben, hat sich der Herr Jesus nicht immer an die Vorschriften und Einschränkungen gehalten, die von den Führern Israels auferlegt worden waren. Wenn wir den ganzen Ratschluss der Schrift in Betracht ziehen, finden wir weitere solche Beispiele. Diese Ausnahmen betreffen Angelegenheiten oder Situationen, in denen es angebracht oder sogar notwendig ist, dass Gläubige der Regierung nicht gehorchen.

In diesem Kapitel werden wir zunächst fünf Kategorien von Ausnahmen untersuchen, und dann fünf Bereiche der praktischen Umsetzung anschauen. Das vorausgehende Kapitel war so strukturiert, dass jeder Punkt anhand von durchnummerierten Unterpunkten erweitert und erläutert wurde. Wir werden hier dem selben Format folgen.

AUSNAHME 1:

EIN BEFEHL, UNRECHT ZU TUN

Wenn eine Behörde der Obrigkeit einen Befehl erteilt oder eine Verfügung erlässt, der bzw. die es Bürgern abverlangt, gegen Gottes Gesetz zu verstoßen, dann sind Gläubige verpflichtet, Gott zu gehorchen und sich der Obrigkeit zu widersetzen. Vereinfacht ausgedrückt: Wenn Autoritätspersonen anordnen, sich zu versündigen, dürfen Gläubige dieser Anordnung niemals Folge leisten.

1. Dies ist die eindeutigste Ausnahme in der Schrift. Wenn die Obrigkeit von Gläubigen verlangt, Gott ungehorsam zu sein, müssen sie »Gott mehr gehorchen als Menschen«. Zahlreiche biblische Beispiele veranschaulichen dieses Prinzip. Betrachten wir die Folgenden:

- Die Frau von Josephs Dienstherrn befahl Joseph, mit ihr Unzucht zu begehen. Joseph weigerte sich zu Recht, weil er bei Befolgung dieses Befehls gegen Gott gesündigt hätte (1Mo 39,7–10).
- Der Pharao befahl den hebräischen Hebammen, jeden männlichen israelitischen Säugling zu töten. Die Hebammen fürchteten allerdings Gott mehr als den Pharao und weigerten sich daher, dessen Befehl auszuführen (2Mo 1,17–21).

- Der König von Jericho befahl Rahab, die beiden israeliti-schen Kundschafter herauszugeben, die in ihr Haus ein-gekehrt waren. Rahab fürchtete jedoch den Herrn mehr als den König und weigerte sich daher zu verraten, wo die Kundschafter sich versteckt hielten (Jos 2,2–7).
- Als Saul seinen Dienern befahl, die Priester des Herrn zu töten, weigerten diese sich, dies zu tun (1Sam 22,17).
- Sadrach, Mesach und Abednego wurde befohlen, vor einem goldenen Standbild anbetend niederzufallen, was einen Verstoß gegen das zweite Gebot bedeutet hätte (2Mo 20,4–5). Sie weigerten sich und wurden in einen Feuerofen geworfen (Dan 3,8–23).
- Herodes gab den Weisen aus dem Morgenland den Auf-trag, ihm zu berichten, wo genau sich der neugeborene Jesus befand. Statt dessen kehrten sie jedoch, nachdem sie von Gott in einem Traum entsprechend gewarnt wor-den waren, auf einem anderen Weg in ihr Land zurück (Mt 2,8–12).
- Der Antichrist und der falsche Prophet werden den Menschen während der Trübsalszeit befehlen, das Mal-zeichen des Tieres anzunehmen. Dieses Malzeichen wird erforderlich sein, um Lebensmittel einzukaufen bzw. um sich am Handel zu beteiligen. Wahre Gläubige werden sich weigern, dieses Mal anzunehmen (Offb 13,15–17).

2. An dieser Stelle ist es wichtig, auf die Rolle hinzuweisen, die das Gewissen in solchen Angelegenheiten spielt. Die Bibel lehrt, dass es falsch ist, gegen das eigene Gewissen zu versto-ßen (Röm 14,22–23), da das Gewissen das Gesetz Gottes im Herzen widerspiegelt (Röm 2,15). Einerseits gehorchen wir der Obrigkeit, um ein reines Gewissen zu bewahren (Röm 13,5). Andererseits dürfen Gläubige keiner Regierungsverfügung folgen, die dazu führt, dass sie gegen ihr Gewissen verstoßen.

3. In Gewissensfragen sollten sich Gläubige davor hüten, anderen Christen Anlass zum Fallen in Sünde zu sein (1Kor 8,9). Sie sollten sich zudem davor in Acht nehmen, andere Christen zu verurteilen, wenn diese Gläubigen auf eine Gewissensfrage anders reagieren, als sie selbst (Röm 14,1–4).

4. Gläubige sollten den Vertretern der Obrigkeit respektvoll entgegentreten, wenn sie ihnen nicht nachgebend Folge leisten können, aber sie sollten entschieden sein in ihrem Gehorsam gegenüber den Geboten Gottes (Dan 1,8–13; 1Pet 3,15). Sie können selbst dann eine fügsame Einstellung wahren, wenn sie etwas tun, das den staatlichen Anweisungen zuwiderläuft.

5. Die frühen christlichen Märtyrer dienen als eindringliches Beispiel aus der Kirchengeschichte. Polykarp beispielsweise widersetzte sich dem römischen Statthalter, als dieser ihm befahl, sich von Christus abzusagen. Polykarp erwiderte darauf mit dem berühmten Wort: »Sechsundachtzig Jahre lang habe ich ihm gedient und er hat mir niemals irgendeinen Schaden zugefügt. Wie könnte ich nur meinem Retter und König lästern?«

AUSNAHME 2:
EIN BEFEHL, DAS RECHTE ZU UNTERLASSEN

Diese Kategorie ist das Gegenstück der oben dargelegten Ausnahme. Wenn Vertreter der Obrigkeit Gläubigen befehlen, etwas zu unterlassen, was Gott ihnen geboten hat, dann müssen sie Gott weiterhin gehorsam bleiben. Die Unterlassung dessen, was Gott gebietet, stellt Ungehorsam gegen ihn dar.

1. Die folgenden biblischen Beispiele veranschaulichen dieses Prinzip. Sie vermitteln uns ein positives Bild von jenen, die

sich einer irdischen Obrigkeit widersetzten, um sich an Gottes Gebote zu halten.

- Der Pharao versuchte Mose davon abzuhalten, die Israeliten aus Ägypten herauszuführen. Mose widersetzte sich dem Pharao, um den Anweisungen Gottes Folge zu leisten (2Mo 5–11).
- Daniel wurde befohlen, das Beten (außer zum König) einen ganzen Monat lang zu unterlassen. Er weigerte sich allerdings und wurde deswegen in eine Löwengrube geworfen (Dan 6,6–13).
- Das persische Gesetz untersagte es, sich dem König ohne dessen Aufforderung zu nähern. Esther verstieß gegen dieses Gesetz, um ihr Volk zu retten (Est 4,16).
- Petrus und den Aposteln wurde untersagt, Jesus zu verkündigen, doch sie weigerten sich, sich an dieses Verbot zu halten (Apg 4,19–20, 5,29–32).

2. Daniels Beispiel ist in dieser Hinsicht besonders beeindruckend. Das Gebetsverbot war ja nur für begrenzte Zeit erlassen worden. Daniel hätte sich an das Verbot halten können in dem Wissen, dass das Gesetz nur 30 Tage Gültigkeit hatte. Er hätte auch einfach still beten können. Stattdessen lesen wir: »[…] als Daniel erfuhr, dass die Schrift aufgezeichnet war, ging er in sein Haus. Und er hatte in seinem Obergemach offene Fenster nach Jerusalem hin; und dreimal am Tag kniete er auf seine Knie und betete und lobpries vor seinem Gott, wie er vorher getan hatte« (Dan 6,11).

3. Während der Pandemie sahen sich die Ältesten unserer Gemeinde von einer Reihe biblischer Gebote verpflichtet, bestimmte Auflagen der Obrigkeit zu missachten. Diesen biblischen Geboten weiterhin konsequent gehorsam zu sein be-

deutete, dass wir bestimmten staatlichen Verfügungen nicht Folge leisten konnten. Dazu zählen z. B. das Gebot, die regelmäßigen Zusammenkünfte nicht zu versäumen (o. aufzugeben; Heb 10,24–25), das Gebot, den Herrn im Rahmen der Gottesdienstversammlungen miteinander zu besingen (Eph 5,19–21; Kol 3,16–17), und das Gebot, miteinander auf eine Weise Gemeinschaft zu pflegen, die körperliche Nähe erfordert (Apg 6,6; Gal 2,9; vgl. Röm 16,16; 1Kor 16,20; 2Kor 13,12; 1Thes 5,26).

4. Zu den historischen Beispielen dieses Prinzips gehören die Gemeinde in den Katakomben, deren Gemeindeglieder sich weigerten, ihre Zusammenkommen zu versäumen; William Tyndale, der sich weigerte, sein Bibelübersetzungsprojekt abzubrechen; John Bunyan, der sich weigerte, mit dem Predigen aufzuhören; und Missionare in für das Evangelium geschlossenen Ländern, die sich weigern, die Verkündigung des Evangeliums zu unterlassen.[62] In solchen Fällen kam den Gläubigen ihre Treue gegenüber Christus in der Form von Verfolgung und Leid sehr teuer zu stehen.

AUSNAHME 3:
EIN BEFEHL, DER EINER ANDEREN OBRIGKEITSINSTANZ WIDERSPRICHT

Gläubige unterstehen oft gleichzeitig mehreren Ebenen und Instanzen der Obrigkeit. In solchen Situationen dürfen sie sich auf diejenige menschliche Obrigkeit berufen bzw. deren Schutz in Anspruch nehmen, die ihrem Anliegen das größte

---

62 *William Tyndale* (Tindale), geboren um 1494 in England, ausgebildet u. a. in Oxford und Cambridge, wurde 1536 in Vilvoorde (Belgien) durch Staat und Kirche Englands auf dem Scheiterhaufen ermordet. Seine Bibel wurde in Deutschland gedruckt (etwa 100 Jahre vor der King-James-Bibel) und in hoher Auflage weit verbreitet. (A. d. Ü.)

Verständnis entgegenbringt. Wenn eine niedere Instanz z. B. einer höheren Instanz der Obrigkeit widerspricht, dürfen sich Gläubige auf die höhere Instanz berufen, um zu vermeiden, dem Befehl der niederen Instanz der Obrigkeit Folge leisten zu müssen.

1. Im Alten Testament finden wir ein Beispiel für dieses Prinzip im Leben der Königin Esther, die sich auf den König berief (eine höhere Autorität), um die bösen Absichten einer geringeren Autorität, nämlich die von Haman, zu umgehen (Est 7,1–6). Jahrhunderte zuvor täuschte Husai, der Arkiter, vor, Absalom (einer unrechtmäßigen Autorität) zu dienen, um dem rechtmäßigen Herrscher, König David, zu gehorchen (2Sam 15,32–37; 16,16–18; 17,5–20).

2. Im Neuen Testament finden wir Beispiele dieses Prinzips vor allem im Leben des Apostels Paulus. Als Paulus von den örtlichen Hauptleuten (Magistraten; griech. *stratēgós*) gebeten wurde, Philippi zu verlassen, weigerte er sich, dies zu tun, und berief sich stattdessen auf seine Rechte als römischer Bürger. Apostelgeschichte 16,37–40 berichtet von dieser Begebenheit:

> Paulus aber sprach zu ihnen: Nachdem sie uns, obwohl wir Römer sind, öffentlich unverurteilt geschlagen haben, haben sie uns ins Gefängnis geworfen, und jetzt stoßen sie uns heimlich hinaus? Nicht doch; sondern sie sollen selbst kommen und uns hinausführen. Die Rutenträger aber meldeten diese Worte den Hauptleuten; sie fürchteten sich aber, als sie hörten, dass sie Römer seien. Und sie kamen und redeten ihnen zu; und sie führten sie hinaus und baten sie, aus der Stadt wegzugehen. Als sie aber aus dem Gefängnis hinausgegangen waren, gingen sie zu Lydia; und als sie die Brüder sahen, ermahnten sie sie und gingen weg.

Bei einer anderen Begebenheit konnte Paulus es abwenden, von einem römischen Hauptmann ausgepeitscht zu werden, indem er sich auf seine römischen Bürgerrechte berief (Apg 22,25–29). Als er später einmal von einigen religiösen Führern falsch angeklagt wurde, berief er sich auf den römischen Statthalter (Felix; Apg 24). Und schließlich berief sich Paulus auf den Kaiser, anstatt einer geringeren Autoritätsinstanz zu gestatten, über sein Schicksal zu entscheiden (Apg 25,11).

3. Dieses Prinzip zeigt auf, dass es für Gläubige durchaus angemessen ist, sich der gesetzgeberischen oder richterlichen Autoritäten zu bedienen, um eine obrigkeitliche Verfügung außer Kraft zu setzen oder rückgängig zu machen. Zum Beispiel dient in den Vereinigten Staaten von Amerika [wie auch in anderen Ländern mit einer rechtsstaatlichen Grundordnung und Gewaltenteilung; A. d. Ü.] die Judikative (richterliche Gewalt) als Gegengewicht und Kontrolle der Exekutive (ausführende Gewalt) und der Legislative (gesetzgebende Gewalt). Die amerikanischen Gründungsväter konzipierten ein System der staatlichen Gewaltenteilung (sog. *Checks and Balances*), um den Bürgern diese Art von Schutz zu bieten.

4. Die Geschichtsbücher berichten, dass die Reformatoren Schutz vor den sie verfolgenden Päpsten und Kaisern fanden, indem sie sich auf örtliche Magistraten beriefen, zu denen auch Fürsten und Stadträte gehörten. Martin Luther stand unter dem Schutz von Friedrich III., dem Kurfürsten von Sachsen. Ulrich Zwingli wurde von den Züricher Stadtvätern beschützt. In ähnlicher Weise stand Johannes Calvin unter dem Schutz der Genfer Stadtväter. Auf diese Weise ordneten sich die Reformatoren einer Ebene der Obrigkeit unter, während sie sich gleichzeitig im Konflikt mit einer anderen Ebene der Obrigkeit befanden.

AUSNAHME 4:
EIN BEFEHL, UNRECHT SCHWEIGEND HINZUNEHMEN

Wenn eine staatliche Behörde offen gegen Gottes Gesetz verstößt, tun Gläubige recht daran, die Sünd- und Boshaftigkeit dieser Obrigkeit zu verurteilen. Wenngleich wir dazu berufen sind, eine fügsame Haltung gegenüber den über uns eingesetzten Autoritäten einzunehmen, ist es nicht falsch, deren sündiges Verhalten zu tadeln. Eine fügsame Einstellung zu haben und gleichzeitig von unseren Führungspersonen Gerechtigkeit zu fordern, steht nicht im Widerspruch zueinander.

1. Die Bibel ist voller Beispiele von mutigen Persönlichkeiten, die korrupte und sündhafte Herrscher mutig konfrontiert haben:

- Der Prophet Nathan konfrontierte David wegen dessen Ehebruch mit Bathseba (2Sam 12,1–15).
- Elia konfrontierte Ahab, weil dieser Israel in den Götzendienst geführt hatte (1Kön 18,17–18). Später konfrontierte er ihn wegen der Sache mit Nabots Weinberg (1Kön 21).
- Der Prophet Jeremia wurde eingesperrt und sogar zum Sterben in eine schlammige Grube geworfen, weil er sich weigerte, das Schicksal Jerusalems auf geschönte Weise vorherzusagen (Jer 38).
- Johannes der Täufer tadelte Herodes öffentlich wegen der von ihm begangenen ehebrecherischen Blutschande (Mt 14,1–12).
- Der Autor des Hebräerbriefes lobt die Propheten, einschließlich jener, die wegen ihres Glaubens gefoltert und inhaftiert wurden (Heb 11,32–38). Sie werden dafür

gelobt, dass sie der Sündhaftigkeit ihrer Zeit mutig ent-
gegengetreten waren.

2. Wenn Gläubige Sünd- und Boshaftigkeit verurteilen, so sollten sie dies auf eine Weise tun, die eine respektvolle Haltung
gegenüber Autoritätspersonen bewahrt. Das Beispiel des Paulus in Apostelgeschichte 23,2–5 ist in dieser Hinsicht lehrreich.
Dort lesen wir:

> Der Hohepriester Ananias aber befahl denen, die bei ihm
> standen, ihn auf den Mund zu schlagen. Da sprach Paulus zu
> ihm: Gott wird dich schlagen, du getünchte Wand! Und du
> sitzt da, um mich nach dem Gesetz zu richten, und gegen das
> Gesetz handelnd befiehlst du, mich zu schlagen? Die Dabei-
> stehenden aber sprachen: Schmähst du den Hohenpriester
> Gottes? Und Paulus sprach: Ich wusste nicht, Brüder, dass
> er Hoherpriester ist; denn es steht geschrieben: »Von einem
> Fürsten deines Volkes sollst du nicht übel reden.«

3. Als Nachfolger des Herrn Jesus wollen wir keine Un-
ruhestifter oder Aufwiegler sein (1Tim 2,2). Wir sind vielmehr dazu berufen, als Licht in einer dunklen Welt zu leben
(Eph 5,6–10). Gemeinschaftlich übt die Gemeinde in der Gesellschaft einen das Böse eindämmenden Einfluss aus (vgl.
Spr 4,18–19; Mt 5,12–15). Es ist recht, wenn sowohl unsere
Worte als auch unsere Taten dazu dienen, die Gottlosigkeit
der Kultur um uns herum zu tadeln. Auf diese Weise sind wir
ein strahlender Leuchtturm für das Evangelium (vgl. Mt 5,16).

AUSNAHME 5:
EIN BEFEHL, SICH DER POLIZEI ZU STELLEN

Wenn die Obrigkeit das Volk Gottes verfolgt, ist es den Gläubigen gestattet, die Flucht zu ergreifen und sich zu verstecken. Sie sollen zwar nicht mit Gewalt reagieren, doch es wird ihnen auch nicht abverlangt, sich der gottlosen Obrigkeit, die nach ihrem Verderben trachtet, zu stellen.

1. In der Heiligen Schrift lesen wir immer wieder, dass das Volk Gottes vor Verfolgung flieht oder sich versteckt. Die folgenden Beispiele veranschaulichen dies:

- Jonathan ignorierte den Befehl seines Vaters, David umzubringen. Stattdessen half er David, sich zu verstecken (1Sam 19,1–2; 20,1–42).
- David floh vor Saul, als Saul ihm nach dem Leben trachtete (1Sam 19,11–12.18; 21,10).
- Obadja versteckte die Propheten Gottes vor Isebel (1Kön 18,3–4).
- Fürsten bzw. Regierungsbeamte aus Juda ermutigten Jeremia und Baruch, sich vor dem Zorn des Königs Jojakim zu verstecken (Jer 36,19).
- Joseph und Maria flohen vor Herodes, um das Leben des neugeborenen Jesus zu beschützen (Mt 2,13–15).
- Saulus (Paulus) floh aus Damaskus, um sich einer Gefangennahme zu entziehen (Apg 9,23–24).

2. Wenn Gläubige der Obrigkeit den Gehorsam verweigern, um Gott zu gehorchen, sollten sie bereit sein, die Konsequenzen dafür gewaltlos anzunehmen. Die Bibel gestattet es Gläubigen zwar, die Flucht zu ergreifen und sich zu verstecken,

doch wenn sie ausfindig gemacht werden, sollen sie keinen Widerstand leisten oder mit Zorn oder Vergeltung reagieren (Apg 5,40–42).

DIE ANWENDUNG DER AUSNAHMEN

Wie diese biblischen Ausnahmen zeigen, räumt die Schrift selbst im Bereich der zivilrechtlichen Angelegenheiten gewisse Umstände ein, wo es Gläubigen nicht abverlangt wird, der Obrigkeit zu gehorchen. Wenn Vertreter der Obrigkeit den Gläubigen befehlen zu sündigen (entweder durch Übertreten des Gebotes Gottes oder durch Nichtbefolgen des Gebotes Gottes), müssen die Gläubigen der Obrigkeit ungehorsam sein. Desweiteren haben Gläubige das Recht, sich bei einer Verfügung eines staatlichen Vertreters, die im Widerspruch mit einer höheren staatlichen Obrigkeit steht, auf diese höhere Autorität zu berufen, um eine von ihnen gewünschte Veränderung zu bewirken.

Wenn Herrscher gottlos handeln, ist es recht, wenn die Gläubigen dieses Verhalten verurteilen. Christen handeln nicht auf aufsässige Weise, wenn sie ihre zivilen und politischen Führer dazu auffordern, in Übereinstimmung mit Gottes Gebot zu leben. In Situationen, wo der Staat Christen wegen ihres Glaubens verfolgt, haben Gläubige die Freiheit, dieser Verfolgung zu entfliehen. Sie sündigen nicht, wenn sie sich verstecken oder sich im Geheimen versammeln. Wenn sie allerdings verhaftet werden, sollten sie um Christi willen leiden und dabei eine fügsame Haltung an den Tag legen.

Wenn wir biblische Abschnitte auslegen, die uns befehlen, der Obrigkeit gehorsam und untertan zu sein, sollten wir dies so tun, dass die genannten Ausnahmen weiterhin möglich sind. Die oben dargelegten Kategorien prägen unser Verständnis von Römer 13, 1. Petrus 2 und vergleichbaren Schriftabschnitten.

PRAKTISCHE FOLGERUNGEN

In Anbetracht der Beispiellosigkeit der globalen Pandemie und wie die Obrigkeiten darauf reagiert haben, sehen sich Christen nun mit Fragen konfrontiert, die sie sich zuvor nie stellen mussten. In diesem Abschnitt werden wir fünf praktische Fragen aufwerfen und darlegen, wie unsere jeweiligen Gemeinden diese Fragen beantwortet haben. Diese Antworten spiegeln die praktischen Folgerungen der oben dargelegten Prinzipien und Ausnahmen wider.

Frage 1: Wie sollten wir die relevanten biblischen Prinzipien umsetzen?

Beim Überdenken der fünf biblischen Prinzipien, die wir oben skizziert haben, könnten wir uns fragen, wie diese Prinzipien heute anzuwenden sind. Insbesondere fragen wir uns: Wie haben unsere Ältesten diese Prinzipien auf die Situation im Zusammenhang mit der Pandemie angewendet? Die im Folgenden aufgeführten Punkte versuchen zu zeigen, wie jedes der Prinzipien umgesetzt wurde.

1. *Das Prinzip der höchsten Treuepflicht:* Als solche, die an der Oberherrschaft Christi festhalten, betrachten wir sein Wort als unsere höchste Autorität beim Umgang mit diesen Angelegenheiten (vgl. 2Tim 3,16–17). Wir weisen unsere Mitgeschwister daher an, dasselbe zu tun, um ihre Entschlossenheit zu stärken durch die Untermauerung mit den Wahrheiten der Heiligen Schrift.

2. *Das Prinzip der souveränen Einsetzung:* Die Gewissheit, dass Gott über alle menschlichen Reiche und Obrigkeiten souverän ist, gestattet uns, ihm selbst dann voll zu vertrauen, wenn Autoritätspersonen im Widerspruch zu seinem Gesetz handeln. Es gibt uns Zuversicht, wenn wir in dem Wissen beten, dass er über die ganze Erde herrscht – einschließlich moderner Nationen und Obrigkeiten.

3. *Das Prinzip der weltlichen Anfeindung:* Es ist uns klar, dass alle, die den Herrn lieben, von der Welt gehasst werden. Folglich sollten wir uns darauf gefasst machen, dass uns Ungläubige mit Feindseligkeit entgegentreten, einschließlich jener Ungläubigen, die politische Machtpositionen bekleiden. Wir sollten nicht überrascht sein, wenn wir aufgerufen werden, um Christi willen zu leiden.

4. *Das Prinzip der unterwürfigen Haltung:* Soweit es möglich ist, trachten Gläubige in Anbetracht dieser Prinzipien und Ausnahmen danach, gegenüber der Obrigkeit in Unterordnung zu leben. Diese Unterordnung ist erkennbar an gehorsamen Handlungen und einer fügsamen Haltung. Und selbst da, wo es nicht (mehr) möglich ist, der Obrigkeit folgsam zu sein, sollten wir trotzdem von Demut, Güte, Respekt und Nachsicht gekennzeichnet sein.

5. *Das Prinzip der unterschiedlichen Autoritätsbereiche:* Wenn sich die bürgerliche Obrigkeit in Angelegenheiten des Gottesdienstes, der Lehre oder der Gemeindeordnung einmischt, müssen die Ältesten jeder örtlichen Gemeinde in Anspruch nehmen, dass Gott (nur) ihnen das Vorrecht gegeben hat, die Gemeinde Gottes zu hüten (1Pet 5,1–4). Sie sollten ihre von Gott übertragenen Verantwortlichkeiten nicht dadurch vernachlässigen, dass sie solche Angelegenheiten an die zivile Obrigkeit abtreten.

Frage 2: Wie sollten wir die biblischen Ausnahmen umsetzen?

Gläubige sollen gegenüber Autoritätspersonen eine fügsame Haltung bewahren. Aber es wird Zeiten geben, in denen Christen nicht in der Lage sind, sich an eine bestimmte Verfügung oder Auflage der Obrigkeit zu halten. Wie oben erwähnt, bestimmt die Bibel hier mehrere Ausnahmekategorien. Wenn Gläubige diese Kategorien missachten, können sie sich selbst in Schwierigkeiten bringen. Ein extremes, aber treffliches, Beispiel dafür sind die deutschen Kirchen und Gemeinden zu Beginn des Zweiten Weltkriegs, die die nationalsozialistische Partei mit Verweis auf Römer 13 unterstützten. Treue Christen verstehen die biblischen Ausnahmen und handeln dementsprechend.

1. *Sich weigern, Unrecht zu tun:* Wenn die Obrigkeit von ihren Bürgern verlangt, etwas zu tun, das dem Gebot Gottes widerspricht, sind die Gläubigen verpflichtet, dem nicht Folge zu leisten. Dies gilt auch dort, wo eine Verfügung der Obrigkeit dazu führen würde, dass ein Christ gegen sein Gewissen handeln müsste. Als beispielsweise die Gemeindeglieder der *Grace Community Church* unsere Ältesten fragten, ob sie sich impfen lassen sollten, ermutigten wir sie dazu, ihrem Gewissen zu folgen und dem Herrn zu vertrauen. Dieser Rat war in Übereinstimmung mit den in 1. Korinther 8–10 und Römer 14–15 zu findenden Grundsätzen.

2. *Weiterhin das tun, was recht ist:* Wenn uns die Obrigkeit befiehlt, das zu unterlassen, was uns die Bibel gebietet, dann dürfen wir uns nicht an diese Verbote halten. Wie oben erwähnt, wird Gläubigen befohlen, die regelmäßigen Zusammenkünfte nicht zu versäumen (Heb 10,24–25). Christen wird zudem geboten, im Rahmen des Gottesdienstes (o. Anbetung) zu singen (Eph 5,19–21; Kol 3,16–17). Uns wird darüber hi-

naus geboten, auf eine Weise miteinander Gemeinschaft zu pflegen, die körperliche Nähe erfordert (Apg 6,6; Gal 2,9; vgl. Röm 16,16; 1Kor 16,20; 2Kor 13,12; 1Thes 5,26). Als die Gesundheitsauflagen des Staates solches Tun untersagten, hatten wir keine andere Wahl, als diese Verbote zu missachten.

3. *Sich auf eine höhere Autorität berufen:* Die Christen in den Vereinigten Staaten von Amerika haben das Recht, sich auf höhere gerichtliche Instanzen zu berufen (z. B. auf den Obersten Gerichtshof der Vereinigten Staaten und die Verfassung).[63] Genau dies tat die Leitung der *Grace Community Church,* als sie eine gerichtliche Klage gegen den Landkreis Los Angeles und gegen den Bundesstaat Kalifornien anstrengte. Der Zweck dieses gerichtlichen Vorgehens war, dass unsere Gemeinde vor der Einmischung durch örtliche und staatliche Vertreter der Obrigkeit beschützt und mit Rechtsbehelf entlastet würde.

4. *Korruption konfrontieren:* Wenn der Staat seine Autorität auf eine unbiblische Weise ausübt, ist es für Gläubige recht, diese Obrigkeit zur Buße aufzufordern. John MacArthur zeigte dies beispielhaft auf, als er wiederholt öffentlich darauf hinwies, wie Politiker die Pandemie zu ihrem eigenen politischen Vorteil manipulierten.

5. *Die Freiheit, zu fliehen oder sich zu verstecken:* Wenn die Obrigkeit versucht, die Gemeinde von ihren Zusammenkünften abzuhalten, ist es angebracht, dass Gläubige sich im Geheimen versammeln. Es wäre hingegen nicht recht, wenn Gläubige mit Vergeltung oder in irgendeiner Weise gewalttätig reagier-

---

63 In der BRD kann sich jedermann an das Bundesverfassungsgericht wenden und mit Verfassungsbeschwerde (GG Art. 93 (1) 4a sowie BVerfGG §90) auf Einhaltung des Grundgesetzes klagen. Die Grundrechte des Grundgesetzes sind im Wesentlichen Abwehrrechte des Grundrechtsträgers gegenüber Handlungen der öffentlichen Gewalt. Vergleichbares gilt auch für andere freiheitlich-demokratische Länder, die das Rechtsstaatlichkeitsprinzip und die Gewaltenteilung verwirklichen. (A. d. Ü.)

ten (Joh 18,36). Als beispielsweise das Gebäude der *GraceLife Church* von den Behörden der Provinz Alberta eingezäunt wurde, wehrten sich die Gemeindeglieder nicht körperlich gegen das Vorgehen des Staates. Die Gemeinde ging allerdings dazu über, sich an geheimen Orten zu versammeln, um zu verhindern, dass sich die Obrigkeit in ihre sonntäglichen Gottesdienste einmischt.

6. *Bereitschaft zum Leiden:* Unsere Ältesten waren bereit, die Konsequenzen für unser Handeln zu akzeptieren, und taten dies auf friedliche Weise gegenüber den Autoritätspersonen der Obrigkeit. Wir wiegelten nicht zu gewalttätigen Protesten oder wütenden Tiraden auf. Wir trafen uns einfach weiterhin so, wie wir es schon immer getan hatten.

Frage 3: Wie können wir unseren Gemeindegliedern in solchen Situationen treue Hirten sein?

Die Umstände im Zusammenhang mit COVID-19 führten zu bisher noch nie dagewesenen Herausforderungen für den Hirtendienst, insbesondere für Gemeinden in der westlichen Welt, wo sich Christen lange Zeit der Religionsfreiheit erfreuen konnten. Beim Umgang mit den Fragen und Problemen in Bezug auf COVID-19 erkannten unsere Ältesten drei wichtige Gegebenheiten. Diese werden nachfolgend umrissen.

1. Wir wussten, dass nicht jede Gemeinde auf die gleiche Weise an dieses Problem herangehen würde, wie wir es taten. Wir respektierten die Tatsache, dass die geistlichen Leiter jeder einzelnen Ortsgemeinde die gottgegebene Verantwortung haben, ihre Herde so zu leiten, wie sie es vor dem Herrn für richtig halten (1Pet 5,1–4). Wir erkennen an, dass solche Situationen bei der Anwendung biblischer Prinzipien sehr viel Bedacht und Weisheit erfordern. Folglich könnten unterschiedliche Gemeinden diese Prinzipien unterschiedlich anwenden, während sie

dennoch den Herrn ehren (Röm 14,10–12). Unser Hauptanliegen war es, dass Gemeindeälteste nicht ihre biblische Verantwortung, die Herde zu leiten und zu hüten, einfach abtreten. Geistliche Leiter sollten stets Mut an den Tag legen. Mutige Leiterschaft kann allerdings in unterschiedlichen Zusammenhängen auch unterschiedlich aussehen.

2. Uns war klar, dass nicht jeder in unserer Gemeinde diese Angelegenheit ganz genau so sehen würde, wie wir es taten. Was Gewissensfragen angeht, bemühten wir uns stets, einfühlsam zu sein, aber gleichzeitig versorgten wir den Geist unserer Gemeindeglieder mit Wahrheit. Gläubige mögen dieselben Prinzipien in ihren jeweiligen Umständen unterschiedlich anwenden. Sie sollten jedenfalls nie gegen ihr Gewissen verstoßen (Röm 14,22–23) und auch keinen anderen Gläubigen dazu veranlassen, gegen sein Gewissen zu verstoßen (Röm 14,13).

3. Wir verstanden auch, dass einige unserer Gemeindeglieder aufgrund ihres Alters oder wegen einer Vorerkrankung wirklich gefährdet sein könnten. Aus diesem Grund boten wir weiterhin Alternativen an, den Sonntagsgottesdienst auf einem Bildschirm mitzuverfolgen. Dies geschah durch die Bereitstellung von Sitzgelegenheiten in abgegrenzten Räumlichkeiten mit Videoübertragung und durch Livestreaming in die eigenen vier Wände.

4. Wir übten Geduld mit jenen, die etwas länger brauchten, um sich überzeugen zu lassen (1 Thes 5,13). Dies ergab sich aus unserer Erkenntnis, dass man das Gewissen dieser Personen zuerst aufklären und stärken musste.

Unsere Ältesten trafen sich regelmäßig mit den Gemeindegliedern, die noch um Klarheit rangen, wie auf die Pandemie zu reagieren sei, und ermutigten sie. In dieser Hinsicht bemühten wir uns, 2. Timotheus 2,25 praktisch umzusetzen mit denen, die mit unserem Standpunkt in dieser Sache nicht einverstanden waren.

Frage 4: Wie zeigt man am besten Liebe gegenüber den Verlorenen?

Während des Lockdowns beschuldigte man uns manchmal, ein schlechtes Zeugnis vor einer beobachtenden Welt zu sein. Man sagte uns, dass wir keine Nächstenliebe übten, weil wir uns jeden Sonntag zum Gottesdienst versammelten. Nachdem uns ja klar ist, wie wichtig es ist, die Verlorenen zu lieben, um ein Licht der Welt zu sein: Wie reagierten wir auf diese Anschuldigungen?

1. Wir sind uns bewusst, dass das Evangelium durch unser Verhalten als Gläubige entweder geschmückt oder verlästert wird (Tit 2,5.10). Deshalb sind wir darum bemüht, eine fügsame Haltung gegenüber der Obrigkeit einzunehmen, sofern es um bürgerliche Angelegenheiten geht (Tit 3,1–2). Darum ging es auch Petrus, als er seine Leser in 1. Petrus 2,13–17 anleitete, sich der Obrigkeit unterzuordnen. Das zeigt sich bereits in seiner Ermahnung in den vorangehenden Versen 11–12: »Geliebte, ich ermahne euch als Fremdlinge und als solche, die ohne Bürgerrecht sind, euch der fleischlichen Begierden zu enthalten, die gegen die Seele streiten, und dass ihr euren Wandel unter den Nationen ehrbar führt, damit sie, worin sie gegen euch als Übeltäter reden, aus den guten Werken, die sie anschauen, Gott verherrlichen am Tag der Heimsuchung.«

2. Wie bereits erwähnt, gilt unsere Loyalität zu allererst und vor allem Christus. Wenn Gläubige den Geboten Christi gehorchen, geben sie vor der beobachtenden Welt ein beeindruckendes Zeugnis ab. Dieses Zeugnis glänzt besonders hell, wenn ihr Verhalten gegen den Strom des Zeitgeistes läuft (vgl.

1Pet 3,15–17). Das Licht des Evangeliums leuchtet am hellsten, wenn die Welt am finstersten ist (Mt 5,14–16).

3. Folglich glauben wir, dass es richtig ist, die Liebe für Gott an die erste Stelle (das größte Gebot) und vor die Liebe für andere (das zweitgrößte Gebot) zu setzen. Sofern ein vermeintlicher Konflikt zwischen diesen beiden Prioritäten entstehen sollte, muss unsere Liebe für Gott den ersten Platz einnehmen. Anders formuliert: Unsere Bemühungen zur Erfüllung des zweitwichtigsten Gebotes darf niemals auf Kosten unserer Verpflichtung gegenüber dem allerwichtigsten Gebot geschehen.

4. Unsere Liebe für den Herrn zeigt sich in unserem Gehorsam ihm gegenüber (Joh 14,15; 15,14). Die feste Selbstverpflichtung unserer Ältesten gegenüber dem größten Gebot ist der Beweggrund für unser Begehren, dem Herrn auch darin zu gehorchen, dass wir uns weiterhin regelmäßig versammeln (Heb 10,24–25).

5. In dieser Situation wurden wir noch fester davon überzeugt, dass die beste Möglichkeit, unsere Gemeinde weiterhin ein Leuchtturm der Wahrheit und ein Licht für die Welt um uns herum sein zu lassen, darin bestand, dass wir uns weiterhin versammelten. Die Zusammenkünfte fallen zu lassen, würde nicht nur unser Zeugnis wegnehmen, sondern auch gegen den biblischen Maßstab verstoßen (Mt 5,14–16). Wir wollten kein Salz sein, das seine Kraft und seinen Einfluss schon deswegen vermissen lässt, weil es abwesend ist (Lk 14,34–35).

6. Das größte Bedürfnis, das verlorene Menschen haben, ist geistlicher und nicht körperlicher Natur. Daher sollte die Gemeinde das geistliche Wohlergehen anderer über deren körperliche Gesundheit stellen. Als Gemeinden in ganz Nordamerika (und Europa und anderen Teilen der Welt; A. d. Ü.) um der körperlichen Gesundheit willen ihre Türen schlossen, wirkte sich dies geistlich verheerend auf die Gesellschaft aus.

7. Als solche, die dazu berufen sind, Zeugen zu sein, wird uns auch geboten, für unsere Obrigkeit zu beten. Dieses Gebet schließt einen evangelistischen Schwerpunkt mit ein (1Tim 2,1–7). Es verlangt uns danach, dass Verlorene zum rettenden Glauben kommen, einschließlich jener, die politische Machtpositionen bekleiden.

8. Ein Licht in dieser Welt zu sein, beinhaltet auch, ein Leuchtturm der Wahrheit zu sein. Da es unsere Aufgabe ist, die Wahrheit in die Welt hinauszutragen, wäre es unrecht, wenn wir zur Verbreitung eines Betrugs beitragen oder wissentlich mit einer politisierten Kampagne falscher Berichterstattung zusammenwirken würden (vgl. 1Kor 13,6; Eph 5,11). Wir kümmern uns stets eifrig um Kranke, aber wir hatten überhaupt kein Verlangen, uns an der offensichtlichen Politisierung von COVID-19 zu beteiligen oder diese zu unterstützen (vgl. Spr 21,12).

Frage 5: Wie können wir uns auf die Zukunft vorbereiten?

Die Pandemie erinnert Christen daran, standhaft zu sein, da sie wissen, dass sowohl die Gesellschaft als auch die Obrigkeit einer biblischen Weltsicht zunehmend feindlich gegenüberstehen. Die Ereignisse sind ein bedenklicher Präzedenzfall. Die nächste Runde könnte sich um die sog. »Kritische Rassen-Theorie« (Critical Race Theory) oder um die LGBTQ-Bewegung oder um irgendein anderes soziales Problem drehen.[64] Was der

---

64 Die »Critical Race Theory« (CRT) bezeichnet eine Bewegung und Theorieansätze, die sich mit dem Zusammenhang von Rasse, Rassismus und dessen struktureller Verwurzelung in Recht und Gesellschaft befasst. Die Ansätze der CRT sind recht unterschiedlich und divergent, in der Regel aber generell gegen Menschen heller Hautfarbe gerichtet. Paulus hingegen hat die Gleichwertigkeit und Erlösungsbedürftigkeit ausnahmslos aller Menschen bereits vor 2.000 Jahren auf dem Areopag klar und biblisch verteidigt (s. Apg 17,24–31). – Die »LGBTQ-Bewegung« versucht, die Ansichten sexueller Minderheiten zur gesellschaftlichen und juristischen Norm zu

Auslöser auch immer sein mag, die Gemeinde muss darauf vorbereitet sein, ihren Standpunkt für Christus mit Mut und Zuversicht zu vertreten.

1. Die Gläubigen in Nordamerika (und in Europa und im Rest der freien Welt; A. d. Ü.) brauchten einen Weckruf. Die COVID-19-Pandemie diente dazu, diesen Weckruf alarmierend erklingen zu lassen. Die Frage ist, wie gut die Gemeinde diese Prüfung gemeistert hat. Im Jahr 2020 gelang es Politikern, Gemeinden dichtzumachen, ohne dass man sich groß dagegen gewehrt hätte. Die Gemeinde wurde unter die prüfende Lupe genommen – und die Nachlässigkeit und Feigheit einiger wurde bloßgestellt (vgl. 1Pet 4,17). Ob die Gemeinde das Rückgrat haben wird, sich in Zukunft gegen Übergriffe der Obrigkeit zu behaupten – oder eben nicht –, bleibt vorerst noch abzuwarten.

2. Christen müssen individuell und miteinander vereint den notwendigen Mut aufbringen, Christus ungeachtet der Konsequenzen zu gehorchen. Das Gebot, mutig zu sein, findet in der gesamten Schrift Widerhall (Ps 31,25; 1Kor 16,13; 2Tim 1,7). Als Glaubenshelden erwiesen sich ausdrücklich jene, die ihr Vertrauen auf Gott in mutiges Handeln umsetzten (vgl. Heb 11). Dieser Mut ist fest verwurzelt in den Überzeugungen, dass Christus über alles und alle erhaben herrscht und dass wir berufen wurden, ihm treu ergeben zu sein. Wir werden ermutigt von den Worten, die er an seine Jünger richtete: »Mir ist alle

---

etablieren. Die Geschlechterordnung des Schöpfers nach »männlich und weiblich« (1Mo 1,27; 2,21–25) wird dabei negiert. Das Kürzel steht Englisch für weibliche und männliche Homosexualität, Bisexualität, Transsexualität und sonstwie abweichende oder ungeklärte Sexualität jenseits der geschöpflichen binären Sexualität. Gott hat alle Menschen in seinem Bild geschaffen; diese verliehene Gottesebenbildlichkeit begründet (vorpolitisch und transzendent) die Würde und den Wert eines jeden Menschen. Der Schöpfer hat sich jedoch sehr klar dazu geäußert, in welchem Rahmen und wie der Mensch die Gottesgabe der Sexualität einsetzen und genießen darf. (A. d. Ü.)

Gewalt gegeben im Himmel und auf der Erde. […] Und siehe, ich bin bei euch alle Tage bis zur Vollendung des Zeitalters« (Mt 28,18–20; vgl. Heb 13,5–6).

3. Als solche, denen es ein Anliegen ist, Gott in allem zu verherrlichen (1Kor 10,31), sind wir darum bemüht, ein Leben zu führen, das Christus wohlgefällig ist (2Kor 5,9; Kol 1,10). Damit dies geschehe, befehlen wir uns ihm und seiner Fürsorge an, auch dann, wenn wir nicht in der Lage sind, den Vorschriften und Auflagen der Obrigkeit Folge zu leisten. Gott sei alle Ehre.

– Kapitel 13 –

DER ZEITPUNKT IST GEKOMMEN

James Coates

Für die nächsten drei Kapitel wurden Predigten verwendet, die in Bezug auf die Pandemie gehalten und für die Verwendung in diesem Buch bearbeitet wurden. Diese Kapitel bringen die biblischen Prinzipien zum Ausdruck, die den Standpunkt untermauern, den wir eingenommen haben. Die Predigt für dieses Kapitel wurde am 20. Dezember 2020 gehalten.

Wir werden unsere Gedanken anhand einer Reihe von Fragen und Antworten gliedern: Was ist die Gemeinde? Wer ist das Haupt der Gemeinde? Was ist die Versammlung? Welche Elemente sind für die gemeinsamen Zusammenkünfte wesentlich? Warum versammeln wir uns? Dürfen wir uns derzeit versammeln? Hat die Obrigkeit das Recht, zu verhindern, dass wir uns versammeln? Warum geschieht dies alles? – Wir wollen diese Fragen nacheinander betrachten.

WAS IST DIE GEMEINDE?

Um diese Frage zu beantworten, müssen wir ihr auf zwei Ebenen nachgehen: der *universalen* und der *örtlichen* Ebene. Die Universalgemeinde setzt sich aus all jenen zusammen, die neues Leben in Christus haben. Die Gemeinde befindet sich zwar teilweise auch im Himmel, doch um dieser Erörterung willen wollen wir uns auf alle Gläubigen beschränken, die sich gegenwärtig auf der Erde befinden. Sie sind die Erlösten, die Berufenen, die Gerechtfertigten, das Volk Gottes des Neuen Bundes, die Braut Christi und der Leib Christi.

Die örtliche oder sichtbare Gemeinde ist eine Gruppe von Gläubigen, die in einer örtlichen Versammlung zusammenkommen, um konkreten, von Gott bestimmten und im Neuen Testament deutlich umrissenen Zwecken zu dienen. Zu diesen Zwecken gehören die Anbetung, die Erbauung und Belehrung, der Vollzug der Taufe und die Teilnahme am Abendmahl und die Evangelisation. Da die Gemeinde das Mittel ist, durch das Gott heute vor den Fürstentümern und Gewalten in den himmlischen Örtern seine vielfältige Weisheit und Herrlichkeit in der Welt kundtut (Eph 3,10), ist es von größter Wichtigkeit, dass die Gemeinde sichtbar ist und sich in örtlichen Versammlungen zusammenfindet. Sie sollte sich in Übereinstimmung mit dem Neuen Testament samt Ältesten und Diakonen organisieren und als ein Ort dienen, wo das Wort Gottes gepredigt, das Evangelium verkündigt, die Verordnungen Jesu (Taufe und Abendmahl) praktiziert, die Einander-Befehle umgesetzt und Gläubige zur geistlichen Reife auferbaut werden.

Es ist unmöglich, ein treuer Christ zu sein, wenn man nicht auf diese lebenswichtige Weise mit einer Ortsgemeinde verbunden ist. Viele der Imperative des Neuen Testaments setzen voraus, dass man einer örtlichen Körperschaft von Gläubigen angehört. Es ist daher unmöglich, Christus gehorsam zu sein, ohne sich aktiv in einer Ortsgemeinde einzubringen.

Was ist also die Gemeinde? Die Gemeinde ist die universelle Körperschaft der Gläubigen, die in örtlichen Versammlungen zusammenkommt, um den Missionsbefehl zu erfüllen (Mt 28,18–20).

WER IST DAS HAUPT DER GEMEINDE?

Wir können diese Frage auch wie folgt umformulieren: Wer ist das Haupt des Leibes? Ist Cäsar das Haupt des Leibes? Ist der Haupt-Pastor das Haupt des Leibes? Sind die Ältesten das Haupt des Leibes? Nein, Christus allein ist das Haupt des Leibes. »[Gott] hat alles seinen Füßen unterworfen und ihn als Haupt über alles der Versammlung gegeben, die sein Leib ist, die Fülle dessen, der alles in allem erfüllt« (Eph 1,22–23). Jesus Christus ist das Haupt der Gemeinde. Das trifft sowohl auf die Universalgemeinde als auch auf jede einzelne Ortsgemeinde zu. »Und er ist das Haupt des Leibes, der Versammlung« (Kol 1,18a). Auch diese Stelle bezieht sich auf Christus.

Das Konzept des Hauptes steht für Autorität. Christus ist die oberste und ultimative Autorität sowohl über die Universalgemeinde, als auch über die örtliche Gemeinde. Das bedeutet, dass er die alleinige und letztgültige Autorität bezüglich aller Angelegenheiten ist, die die Gemeinde betreffen. Er allein besitzt das Recht, über jede örtliche Versammlung zu regieren. Er tut dies durch sein Wort, wenn sich die Ortsgemeinden gemäß den Lehren der Heiligen Schrift selbstorganisieren. Das Wort Gottes ist eindeutig darin, dass örtliche Gemeinden sich einrichten sollen unter der Leitung einer Mehrzahl von biblisch qualifizierten Ältesten, die selbst Glieder des Leibes sind und die mit der Aufgabe des Predigens, des Lehrens und der

Umsetzung der Wahrheit des Wortes Gottes betraut worden sind. Für diese Führungsaufgabe und Haushalterschaft werden die Ältesten vor Jesus Christus selbst einmal Rechenschaft ablegen.

Wer ist also das Haupt der Gemeinde? Nicht Cäsar. Nicht die Obrigkeit. Nicht die Gesundheitsbehörde. Jesus Christus allein ist der Herr über seine Gemeinde.

WAS IST DIE VERSAMMLUNG?

An dieser Stelle fragen wir: Was ist *die* Versammlung?[65] Und nicht: Was ist *eine* Versammlung? Zum Beispiel: Ist ein Bibelkreis *die* Versammlung? Ist ein Frauentreffen *die* Versammlung? Ist eine Ältestenbesprechung *die* Versammlung? Ist die Jugendstunde *die* Versammlung? Nein, keines von diesen ist *die* Versammlung. Jede dieser Veranstaltungen ist lediglich *eine* Versammlung. Warum? Weil diese kleineren Gruppen nur Teile des Leibes repräsentieren. Wenn sich die genannten Gruppen versammeln, ist der Großteil des Leibes abwesend. Es handelt sich zwar um Versammlungen, aber es handelt sich nicht um *die* Versammlung.

Was gehört notwendiger Weise zu einem Zusammenkommen als örtliche Gemeinde, was ist also *die* Versammlung? Dazu gehört grundlegend, dass (möglichst) alle Glieder einer örtlichen Versammlung mit ihren Ältesten und Diakonen zur gemeinsamen Anbetung zusammenkommen. Der erste Tag der Woche wurde sowohl biblisch als auch historisch für diesen Zweck bestimmt. Die Gründe dafür sind, dass Jesus an

---

65 In diesem Abschnitt bezeichnet der Begriff »Versammlung« nicht die Institution der Gemeinde, sondern ihr Zusammenkommen »als Gemeinde« (engl. *gathering*), wie z. B. in 1. Korinther 11,18 (griech. *èn èkklēsía*). (A. d. Ü.)

einem Sonntag aus dem Grab auferstanden ist und dass die Gemeinde an einem Sonntag, dem Pfingsttag, ins Leben gerufen wurde (Apg 2). Die Versammlung als örtliche Gemeinde findet statt, wenn die gesamte Gemeindefamilie zusammengekommen ist, um Gott anzubeten und einander zu erbauen. Die Versammlung ist ein Vorgeschmack auf den Himmel, wo einmal alle Erlösten in der Gegenwart Christi versammelt sein werden.

WELCHE ELEMENTE SIND FÜR DIE GEMEINSAMEN ZUSAMMENKÜNFTE WESENTLICH?

Diese Frage legt das Augenmerk auf jene Elemente, die das Haupt der Gemeinde, der Herr Jesus Christus, in seinem Wort als unentbehrlich festgelegt hat. Dazu gehören Folgende:

Erstens ist die öffentliche Verkündigung des Wortes Gottes eine wesentliche Komponente der öffentlichen Zusammenkunft. In 2. Timotheus 4,2 weist Paulus den Timotheus an: »Predige das Wort, halte darauf zu gelegener und ungelegener Zeit; überführe, weise ernstlich zurecht, ermahne mit aller Langmut und Lehre.« Das Wort »predigen« (griech. *kēryssō*) verlangt hier eine öffentliche Verkündigung der Heiligen Schrift durch einen Mann Gottes (2Tim 3,16–17).

Das zweite wesentliche Element ist die öffentliche Schriftlesung. Paulus schreibt: »Bis ich komme, halte an mit dem Vorlesen, mit dem Ermahnen, mit dem Lehren« (1Tim 4,13). Die Zusammenkunft als Leib Christi sollte eine regelmäßige und ausgedehnte Schriftlesung beinhalten.

In Verbindung damit steht als drittes Element das gemeinsame Beten der Gemeinde. Wir werden aufgerufen: »Betet unablässig!« (1Thes 5,17) und werden ermahnt, »zu aller Zeit [...] mit allem Gebet und Flehen in dem Geist« zu beten (Eph 6,18a). Wieviel mehr sollten wir das dann als Gemeinde gemeinsam tun! In Römer 15,5–6 gab Paulus der Gemeinde in Rom die folgende Anweisung: »Der Gott des Ausharrens und der Ermunterung aber gebe euch, gleich gesinnt zu sein untereinander, Christus Jesus gemäß, damit ihr einmütig mit einem Mund den Gott und Vater unseres Herrn Jesus Christus verherrlicht.« Wenn hier die Rede ist von einer »einmütigen«, »ein-mundigen« Stimme der Gemeinde, dann ist damit das gemeinsame Gemeindegebet gemeint. An anderer Stelle ermahnte Paulus die Gemeindeglieder, für die Obrigkeit zu beten (1Tim 2,1–7).

Das vierte Element ist der Gemeindegesang. In Epheser 5,18–19 heißt es: »Und berauscht euch nicht mit Wein, in dem Ausschweifung ist,« – und hier kommt der Befehl – »sondern werdet mit dem Geist erfüllt, redend zueinander in Psalmen und Lobliedern und geistlichen Liedern, singend und spielend dem Herrn in eurem Herzen.« Dass man mit dem Geist erfüllt ist, wird in der gemeinschaftlichen Anbetung durch Gesang zum Ausdruck gebracht. Gott im Gesang zu loben und anzubeten, ist eine wesentliche Komponente der gemeinschaftlichen Zusammenkünfte.

Wenn die Obrigkeit uns sagt, wir dürften nicht singen, dann verbietet sie etwas, was Gott uns befiehlt, und dämpft das Zeugnis des Wirkens des Geistes Gottes in unserer Gemeinde. Sie stellt sich damit gegen das Wort Gottes. Übrigens: »singend und spielend in eurem Herzen« bezieht sich nicht auf ein lautloses Singen. Im Ausdruck »in eurem Herzen« steht das Pronomen »eurem« im Plural, während das Substantiv »Herzen« im Singular steht. Den miteinander versammelten Gemeindegliedern (Plural) wird also gesagt, dass sie mit einem gemeinschaftlichen Herzen (Singular) singen sollen.[66] Jeder Gläubige soll also mit seinem Mund laut singen als Teil einer Versammlung, die mit einem Herzen und einer Seele Christius anbetet.

Ein fünftes unverzichtbares Element ist die Gemeinschaft. Hebräer 10,24–25 macht dies sehr deutlich. Dort werden wir aufgefordert, gewissenhaft und sorgfältig darüber nachzudenken, wie wir einander zur Liebe und zu guten Werken anreizen können, »indem wir unser Zusammenkommen nicht versäumen, wie es bei einigen Sitte ist, sondern einander ermuntern, und das umso mehr, je mehr ihr den Tag näher kommen seht.« Der Autor des Hebräerbriefes verbindet den Befehl, sich Möglichkeiten zu überlegen, wie man einander zur Liebe und zu guten Werken ermutigen kann, mit dem Befehl, das Zusammenkommen der Gläubigen nicht zu versäumen. Warum? Weil es notwendig ist, körperlich zusammenzukommen, um den Zweck zu erfüllen, der in Hebräer 10,24–25 angesprochen wird.

Die Gemeinschaft, die vor, während und nach der gemeinsamen Zusammenkunft stattfindet, ist wesentlich für die Zusammenkunft. Bei diesem Element ist es am deutlichsten offenbar, dass es nicht rein virtuell erfüllt werden kann. Ein Livestream-Gottesdienst erlaubt einer Person nicht, den »Einander«-Befehlen gebend oder empfangend zu entsprechen – und immerhin gibt es davon ungefähr 61 in der Heiligen Schrift. Gegenwärtig verbietet unsere Obrigkeit uns also etwas, was Gott uns gebietet. Gemeindeälteste müssen dies verstehen. Die Einander-Gebote beinhalten die Auflage und Verpflichtung, Jesus Christus zu gehorchen. Wir müssen körperlich versammelt sein, um diesem biblischen Auftrag zu ent-

---

66 Eine andere Argumentation, die jedoch zum selben Ergebnis führt, findet der Leser im Anhang 2 dieses Buches. (A. d. Ü.)

sprechen. Was die Welt als Geselligkeit bezeichnet, nennen wir Gemeinschaft. Indem die Regierung Geselligkeit mit andern Menschen verbietet, verbietet sie auch die biblische Gemeinschaft. Im Ergebnis bedeutet dies nichts anderes, als dass die Gemeinde der Obrigkeit hier nicht folgsam sein darf, sondern vielmehr Gott gehorchen muss.

Sechstens sind auch die Taufe und das Herrenmahl (Abendmahl, Brotbrechen) unverzichtbar. Die derzeitige Situation wirft eine wichtige Frage auf: Können Gläubige diese von Christus angeordneten heiligen Handlungen einer versammelten Gemeinde auf irgendeine virtuelle Weise ausführen, ohne sie dabei grundsätzlich im Sinn zu verändern? So wunderbar Technologie auch ist, sie kann die physischen Zusammenkünfte des Gemeindeleibes keinesfalls ersetzen. Wenn die Wassertaufe die offizielle Hinzufügung des Gläubigen zum Leib Christi symbolisiert und wenn das Abendmahl die fortwährende Gemeinschaft des Gläubigen mit Christus als Teil seines Leibes feierlich begeht, können wir auch dann noch mit Recht an diesen heiligen Handlungen teilhaben, wenn wir voneinander getrennt sind und nur auf einen Bildschirm starren? Der Herr Jesus hat diese Rituale so gestaltet und vorgesehen, dass sie vom versammelten Leib der Gemeinde gefeiert werden. Sie sind unverzichtbar für das Zusammenkommen.

Das siebte unverzichtbare Element ist die Gemeindezucht. Dieser Prozess, der von Christus in Matthäus 18 dargelegt wird, beginnt damit, dass ein Gläubiger zu einem anderen hingeht und ihm seine Sünde vor Augen führt. Das gehört mit zur christlichen Gemeinschaft. Während die ersten beiden Schritte der Gemeindezucht noch im privaten Rahmen geschehen, finden die späteren Phasen der Gemeindezucht im Rahmen der Gemeinde statt. Das bedeutet allerdings nicht, dass jedes Mal, wenn sich die Gemeinde versammelt, auch Gemeindezucht stattfindet. Doch wenn der dritte und vierte Schritt der

Gemeindezucht gegangen wird, geschieht dies stets gemeinschaftlich, durch den gesamten Leib. Die Gemeinde über eine
disziplinarische Situation zu informieren oder eine Person aus
der Gemeinde auszuschließen, setzt voraus, dass sich die Gemeinde versammelt hat. Ohne Zusammenkunft des Gemeindeleibes ist es also nicht möglich, Gemeindezucht auf biblische Weise zu praktizieren.

Zusammenfassend gilt festzuhalten, dass wir sieben unverzichtbare, wesentliche Elemente besprochen haben, die
die große Wichtigkeit des Zusammenkommens als Gemeinde unterstreichen: das öffentliche Predigen des Wortes Gottes,
die öffentliche Schriftlesung, das gemeinschaftliche Gebet, der
Gemeindegesang, die Gemeinschaft, die Verordnungen (Taufe
und Abendmahl) und die Gemeindezucht.

WARUM VERSAMMELN WIR UNS?

Der erste Grund, warum wir uns versammeln, ist die Anbetung: Wir führen uns gemeinsam vor Augen, was Gott durch
seinen Sohn im Evangelium getan hat, und geben ihm dafür
Ehre. Wir versammeln uns aber auch zur Auferbauung der
Heiligen. Epheser 4,11–13 redet davon so: »Und er [Christus]
hat die einen gegeben als Apostel und andere als Propheten
und andere als Evangelisten und andere als Hirten und Leh-
rer, zur Vollendung der Heiligen,« – wofür? – »für das Werk
des Dienstes« – wofür? – »für die Auferbauung des Leibes
des Christus,« – wie lange? – »bis wir alle hingelangen zu der
Einheit des Glaubens und der Erkenntnis des Sohnes Gottes,
zu dem erwachsenen Mann, zu dem Maß des vollen Wuchses
der Fülle des Christus.« Unsere Aufgabe als Älteste ist, unsere
gesamte Gemeinde so für das Werk des Dienstes zuzurüsten,

dass sie das Werk des Dienstes betreiben. Dies trägt zum Heranreifen des Leibes Christi bei.

Im Grunde verbietet die Obrigkeit unseren Gemeindegliedern, das Werk des Dienstes zu tun. Es wurde uns untersagt, zum gemeinsamen Bibelstudium körperlich zusammenzukommen. Es wurde uns untersagt, für die Männerarbeit, die Frauenarbeit oder die Jugendarbeit körperlich zusammenzukommen. Für jene, die die Gabe der Hilfsbereitschaft oder der Gastfreundlichkeit haben, gibt es keine Gemeinschaftsveranstaltungen mehr, die sie organisieren könnten. Die Obrigkeit untersagt uns, das Werk des Dienstes zu tun. Wenn wir uns versammeln, rüsten wir die Heiligen für das Werk des Dienstes zur Auferbauung des Leibes Christi zu. Aber die Obrigkeit sagt: »Nein, ihr dürft dieses Werk des Dienstes nicht tun!«

Wir versammeln uns, um Gott anzubeten, und wir versammeln uns, um die Heiligen für das Werk des Dienstes zuzurüsten. Aber der Staat hat das Fortführen dieses Werkes untersagt. Das bringt die menschliche Obrigkeit in Konflikt mit Gott und versetzt uns in eine Situation, wo wir Gott mehr gehorchen müssen als Menschen.

Die Universalgemeinde ist der alle Gläubige umfassende Leib, der sich in örtlichen Gemeinden versammelt, um den Großen Missionsbefehl auszuführen. Christus ist das Haupt und die oberste Autorität jeder örtlichen Gemeinde. Ein Zusammenkommen als örtliche Gemeinde ist dann gegeben, wenn sich der gesamte örtliche Leib Christi samt seiner Ältesten und Diakone zum gemeinsamen Gottesdienst versammelt. Die wesentlichen Elemente solcher Gemeindeversammlungen sind das Predigen des Wortes Gottes, die Schriftlesung, das Gemeindegebet, der Gemeindegesang, die Gemeinschaft, wie sie in den Einander-Geboten zum Ausdruck kommt, die gemeinschaftliche Feier bzw. Teilnahme an den beiden Verordnungen Jesu (Taufe und Abendmahl) und das Praktizieren der

Gemeindezucht. Wir versammeln uns zum Zweck der Anbetung und um die Heiligen für das Werk des Dienstes auszurüsten, ein Werk, das entscheidend ist für die fortwährende Heranreifung des Leibes Christi.

DÜRFEN WIR UNS DERZEIT VERSAMMELN?

Erlaubt uns unsere Obrigkeit, uns derzeit zu versammeln?[67] Die Antwort lautet offenbar: »Nein!« Wir dürfen uns nicht versammeln. Deswegen war die Polizei heute hier. Sie war zusammen mit Vertretern der Gesundheitsbehörde von Alberta (AHS) hier, weil es uns untersagt ist, uns zu versammeln. Du sagst vielleicht: »Aber James, wir dürfen uns doch versammeln, solange wir die Kapazitätsgrenze von 15 Prozent einhalten.« Das stimmt. Es ist uns gestattet, *eine* Zusammenkunft zu haben. Doch es ist uns untersagt, *die* Zusammenkunft zu haben. Seit 10 Monaten hat die Obrigkeit uns verboten, als Gesamtgemeinde miteinander Gottesdienste abzuhalten. Um den Auflagen der Obrigkeit Folge zu leisten, müssen wir Älteste einem Großteil des Leibes sagen, dass er nicht kommen darf, um vor Ort gemeinsam mit uns anzubeten. Denkt einmal darüber nach! Als Unterhirten des Herrn Jesus Christus wird uns von der Obrigkeit auferlegt, dass wir der Herde Christi sagen: »Tut uns leid, aber heute dürft ihr nicht kommen. Es ist zu gefährlich. Die Obrigkeit behauptet das zumindest.« Und das macht uns große Schwierigkeiten. Es fällt uns schwer, unseren Gemeindegliedern zu sagen: »Nein, du darfst dich heute nicht mit uns versammeln. Nein, du musst am Gottesdienst online

---

67 Man beachte, dass der Text dieses Kapitels einer Predigt vom 20. Dezember 2020 entnommen wurde. (A. d. Ü.)

teilnehmen.« Haben wir überhaupt die Autorität für so etwas? Dürfen wir den Gemeindegliedern sagen, dass es ihnen nicht gestattet ist, in den Gottesdienst zu kommen, um mit uns anzubeten?

Du sagst: »Aber James, genau das habt ihr doch zu Beginn der Pandemie getan.« Du hast recht. Doch das war der Unwissenheit geschuldet: Unwissenheit bezüglich des Virus, Unwissenheit bezüglich der richtigen Reaktion auf unsere Obrigkeit in einer solchen Situation. Es war unglaublich schwierig. Ich musste mich mit Fragen auseinandersetzen wie: »Wie tue ich Hirtendienst an Menschen, die ich nicht einmal sehen kann?« Damals predige ich ja nur eine Kamera an. Danach ging ich nach Hause, zog mein Jackett aus, hing es auf und fragte mich dann: *Um alles in der Welt, was tun wir hier eigentlich?* Ich widme die ganze Woche der Vorbereitung, um dem Volk Gottes mit dem Wort Gottes zu dienen, aber ich kann sie weder sehen, noch mit ihnen etwas zusammen tun.

Als Älteste weigern wir uns, unseren Gemeindegliedern zu sagen, dass sie nicht kommen dürfen. Unsere Verantwortung als Älteste ist es, unsere Gemeindetüren zu öffnen. Wir öffnen unsere Türen, um anzubeten. Heute Morgen sagte ich der Gesundheitsbehörde von Alberta (AHS): »Wir wissen nicht, ob wir uns heute an die Auflagen halten werden, weil wir noch nicht wissen, wie viele Menschen kommen werden. Diese Entscheidung überlassen wir unseren Gemeindegliedern. Sie sind Erwachsene und sind gut informiert. Sie sind sich über die Situation sowohl rechtlich als auch medizinisch im Klaren. Sie kommen zum Gottesdienst, weil sie ihren Herrn anbeten und in der Zusammenkunft der Gesamtgemeinde mitwirken wollen.«

Unsere Verantwortung als Hirten ist es, unsere Türen zu öffnen, um Gottes Volk zu ermöglichen, zur gemeinsamen Anbetung zusammenzukommen. Wir sind nicht bereit, den

Menschen, die diesem Leib angehören, zu sagen, dass sie nicht kommen dürfen, dass es ihnen nicht gestattet ist, mit uns den Herrn anzubeten. Wir dürfen unsere Gemeindeglieder nicht dazu zwingen, in den Gottesdienst zu kommen. Doch Treue beinhaltet für uns, einfach die Türen zu öffnen und den Dienst so zu tun, wie wir ihn unter normalen Umständen auch tun.

Zugegeben, wir befinden uns in einer unglaublich schwierigen Zeit. Wir unterstützen jene unserer Gemeindeglieder, die beschlossen haben, zuhause zu bleiben und von dort aus die Livestream-Gottesdienste mitzuverfolgen, vorausgesetzt, dass sie in ihrem eigenen Sinn vor dem Herrn völlig davon überzeugt sind, dass sie die richtige Entscheidung getroffen haben (Röm 14,5). Doch vor dem Hintergrund der uns zur Verfügung stehenden Informationen weigern wir uns, der Herde zu verbieten, sich gemeinschaftlich zu versammeln. Ohne einen geeinten Ältestenkreis könnten wir so nicht auftreten. Unsere Ältesten stehen zusammen und sind sich eins.

Also: Dürfen wir uns gegenwärtig versammeln? Die Antwort lautet: »Nein!« Doch wir versammeln uns trotzdem. Wir versammeln uns aus Gehorsam gegenüber der allerhöchsten Autorität der Gemeinde, vor der jedes Knie sich beugen wird, sowohl im Himmel als auch auf der Erde und unter der Erde, und bezüglich der jede Zunge bekennen wird, dass Jesus der Herr ist.

HAT DIE OBRIGKEIT DAS RECHT, UNS VOM VERSAMMELN ABZUHALTEN?

Diese Frage muss aus zwei Perspektiven beantwortet werden: der biblischen und der rechtlichen. Aus biblischer Perspektive ist zuerst die Tatsache zu nennen, dass jede Autorität von Gott abgeleitet ist: »Ich bin der HERR, und sonst ist keiner, außer mir ist kein Gott« (Jes 45,5a). Das bedeutet, dass jeder Autoritätsbereich seine Autorität von Gott empfangen hat. Gott bestimmt die Grenzen dieser (abgeleiteten) Autorität. Die Obrigkeit ist Gottes Dienerin (Röm 13,4) und muss deshalb dem Zweck dienen, zu dem Gott sie eingesetzt hat. Jeder, der Macht bzw. Autorität ausübt, ist Gott Rechenschaft schuldig, ob es sich nun um einen Polizeibeamten, einen Gesundheitsbeamten oder ein Regierungsmitglied handelt. Jede menschliche Obrigkeit wird vom Herrn Jesus Christus dahingehend beurteilt und gerichtet werden, wie sie ihre Macht und ihren Einfluss ausgeübt hat.

Es gibt klar unterschiedene Autoritäts- bzw. Kompetenzbereiche: die Familie, die Gemeinde und der Staat. Ein gewisses Maß an Überlappung besteht zwischen diesen Bereichen. Wenn zum Beispiel in einer Familie ein Mord begangen wird, greift der Arm des Gesetzes (staatliche Obrigkeit), aber dies könnte auch mit Konsequenzen in der Gemeinde einhergehen. Ein Verbrechen, das im Rahmen der Gemeinde begangen wird, lässt auch den Arm des Gesetzes (staatliche Obrigkeit) zugreifen und könnte sich auch auf die Familie auswirken.

Doch obwohl es solche Überlappungen gibt, gibt es auch klare Abgrenzungen zwischen diesen Autoritätsbereichen. Die Gemeinde hat z. B. nicht das Recht, die Regierungspolitik zu bestimmen. Auch die Familie hat nicht das Recht dazu. Das bringt uns zu folgender Frage: Darf die Obrigkeit der Gemeinde vorschreiben, wie sie Gottesdienst hält und anzubeten hat? Keineswegs! Die Obrigkeit erhält ihre Autorität von Gott. Gott legt auch die Grenzen dieser Autorität fest und fordert letztliche Verantwortung. Regierungsbeamten ist es nicht gestattet, der Gemeinde vorzuschreiben, wie sie Gottesdienst hält und anzubeten hat.

Biblisch gesehen hat die Regierung also keinerlei Autorität, der Gemeinde vorzuschreiben, wie sie ihren Gottesdienst zu halten hat. Doch wie steht die Sache von der rechtlichen Perspektive aus gesehen? Die Präambel der *Kanadischen Charta der Rechte und Freiheiten* erklärt, dass sie die in ihr dargelegten Rechte und Freiheiten garantiert und dass diese in einem vernünftigen Maße gesetzlich nur insofern eingeschränkt werden dürfen, wie es nachweislich in einer freien und demokratischen Gesellschaft gerechtfertigt ist. Das bedeutet, dass die Regierung an das Landesrecht gebunden ist und sich danach richten muss.

Oftmals denken und handeln wir so, als sei die Obrigkeit das Gesetz, so dass alles, was sie sagt, auch uneingeschränkt gelte. Doch es gibt ein Gesetz, das dieses Land reguliert. Auch die Obrigkeit ist diesem Gesetz unterstellt. Dieses Gesetz ist im Grunde dazu da, die Bürger vor tyrannischen Obrigkeiten zu beschützen. In der gegenwärtigen Situation sind nicht *wir* diejenigen, die gegen das Gesetz verstoßen. Es ist vielmehr die Obrigkeit, die gesetzwidrig handelt. Sie muss beweisen, dass das, was sie tut, notwendig ist, und dass die Verletzung unserer bürgerlichen Freiheiten insofern und insoweit gerechtfertigt ist. Als Bürger ist es unsere Verantwortung, die Obrigkeit zur Rechenschaft zu ziehen. Ich würde daher sogar sagen, dass es einer Pflichtverletzung gleichkäme, wenn wir dies nicht täten.

Wir müssen aus rechtlichen Gründen dieser unserer Verantwortung nachkommen, und auch dies ist fest mit der Heiligen Schrift verbunden. Das zweitgrößte Gebot besagt, dass wir unseren Nächsten lieben sollen wie uns selbst. Momentan werden die bürgerlichen Freiheiten unserer Nächsten ernsthaft ausgehöhlt. Fast eine ganze Generation von Männern hat ihr Leben geopfert, um uns unsere Freiheiten zu sichern. Und dennoch treten so viele Menschen diese harterkämpften Bürgerrechte ohne irgendein Wort des Protestes einfach ab. Da mache ich nicht mit. Ich schlage Alarm. Auf Grundlage des zweitgrößten Gebotes weigere ich mich, weiterhin zu schweigen, während unsere Obrigkeit einer nichtsahnenden und unwissenden Generation von Bürgern die Grundrechte entwendet.

Also: Hat die Obrigkeit das Recht, uns vom Versammeln abzuhalten? Nein, weder biblisch gesehen, noch rechtlich gesehen, noch auf irgendeine legitime Weise.

WARUM GESCHIEHT DIES ALLES?

Um diese Frage zu beantworten, ist es hilfreich, sich ein wenig mit der Endzeitlehre (Eschatologie) auszukennen. Der Apostel Johannes schrieb: »Kinder, es ist die letzte Stunde, und wie ihr gehört habt, dass der Antichrist kommt, so sind auch jetzt viele Antichristen geworden; daher wissen wir, dass es die letzte Stunde ist« (1Joh 2,18). Dieser Vers weist darauf hin, dass erst noch ein ultimativer Antichrist kommen wird, wenngleich es zwischenzeitlich schon viele Irrlehrer gibt. In 2. Thessalonicher 2,3–4 bezeichnet ihn der Apostel Paulus als »Mensch der Gesetzlosigkeit [...], der widersteht und sich erhöht über alles, was Gott heißt oder verehrungswürdig ist.« Offenbarung 13 weist darauf hin, dass während der Herrschaft des Antichristen jeder auf der Erde ein Malzeichen haben muss, um kaufen und verkaufen zu können: »Und es [das Tier bzw. der Antichrist] bringt alle dahin, die Kleinen und die Großen, und die Reichen und die Armen, und die Freien und die Knechte, dass sie ein Malzeichen annehmen an ihre rechte Hand oder an ihre Stirn; und dass niemand kaufen oder verkaufen kann als nur der, der das Malzeichen hat, den Namen des Tieres oder die Zahl seines Namens« (Offb 13,16–17). Das Buch der Offenbarung enthüllt, dass es während der Trübsalszeit eine einheitliche Weltregierung mit einer einheitlichen Weltwirtschaft geben wird. Den Menschen wird dann das Malzeichen aufgezwungen werden, um kaufen und verkaufen zu können.

In Übereinstimmung mit dem souveränen Plan Gottes bewegt sich alles in diese Richtung.

In Anbetracht des Drängens zum Globalismus, der in den letzten Jahren immer mehr an Fahrt gewonnen hat, fällt es uns nicht schwer nachzuvollziehen, wie diese Art von einheitlicher Weltregierung zustande kommen könnte. Wir wissen nicht, wann diese Dinge geschehen werden, aber wir können die Richtung sehen, in die sich die Gesellschaft bewegt. Westliche Regierungen nutzen die Pandemie, um ihre Macht weiter auszubauen, indem sie die Abhängigkeit der Menschen von der Regierung vergrößern. In der Zwischenzeit sind die Medien von einer linksgerichteten, sozialistischen Agenda infiltriert worden, die die Gesellschaft in Richtung Gleichförmigkeit drängt und jene ausgrenzt und mundtot macht, die gegen ihre radikalen Ideologien protestieren. All dies passt zu der Richtung, die die Weltgeschichte in ihrem Endspurt nehmen wird.

Bedeutet dies, dass die Wiederkunft des Herrn nahe ist? Nun, sie ist mittlerweile jedenfalls näher, als sie es je gewesen ist. Aber wir wissen nicht, wann genau er wiederkommen wird. Nur der Vater weiß, wann Jesus wiederkommt. Unsere Aufgabe ist es, treu zu sein. Wir sollen im Gehorsam leben, während wir wachen und beten. Die Gemeinde ist berufen, eine auf einem Berg liegende Stadt zu sein, damit das Licht des Evangeliums in die Welt hinausleuchten möge (Mt 5,14–16).

Dies ist kein Aufruf zur Panik, sondern ein Aufruf, vorbereitet zu sein. Wir wissen nicht, wann die Gesellschaft wieder zur Normalität zurückkehren wird – oder ob sie das überhaupt jemals tun wird. Das bleibt abzuwarten. Doch unterm Strich geht es um Folgendes: Du musst vorbereitet sein. Sei darauf vorbereitet, für den Herrn Jesus Christus Stellung zu beziehen und dann die Konsequenzen dafür zu akzeptieren, ganz egal, wie diese aussehen werden. Die Menschen der Welt werden das, was wir tun, nicht nachvollziehen können. Doch unser Ziel und unser Eifer ist es, Christus zu gefallen und jederzeit bereit zu sein, für ihn einzustehen.

Und was jene angeht, die den Herrn Jesus Christus noch nicht in rettendem Glauben angenommen haben: Du musst mit Gott ins Reine kommen! Du musst darauf vorbereitet sein, ihm zu begegnen. Gebe zu, dass du gesündigt hast und die Herrlichkeit Gottes nicht erreichen kannst (Röm 3,23). Du bist schuldig und hilflos vor einem heiligen Richter. Wenn du in deinen Sünden stirbst, wirst du für alle Ewigkeit dem gerechten Zorn Gottes ausgesetzt sein. Die einzige Möglichkeit, diesem zu entrinnen, ist, dich Jesus Christus zuzuwenden, der am Kreuz gestorben ist, um die Strafe der Sünde für all jene zu bezahlen, die an ihn glauben. Römer 10,9 erklärt: »dass, wenn du mit deinem Mund Jesus als Herrn bekennst und in deinem Herzen glaubst, dass Gott ihn aus den Toten auferweckt hat, du errettet werden wirst.«

Nach den amtlichen Statistiken ist es recht unwahrscheinlich, dass du an COVID-19 sterben wirst.[68] Das heißt allerdings nicht, dass du überhaupt dem Tod entrinnen wirst. Der Schreiber des Hebräerbriefes sagt, dass »es den Menschen gesetzt ist, einmal zu sterben, danach aber das Gericht« (Heb 9,27). Der Tod ist unausweichlich. Das einzige Heilmittel für den Tod besteht darin, dass du deine Hoffnung auf Christus setzt. Erst dann kannst du mit dem Apostel Paulus sagen: »›Wo ist, o Tod, dein Sieg? Wo ist, o Tod, dein Stachel?‹ Der Stachel des Todes aber ist die Sünde, die Kraft der Sünde aber das Gesetz. Gott aber sei Dank, der uns den Sieg gibt durch unseren Herrn Jesus Christus!« (1Kor 15,55–57).

---

68 »Cases in Alberta«, *Alberta*, https://www.alberta.ca/stats/covid-19-alberta-statistics.htm#highlights.

– Kapitel 14 –

DIE OBRIGKEIT AUF IHRE PFLICHT HINWEISEN

James Coates

Dieses Kapitel basiert auf einer überarbeiteten Predigt, die am 14. Februar 2021 gehalten wurde – zwei Tage, bevor ich mich der Polizei stellte.

Die besondere Zeit, in der wir uns befinden, hat unter den evangelikalen Gemeinden einige Mängel ans Licht gebracht. Zum einen zeigte sich eine mangelhafte Ekklesiologie. Die Ekklesiologie ist die Lehre über die Gemeinde, sie umfasst alles vom Wesen der Gemeinde bis hin zu den wesentlichen Elementen ihres Gottesdienstes. Offensichtlich ist – zumindest mir –, dass die Gemeinde unserer Tage eine sehr schwache Ekklesiologie hat, wenn sie Konzept und Praxis einer »virtuellen Gemeinde« nicht nur als in Ordnung hinnimmt, sondern diese sogar als eine wundervolle Weiterentwicklung betrachtet.

Zweitens sehen wir in Verbindung damit eine mangelhafte Herangehensweise an die Heilige Schrift: Solange die Schrift bestimmte Dinge nicht ausdrücklich sagt, bestehe völlige Freiheit bezüglich der Art und Weise, wie wir ihre Gebote umsetzen. Sagt die Schrift beispielsweise nicht ausdrücklich: »Die Gemeinde soll jeden Sonntag mit allen Gemeindegliedern an einem Ort zusammenkommen. Es ist sicherzustellen, dass alle Begegnungen in einem Abstand von weniger als zwei Metern stattfinden, ohne Mund- und Nasenschutz und stets mit irgendeinem körperlichen Ausdruck der Zuneigung, sei es eine Umarmung oder ein Händeschütteln.«, dann meinen sie, sie seien fein raus. Ihre Stellungnahmen leiten sie typischerweise mit den folgenden Worten ein: »Die Schrift sagt nirgendwo ausdrücklich, dass …« Jene, die diesen Standpunkt vertreten, schließen dann, dass die Regierung uns ja nicht direkt befehle zu sündigen und dass wir deshalb ihren Auflagen entsprechen müssten. Diese Ansicht offenbart aber eine mangelhafte Herangehensweise an die Heilige Schrift und einen unzulänglichen Umgang mit den in ihr befindlichen Prinzipien. Man behauptet: Solange die Bibel mir etwas nicht ausdrücklich befiehlt, habe ich überhaupt keine Verpflichtung, dies zu tun.

Warum ist diese Ansicht mangelhaft? Weil sie nicht in Betracht zieht, dass die von Gott beabsichtigten Implikationen[69] eines Bibelabschnitts ebenfalls verbindlich sind. Als Studenten der Schrift sind wir verpflichtet, uns (auch) an ihre Implikationen zu halten. Dies erfordert eine viel gründlichere und sorgfältigere Herangehensweise an die Schrift. Manche sind der Meinung, wir verlangten zu viel, wenn wir fordern, dass die Schrift in unsere gegenwärtige Situation hineinspricht. Und doch spricht sie ganz sicher in unsere gegenwärtige Lage. In

---

69 Implizieren bedeutet »mit einschließen, einbeziehen« (von lat. *implicāre* »hineinwickeln, um etw. schlingen, in etw. verwickeln«). Eine Implikation ist die Einbeziehung einer Sache in eine andere, sie bezeichnet das Mit-Gemeinte. Eine Bibelstelle ist demnach nicht nur verbindlich in dem, was sie ausdrücklich (*expressis verbis*) sagt, sondern auch in dem, was sie nicht ausdrücklich sagt, aber im ausdrücklich Gesagten in göttlicher Absicht mitmeint. (A. d. Ü.)

Anbetracht der einzigartigen Umstände, in denen wir uns befinden, wird vieles von dem, womit wir uns jetzt herumschlagen, in der Schrift mittels Implikation angesprochen, und das erfordert eine überaus gründliche und gutdurchdachte Auslegung der Schrift.

Drittens haben unsere Umstände nach meinem Dafürhalten eine mangelhafte Theologie der Verfolgung ans Licht gebracht. Wir scheinen eine unglaublich verengte und geschichtsvergessene Auffassung davon zu haben, was Verfolgung eigentlich ist. Wir scheinen zu glauben, dass Verfolgung nur dann Verfolgung ist, wenn sie sich ausschließlich gegen die Gemeinde richtet, und dass die Gemeinde, solange sie nicht gezielt und exklusiv angegriffen wird, der Obrigkeit gehorchen muss. Die Entwicklung einer robusten Theologie der Verfolgung würde den Rahmen dieser Predigt sprengen, aber wir müssen zumindest verstehen, dass sich Verfolgung oft daraus ergibt, dass man etwas tut, das der Staat verbietet, und dass Gehorsam gegen Christus Verfolgung auslöst und beschleunigt. Man wartet ja nicht mit seinem Gehorsam gegenüber Christus, bis man (deswegen) verfolgt wird. Vielmehr gehorchen wir Christus und dieser Gehorsam löst dann die Verfolgung aus. Einige Leute erwecken den Eindruck, dass wir erst verfolgt werden müssten, und es dann recht wäre, sich zu versammeln. Dies ist aber eine recht merkwürdige Perspektive, denn man müsste ja lediglich der Obrigkeit gehorchen bzw. ihr Folge leisten, um Verfolgung zu vermeiden. Wenn man den Auflagen der Obrigkeit entspricht, wird man nicht verfolgt.

Außerdem: Wenn du sagst, dass wir uns *nur* bei aktiver Verfolgung versammeln sollten – und das ist unser gegenwärtiger Stand –, dann sagst du damit, dass es recht sei, sich zu versammeln. Implizit sagst du, es sei recht, sich zu versammeln, denn explizit sagst du ja, dass die Gemeinde, wenn sie verfolgt wird, gemäß dem Wort Gottes eine Verpflichtung habe, sich zu versammeln. Damit gibst du zu, dass es recht ist, sich zu versammeln.

Ob wir nun verfolgt werden oder nicht, macht überhaupt keinen Unterschied. Unsere Pflicht, irgendetwas zu tun, hängt nicht davon ab. Unser Handeln muss vielmehr aus Gehorsam gegenüber Christus geschehen. Ich überlasse es gerne dem Herrn Jesus, zu entscheiden, ob es sich um eine Verfolgung handelt oder nicht. Er verheißt uns, dass jene, die um seines Namens willen verfolgt werden, glückselig sind. Er ist derjenige, der segnet, und ich begnüge mich damit, dies seinem Urteil zu überlassen. Meine Verantwortung ist und bleibt es, ihm zu gehorchen.

Außerdem glaube ich, dass wir es hier auch mit einer mangelhaften Kenntnis der Kirchen- und Säkulargeschichte zu tun haben. Wir sind oftmals keine guten Geschichtskenner. Daher sind wir anfällig dafür, sowohl theologisch als auch politisch hinters Licht geführt zu werden. Wir müssen zu besseren Kennern der Geschichte werden, um uns zu schützen.

Viele Christen bringen ein unzulängliches Wissen über Verfolgung und Geschichte mit. Doch die hauptsächliche Unzulänglichkeit, die ich in dieser Predigt ansprechen möchte, hat mit der Rolle der Obrigkeit zu tun. Die gegenwärtige Situation hat gezeigt, dass viele Christen eine sowohl unzulängliche als auch falsche Theologie der Obrigkeit haben. Sie ist aus mindestens zwei Gründen unzulänglich: Erstens ging es uns lange Zeit sehr gut, wir hatten es einfach nicht nötig, über diesen Aspekt der Theologie gründlich nachzudenken. Es ist einfach ein Muskel, den wir nie trainiert haben. Zweitens – wie schon erwähnt –, fehlt uns das Wissen in historischer Theologie. Die Theologen der Vergangenheit haben über diese Dinge gründlich nachgedacht und wir haben uns nicht ausreichend ihren Schriften gewidmet.

Um diese Unzulänglichkeit anzusprechen, möchte ich Römer 13 aufschlagen. Diesmal möchte ich diesen Abschnitt von einer anderen Warte aus betrachten. Anstatt das Hauptaugenmerk darauf zu legen, wie wir der Obrigkeit begegnen sollen, möchte ich mich heute darauf konzentrieren, welche Pflichten Gott der Obrigkeit auferlegt hat. Welche Rolle hat Gott der Obrigkeit zugewiesen? Käme uns diese Frage überhaupt in den Sinn? In gewisser Hinsicht richtet sich diese Predigt an die Obrigkeit. Die Obrigkeit muss erfahren, welchen Zweck Gott ihr bestimmt hat. Wenn wir, die Gemeinde, sie nicht darüber aufklären, wer wird es dann tun? Die Gemeinde soll der Pfeiler und die Grundfeste der Wahrheit sein (1Tim 3,15). Wir sind die Priester Gottes, dazu berufen, sein Wort dieser Welt zu vermitteln. Deshalb haben wir die Verantwortung, die Obrigkeit über ihre gottgegebenen Pflichten zu informieren. Wir werden gewiss hier und da auch unsere Reaktion gegenüber der Obrigkeit ansprechen, doch das Hauptziel besteht nun darin, die von Gott bestimmte Rolle der Obrigkeit und ihrer Behörden herauszustellen.

In Römer 13,1–7 heißt es:

> Jede Seele sei den obrigkeitlichen Gewalten untertan; denn es gibt keine Obrigkeit, außer von Gott, diejenigen aber, die bestehen, sind von Gott eingesetzt. Wer sich daher der Obrigkeit widersetzt, widersteht der Anordnung Gottes; die aber widerstehen, werden ein Urteil über sich bringen. Denn die Regenten sind nicht ein Schrecken für das gute Werk, sondern für das böse. Willst du dich aber vor der Obrigkeit nicht fürchten? So übe das Gute aus, und du wirst Lob von ihr haben; denn sie ist Gottes Dienerin, dir zum Guten. Wenn du aber Böses verübst, so fürchte dich, denn sie trägt das Schwert nicht umsonst; denn sie ist Gottes Dienerin, eine Rächerin zur Strafe für den, der das Böse tut. Darum ist es notwendig, untertan zu sein, nicht allein der Strafe wegen, son-

dern auch des Gewissens wegen. Denn deswegen entrichtet ihr auch Steuern; denn es sind Gottes Beamte, die eben hierzu unablässig tätig sind. Gebt allen, was ihnen gebührt: die Steuer, dem die Steuer, den Zoll, dem der Zoll, die Furcht, dem die Furcht, die Ehre, dem die Ehre gebührt.

Das Ziel dieser Botschaft ist es, unsere Theologie der Obrigkeit weiterzuentwickeln, uns dabei zu helfen, uns in unserer Welt, die sich in einem ständigen Wandel befindet, zurechtzufinden, und, so der Herr will, sogar die Obrigkeit über ihre von Gott bestimmte Rolle aufzuklären.

DER URSPRUNG OBRIGKEITLICHER GEWALT

Zuerst werden wir den *Ursprung der obrigkeitlichen Gewalt* betrachten. Vers 1a: »Jede Seele sei den obrigkeitlichen Gewalten untertan«. Was bedeutet es, untertan zu sein? Es bedeutet, dass wir uns der *obrigkeitlichen Gewalt* unterordnen, dass wir ihr mit einer fügsamen Haltung begegnen. Erfordert Unterordnung auch automatisch Gehorsam? Normalerweise schon. Es ist aber wichtig zu beachten, dass Paulus nicht schreibt: »Jede Seele zolle den obrigkeitlichen Gewalten *absoluten Gehorsam.*« Unterordnung und Gehorsam haben gewiss etwas gemeinsam, doch Gehorsam fordert zweifelsohne mehr. Es kommt vor, dass wir der Obrigkeit einfach nicht gehorchen dürfen. Beispielsweise weigerten sich Sadrach, Mesach und Abednego, sich vor dem goldenen Standbild niederzuwerfen (Dan 3). Gleichermaßen erklärten die Apostel: »Man muss Gott mehr gehorchen als Menschen« (Apg 5,29).

Ist es also möglich, der Obrigkeit eine fügsame Haltung entgegenzubringen und gleichzeitig ihr ungehorsam zu sein?

Ja, wir können zivilen Ungehorsam praktizieren, während wir eine fügsame Haltung bewahren. Wie? Indem wir uns demütig den Konsequenzen unseres zivilen Ungehorsams unterwerfen. Wir erkennen an, dass wir nicht die Obrigkeit sind, aber wir haben eine Verantwortung gegenüber Christus. Wenn uns diese Verantwortung in Konflikt mit der Regierung führt, müssen wir die Konsequenzen dieses Konflikts mit Nachsicht, Demut und einer fügsamen Einstellung mutig ertragen. Die Obrigkeit hat vor Gott das Recht, das zu tun, was sie für richtig hält, und dafür wird sie zur Verantwortung gezogen werden. Wenn sie auf ungerechte Weise handelt, wird Gott sie letztendlich dafür bezahlen lassen. Wir können zivilen Ungehorsam praktizieren und gleichzeitig eine fügsame Haltung bewahren. Wie gelingt uns dies? Indem wir uns dem übergeben, der gerecht richtet (1Pet 2,23; 2,20). Das Praktizieren von zivilem Ungehorsam in einem bestimmten Bereich bedeutet nicht automatisch, dass man auf der ganzen Linie zivilen Ungehorsam praktiziert. Ziviler Ungehorsam muss nur in ganz bestimmten Situationen praktiziert werden.

Wie finden wir die Situationen heraus, in denen ziviler Ungehorsam notwendig ist? Ich möchte euch drei Kategorien aufzeigen: Erstens, wenn die Obrigkeit etwas verbietet, das Gott befiehlt. Beispielsweise, wenn sie uns die Verkündigung seines Wortes verbietet. Daran dürfen wir uns nicht halten. Zweitens, wenn die Obrigkeit etwas befiehlt, das Gott uns verbietet. Beispielsweise, wenn sie uns befiehlt, ein goldenes Standbild anzubeten. Auch diesem Befehl dürfen wir nicht nachkommen. Und drittens, wenn die Obrigkeit uns etwas befiehlt, es ihr aber nicht zusteht, dieses uns zu befehlen. Beispielsweise, wenn sie uns vorschreibt, unter welchen Bedingungen wir anbeten dürfen. Auch diesem dürfen wir nicht Folge leisten. Dies sind drei Kategorien, die zivilen Ungehorsam erfordern.

All dies hat allerdings eher damit zu tun, wie wir auf die Obrigkeit reagieren. Wir wollen uns nun mehr auf das konzentrieren, was die von Gott bestimmte Rolle der Obrigkeit ist. Davon spricht der zweite Teil von Vers 1, der den Grund nennt, warum wir den obrigkeitlichen Gewalten untertan sein sollen: »[...] denn es gibt keine Obrigkeit, außer von Gott, diejenigen aber, die bestehen, sind von Gott eingesetzt.« Der Grund, warum wir aufgefordert werden, den obrigkeitlichen Gewalten untertan zu sein, ist, dass jede obrigkeitliche Gewalt von oben kommt. Das heißt, dass alle obrigkeitliche Gewalt ihren Ursprung bei Gott hat. Sie wurde von ihm delegiert. Das bedeutet, dass die obrigkeitlichen Gewalten Gott gegenüber verantwortlich sind. Anders gesagt: Die obrigkeitlichen Gewalten sind von Gott als Haushalter eingesetzt worden und werden dafür beurteilt werden. Sie sind nicht autonom. Sie sind nicht souverän. Sie sind Gottes Diener (Vers 4) und Diener sind stets ihrem Herrn Rechenschaft schuldig. Was muss die Obrigkeit tun, um ihren Pflichten treu nachzukommen? Sie muss gemäß dem Maßstab regieren, anhand dessen sie gerichtet werden wird. Dieser Maßstab ist das Wort Gottes.

Nun kann man sich die Frage stellen: Wie viele Obrigkeiten sind sich bewusst, dass sie vor Gott Rechenschaft ablegen müssen? Glaubt ihr, dass unsere Obrigkeit weiß, dass sie Gott Rechenschaft schuldig ist? Das ist recht unwahrscheinlich, und falls doch, dann unterdrückt sie es in Ungerechtigkeit (Röm 1,18). Wessen Aufgabe ist es, die Obrigkeit aufzuklären bzw. sie zur Buße aufzufordern? Das ist Aufgabe der Gemeinde. Immerhin sind wir mit jener Offenbarung betraut worden, die dies deutlich darlegt. Falls sich die Gemeinde weigern sollte, diese Rolle und Funktion zu erfüllen, handelt sie übrigens fahrlässig. Eine solche Fahrlässigkeit zeugt von einer unglaublichen Lieblosigkeit, da Autoritätspersonen, die auf ungerechte Weise regieren, sich selbst Gottes Zorn aufhäufen. Solange sie nicht Buße tun, fügen sie ihrem ewigen Gericht nur noch ständig hinzu. Wir sind lieblos gegenüber der Obrigkeit, wenn wir sie nicht über ihre von Gott bestimmte Rolle aufklären und wenn wir es versäumen, sie darauf hinzuweisen, wenn sie dieser Rolle nicht nachkommt. Immerhin handelt es sich um Personen, um Menschen, die sich vor Gott verantworten müssen. Sie müssen bezüglich ihrer Sünde konfrontiert werden, damit sie sich im Klaren darüber sind, dass sie es nötig haben, mit Gott durch seinen Sohn, Jesus Christus, versöhnt zu werden. Unbiblischen und ungerechten Verfügungen der Obrigkeit Folge zu leisten, ist weder treu noch liebevoll. Zu beteuern, dass die Obrigkeit eine Autorität habe, die sie in Wirklichkeit gar nicht hat, ist gleichermaßen lieblos. Dies zeugt nicht von wahrer Liebe gegenüber den Autoritätspersonen oder gegenüber unserem Nächsten oder gegenüber der Gemeinde. Was noch wichtiger ist: Dies zeugt auch nicht von wahrer Liebe gegenüber Christus. Unter allen Einrichtungen wurde es der Gemeinde auferlegt, die Obrigkeit zu ihrer von Gott bestimmten Pflicht zu rufen.

Nun, wie machen wir das praktisch? An dieser Stelle wird es etwas komplizierter, weil es viele freundliche Möglichkeiten gibt, die Obrigkeit aufzufordern, ihrer Pflicht nachzukommen: Man kann seinem Parlamentsabgeordneten einen Brief schreiben, man kann seinem Staatsoberhaupt, dem Bundeskanzler oder dem Ministerpräsidenten, einen Brief schreiben oder man kann einen Brief verfassen, der an die Öffentlichkeit gerichtet ist. Darüber hinaus gibt es Möglichkeiten, die etwas konfrontativer sind. Beispielsweise kann man die Obrigkeit verklagen und einen Rechtsstreit anstrengen.

Man kann auch das tun, was wir machen: Wir versammeln uns und bezeugen damit, dass unser Gottesdienst außerhalb des Zuständigkeitsbereichs der Obrigkeit liegt. Indem wir einfach die Türen geöffnet halten und damit große Aufmerksamkeit auf uns ziehen, zeigen wir der Obrigkeit, dass sie ihren Autoritätsbereich überschritten hat, ungeachtet dessen, welchen Standpunkt sie in Bezug auf die Pandemie hat. Indem wir Christus also auf besagte Weise gehorsam sind, wird die Obrigkeit dazu gezwungen, darüber nachzudenken, welches ihre Autorität im Licht von Gottes Wort wirklich ist.

Es ist der Gehorsam gegenüber Christus, der unsere Gemeinde antreibt, auf diese Weise Stellung zu beziehen. Es ist die Theologie, die uns dazu antreibt. Christus ist das Haupt der Gemeinde. Er ist die allerhöchste Autorität über die Gemeinde und er regiert seine Gemeinde durch sein Wort. Unsere Verantwortung ist es sicherzustellen, dass sein Wort die Gemeinde regiert. Indem wir das tun, was wir tun, üben wir auch aktiv Nächstenliebe. Auch dahingehend sind wir Christus gehorsam. Darüber hinaus lieben wir auch unsere Obrigkeit, weil wir bezeugen, dass ihre Einmischung gegen die Rolle verstößt, die Gott ihr auferlegt hat. Auch dahingehend sind wir Christus gehorsam.

Zugegeben, ich war in der Vergangenheit nicht besonders politisch engagiert. Ich hatte zwar von meinem Wahlrecht Gebrauch gemacht und das Wort gepredigt, das unvermeidliche politische Implikationen hat, weil es biblische Moral anspricht, doch damit hatte es sich. Was hat sich also verändert? Zum ersten Mal in meiner Dienstzeit greift die Obrigkeit in das Gemeindeleben ein. Das ist aber nicht ihr Kompetenzbereich. Das ist der Kompetenzbereich der Ältesten hier bei der *GraceLife Church*. Das ist der Kompetenz- und Herrschaftsbereich des Herrn Jesus Christus. Zu versuchen, uns die Bedingungen für den Gottesdienst zu diktieren, steht der Obrigkeit einfach nicht zu und wir weigern uns, der Obrigkeit zu geben, was ihr nicht zusteht.

Wenn wir verstehen und anerkennen, dass Gott der Ursprung aller obrigkeitlichen Gewalt ist, werden die Dinge immer klarer. Die Obrigkeit muss sich darüber im Klaren sein, dass sie sich vor Gott verantworten muss und dass sie von ihm in Übereinstimmung mit seinem Wort gerichtet werden wird. Da uns sein Wort anvertraut wurde, haben wir die einzigartige Verantwortung, die Regierung aufzufordern, ihrer von Gott bestimmten Pflicht nachzukommen. Dies zu tun, indem wir gleichzeitig eine fügsame Haltung bewahren, gehört zu den liebevollsten Dingen, die wir überhaupt tun können.

DIE GRENZEN OBRIGKEITLICHER GEWALT

Zweitens kommen wir nun zu den *Grenzen der obrigkeitlichen Gewalt*. In Vers 2 heißt es: »Wer sich daher der Obrigkeit widersetzt, widersteht der Anordnung Gottes; die aber widerstehen, werden ein Urteil über sich bringen.« Jeder soll der obrigkeitlichen Gewalt untertan sein. Der Grund dafür ist, dass die Autorität einer obrigkeitlichen Gewalt ihren Ursprung in Gott findet. Deshalb widersteht jeder, der dieser Autorität widersteht, der Anordnung Gottes. Man wird deshalb von derselben Obrigkeit ein irdisches Urteil über sich bringen.

Doch an dieser Stelle gibt es einige Fragen, die unbedingt gestellt werden müssen. Beispielsweise: Läuft jeder Widerstand gegen die obrigkeitliche Gewalt automatisch auf einen Verstoß gegen Gottes Anordnung hinaus? Diese Frage muss verneint werden. Wir verweisen hierzu nur auf die Apostel und Sadrach, Mesach und Abednego. Wie sieht es mit folgender Frage aus: Ist jedes von der Obrigkeit erlassene Gesetz eine Anordnung Gottes? Auch dies muss verneint werden. Ansonsten würde Gott nämlich Böses anordnen, wenn die Obrigkeit ein böses, ungerechtes Gesetz anordnet. Wenn also ein ungerechtes Gesetz von der Obrigkeit erlassen wird, ist dieses nicht eine Anordnung Gottes. Gott erlässt keine ungerechten Gesetze. Ähnlich ist auch folgende Frage: Gehen alle Gesetze der Obrigkeit mit göttlicher Autorität einher? Nochmals müssen wir dies verneinen. Die Autorität jeder Obrigkeit wurde ihr von Gott delegiert. Folglich müssen ihre Gesetze mit dem Gebot Gottes übereinstimmen.

Eine weitere Frage: Wenn die Obrigkeit anordnet, dass wir uns nicht (mehr) so versammeln dürfen, wie wir es schon immer getan haben, ist diese Anordnung dann mit Gottes Autorität versehen? Bejaht man das, spielt man Gott gegen Gott aus. Man würde damit unterstellen, dass Gott sich selbst widerspricht, da er den Gläubigen gebietet, das Zusammenkommen der Heiligen nicht zu versäumen. Doch an dieser Stelle könnte jemand einwenden wollen: »Immerhin befinden wir uns in einer Pandemie und somit gibt es (für den Verstoß gegen das Versammlungs*gebot*; A. d. Ü.) mildernde Umstände.« Auch wenn wir Zweifel an der dargestellten Schwere der Gesundheitssituation hier einmal ausklammern, offenbart eine solche Antwort eine unzulängliche Kenntnis bezüglich der Grenzen der Obrigkeit.

Dies ist natürlich untrennbar verbunden mit dem Punkt, den wir als nächstes betrachten werden: dem *Zweck der Regierung*. Denn die Grenzen und der Zweck obrigkeitlicher Gewalt gehen Hand in Hand. Der von Gott bestimmte Zweck einer Sache begrenzt diese Sache. Der Obrigkeit wurde ein Bereich zugewiesen, auf dem sie auch bleiben muss.

Ziehen wir zunächst einmal 1. Mose 1,26–28 in Betracht. Dieser Abschnitt beschreibt den übergeordneten Herrschaftsauftrag, der der Menschheit gegeben wurde. Dieser Auftrag geht über jedes verfassungsrechtliche Dokument, das die Rechtsgrundlage eines Landes liefert, hinaus. Er steht somit auch über der kanadischen Charta. Ich würde sogar behaupten, dass die Verfassung der Vereinigten Staaten laut ihrer

Gründungsväter darauf abzielte, das, was 1. Mose lehrt, hochzuhalten und zu wahren. In 1. Mose 1,26–28 lesen wir:

> Und Gott sprach: Lasst uns Menschen machen in unserem
> Bild, nach unserem Gleichnis; und sie sollen herrschen über
> die Fische des Meeres und über die Vögel des Himmels und
> über das Vieh und über die ganze Erde und über alles Ge-
> würm, das sich auf der Erde regt! Und Gott schuf den Men-
> schen in seinem Bild, im Bild Gottes schuf er ihn; Mann und
> Frau schuf er sie. Und Gott segnete sie, und Gott sprach zu
> ihnen: Seid fruchtbar und mehrt euch und füllt die Erde und
> macht sie euch untertan; und herrscht über die Fische des
> Meeres und über die Vögel des Himmels und über alle Tiere,
> die sich auf der Erde regen!

Gott übertrug dem Menschen die einzigartige Verantwortung,
über die Erde zu herrschen, sie zu regieren und sich untertan zu machen. Dies ist ein unveräußerliches Recht, das Gott
dem Menschen gegeben hat. Es ist ein unbestreitbares Recht,
und mit *Recht* meine ich *Autorität*. Gott hat der Menschheit die
Autorität gegeben, über die Erde zu herrschen und sie sich
untertan zu machen.

Dies geht mit bestimmten Freiheiten einher: Zuerst das
Recht auf Leben. Das heißt, das Recht, das Leben zu leben,
das Gott einem geschenkt hat, bis er es einem wieder nimmt.
Dann das Recht auf Arbeit. Indem den Menschen die Verantwortung übertragen wurde, über die Erde zu herrschen, wurde Arbeit zu einem grundlegenden, unveräußerlichen Recht.
Die Bibel sagt: »Wenn jemand nicht arbeiten will, so soll er
auch nicht essen« (2Thes 3,10b). Arbeit ist ein Recht, das den
Menschen von Gott geschenkt wurde. Dann gibt es das Recht
auf eine Familie, das Recht, bei seiner Familie zu sein, das
Recht, im Kreise der Familie zu sterben – das sind gottgegebene, unveräußerliche Rechte. Darüber hinaus gibt es das Recht,

Eigentum zu erwerben, Eigentum zu besitzen, über Eigentum zu verfügen, was mit dazugehört, dass man über die Erde herrscht und sie sich untertan macht. Es ist ein Bestandteil der Ausübung der Herrschaft über die Erde.

Was braucht der Mensch, insbesondere in einer gefallenen Welt, um über die Erde herrschen, sie sich untertan machen und seine unveräußerlichen, gottgegebenen Rechte ausüben zu können? Er braucht eine Obrigkeit. Warum? Die Obrigkeit ist eingesetzt worden, um die unveräußerlichen Rechte des Menschen zu beschützen. Die Aufgabe der Obrigkeit besteht darin, der Menschheit dabei zu helfen, ihrem Auftrag nachzukommen, über die Erde zu herrschen. Die Obrigkeit ist grundsätzlich dazu da, um sicherzustellen, dass wir unseren Auftrag ausführen können: Nämlich uns die Erde untertan zu machen, zu arbeiten, Gott anzubeten, fruchtbar zu sein und uns zu mehren. Die Obrigkeit ist eine von Gott verordnete Institution, die eingesetzt wurde, um Gesetz und Ordnung zu gewährleisten und um unsere gottgegebenen Rechte zu beschützen. Auf dieses Weise liefert die Obrigkeit einen entscheidenden Beitrag zu der Fähigkeit des Menschen, seinen gottgegebenen Auftrag zu erfüllen. Dies gilt umso mehr, als diese Welt eine gefallene ist.

Eine der frühesten Andeutungen des Konzepts menschlicher Obrigkeit und Regierung, wenn nicht sogar die früheste überhaupt, finden wir in 1. Mose 9 in Bezug auf Mord: »Wer Menschenblut vergießt, durch den Menschen soll sein Blut vergossen werden; denn im Bild Gottes hat er den Menschen gemacht« (1Mo 9,6). Also bereits in 1. Mose 9 finden wir eine deutliche Bezugnahme auf eine Obrigkeit in Verbindung mit der Todesstrafe. Was wird dadurch grundsätzlich beschützt? Wird damit das Leben beschützt? Nun, auf jeden Fall wird damit nicht das Leben der Person beschützt, die ermordet wurde. Immerhin ist sie bereits tot. Was wird dadurch also beschützt? Unveräußerliche Rechte, in diesem Fall das Recht auf Leben. Welchen Effekt soll die Todesstrafe haben? Sie ist dazu gedacht, Mord zu verhindern, was wiederum das gottgegebene Recht auf Leben jeder Person beschützt – zumindest so lange, bis Gott jener Person das Leben wieder nimmt.

Das Recht auf Leben ist nur eine dieser gottgeschenkten Grundfreiheiten. Die Obrigkeit hat die Verantwortung, diese *Rechte* zu beschützen, von denen das Recht auf Leben nur eines ist. Es handelt sich dabei um ein ganzes Paket von Grundrechten. Die Obrigkeit hat die Verantwortung, alle unveräußerlichen Rechte, die Gott dem Menschen geschenkt hat, zu bewahren. Die Vertreter der Obrigkeit müssen sich davor in Acht nehmen, dass sie nicht eines der Rechte so sehr überbetonen, dass sie dabei andere Rechte mit Füßen treten. Hier liegt ja das ganze Problem, mit dem wir uns derzeit herumschlagen.

Folgendes ist entscheidend, um die Grenzen und den Zweck der Obrigkeit zu verstehen: Der Mensch wurde im Bild Gottes geschaffen. Gott hat dem Menschen die Autorität verliehen, über die Erde zu herrschen. Dies versieht ihn mit gewissen unveräußerlichen Rechten, damit er diesen Auftrag erfüllen kann. Um dies zu unterstützen, hat Gott die Obrigkeit eingesetzt. Deren Verantwortung ist es, diese unveräußerlichen Rechte zu beschützen, damit der Mensch seinen Auftrag erfüllen kann. In dieser Hinsicht ist die Obrigkeit »Gottes Dienerin, [uns] zum Guten« (Röm 13,4a).

Wenn die Obrigkeit ihrer Aufgabe nachkommt, zu gewährleisten, dass eure von Gott gegebenen Rechte beschützt werden, seid ihr dann nicht froh über diese Obrigkeit? Wenn die Obrigkeit euch dabei unterstützt, euren Lebensauftrag zu erfüllen, über die Erde zu herrschen, indem ihr euren Lebensunterhalt verdient, und indem ihr eine Familie haben und versorgen könnt, würdet ihr die Obrigkeit dann nicht lieben und euch an ihr erfreuen? Es ist allerdings nicht die Obrigkeit, die euch diese Rechte zuteilt. Vielmehr wird die Obrigkeit von Gott verpflichtet, diese eure gottgegebenen Rechte anzuerkennen. Die Obrigkeit verleiht uns diese Dinge nicht. Sie sind unser, weil Gott sie uns bereits verliehen hat. Die Aufgabe der Obrigkeit ist es, sie anzuerkennen.

Dies alles setzt der obrigkeitlichen Gewalt klare Grenzen. Wenn die Obrigkeit sich dem Menschen bei der Erfüllung seines gottgegebenen Auftrags in den Weg stellt, funktioniert sie nicht mehr so, wie Gott es beabsichtigt hatte. Sie unterstützt dann nicht mehr, ja sie verstößt dann sogar gegen den Herrschaftsauftrag, der uns von Gott gegeben wurde. Das bringt uns zur Frage nach dem Zweck der obrigkeitlichen Gewalt und ermöglicht uns die Frage, ob die von der Obrigkeit erwirkten Lockdowns vereinbar sind mit der ihr von Gott zugewiesenen Rolle.

DER ZWECK DER REGIERUNG

Als Drittes wollen wir nun den *Zweck der Regierung* betrachten. Verse 3–4 lauten: »Denn die Regenten sind nicht ein Schrecken für das gute Werk, sondern für das böse. Willst du dich aber vor der Obrigkeit nicht fürchten? So übe das Gute aus, und du wirst Lob von ihr haben; denn sie ist Gottes Dienerin, dir zum Guten. Wenn du aber Böses verübst, so fürchte dich, denn sie trägt das Schwert nicht umsonst; denn sie ist Gottes Dienerin, eine Rächerin zur Strafe für den, der das Böse tut.«

Wie wir es auch erwarten würden, besteht der Zweck der Regierung darin, gutes Verhalten zu loben und böses Verhalten zu ahnden. Das wirft eine offensichtliche Frage auf: Wer bestimmt, was gut und was böse ist? Die Antwort geht klar aus Römer 13,1, aber auch aus den gerade betrachteten Abschnitten in 1. Mose hervor: Gott bestimmt es, und zwar mittels seines Wortes. Wenn man sich die Zehn Gebote anschaut, kann man leicht erkennen, wie sie mit dem Herrschaftsauftrag in Verbindung stehen: »Du sollst nicht morden« (2Mo 20,13; s. Alternativübersetzung in der Fußnote) betrifft das Recht auf Leben. »Du sollst nicht ehebrechen« betrifft das Recht auf Familie. »Du sollst kein falsches Zeugnis ablegen gegen deinen Nächsten«, weil solche Unwahrheiten dazu führen könnten, dass dein Nächster ungerechtfertigter Weise belangt oder sogar zu Tode kommen könnte. »Du sollst nicht stehlen« beschützt Eigentum und Besitz einer Person. Dass Paulus in Römer 13 diese Dinge im Hinterkopf hat, ist aus den Versen 8–9 ersichtlich: »Seid niemand irgendetwas schuldig, als nur einander zu lieben; denn wer den anderen liebt, hat das Gesetz erfüllt. Denn das: ›Du sollst nicht ehebrechen, du sollst nicht töten, du sollst nicht stehlen, du sollst nicht begehren‹, und wenn es irgendein anderes Gebot gibt, ist in diesem Wort zusammengefasst: ›Du sollst deinen Nächsten lieben wie dich selbst.‹«

Gut und Böse werden also nicht von den sich ständig weiterentwickelnden Launen der Kultur definiert. Gut und Böse wurden von Gott definiert. Das bekräftigt die Verpflichtung der Regierung, im Einklang mit dem Willen Gottes zu regieren, und je nachdem, wie sie dieser Verpflichtung nachgekommen ist, wird sie gerichtet werden. Das bedeutet, dass die Grenzen und der Zweck einer Regierung klar markiert sind. Die Rolle der Regierung besteht darin, dass sie die unveräußerlichen Grundrechte, die dem Menschen bei der Schöpfung gegeben wurden, beschützt und dass sie diesen Zweck erfüllt, indem sie für Gesetz und Ordnung sorgt, das Böse bestraft und ansonsten sich zurückhält und nicht im Wege steht.

Wir leben in einer gefallenen Welt, in der die Gegenwart von Viren unvermeidlich ist. Obwohl die Regierung die Verantwortung hat, das Recht ihrer Bürger auf Leben zu beschützen, ist ihre Fähigkeit, die öffentliche Gesundheit zu bewahren, eindeutig begrenzt – insbesondere dann, wenn man gegen einen mikroskopisch kleinen Krankheitserreger ankämpft. Wir behaupten, dass die drakonischen Einschränkungen, Auflagen und Lockdowns angesichts der tatsächlichen Bedrohungslage einfach nicht gerechtfertigt waren. Und was noch wichtiger ist: Es gibt weitere gottgegebene Rechte, die zu beschützen ebenfalls Pflicht der Regierung ist: das Recht auf freie Religionsausübung, das Recht auf Arbeit und das Recht auf Familie. Wenn die Obrigkeit diese Grundfreiheiten im Namen der öffentlichen Gesundheit mit Füßen tritt, dann sind sie von ihrer biblischen Verantwortung abgewichen. Die Bürger unserer Nation wurden davon abgehalten, zur Arbeit zu gehen, Angehörige zu besuchen und mit der gesamten Gemeinde Gottesdienst zu halten. Diese einschränkenden Maßnahmen stehen stellvertretend für eine Art der Unterdrückung, die Gott verunehrt.

Wenn man unseren Regierungsvertretern zuhört, hört man sie davon reden, die Verletzung unserer Bürgerrechte gegen die Schäden, die sich aus den Lockdowns ergeben, gegenzurechnen. Damit geben sie zu, dass sie ihren von Gott zugewiesenen Kompetenzbereich überschritten haben. Im Grunde versucht die Regierung, Gott zu spielen. Aber nur Gott ist souverän über Tod und Krankheit. In dem ganzen operativen Hauruck, Menschen vor einem unkontrollierbaren Virus zu beschützen, hat die Regierung ihren Bürgern gottgegebene Rechte entzogen und ihnen allerhand Leid zugefügt. Wie rechtfertigt sie dies? Mit der Begründung, dass unser Gesundheitswesen überfordert werden *könnte*. Es ist erstaunlich, dass unsere Regierung sogar einräumt, dass die Lockdown-Maßnahmen abträglich sind. Denke einmal darüber nach: Die staatlichen Gewalten erkennen an, dass ihre Maßnahmen bestimmte Schäden verursachen.

Ist die Regierung für das Virus verantwortlich zu machen? Nein, natürlich nicht. Soweit wir wissen, trifft unsere Regierung an der Existenz des Virus keine Schuld. Wenn also jemand an COVID-19 stirbt, ist dann die Regierung dafür verantwortlich? Die Antwort ist: »Nein!« Wir leben in einer gefallenen Welt und Viren und Tod sind in einer gefallenen Welt unvermeidlich. In dieser Welt wurde ein Virus freigesetzt und Gott ist souverän über dieses Virus. Die Auswirkungen dieses Virus sind nicht die Verantwortung der Regierung.

Doch was ist, wenn jemand infolge der Lockdown-Maßnahmen der Regierung stirbt? Macht sich die Regierung damit vor Gott schuldig? Ich würde das bejahen. Warum? Weil die Regierung ihre von Gott zugewiesene Rolle überschritten hat. Sie funktioniert nicht mehr im Einklang mit ihrem von Gott beabsichtigten Zweck. Deshalb muss sie die Schäden, die sich aus solchen Maßnahmen ergeben, auf ihre Kappe nehmen. Die Regierungsverantwortlichen werden vor Gott für diese Schäden Rechenschaft ablegen müssen. Das ist nicht unerheblich.

Was hätten die Regierungsverantwortlichen stattdessen tun sollen? Nach unserem Dafürhalten hätten sie die Bürger von Alberta mit den besten Informationen versorgen sollen, die ihnen zur Verfügung stehen, und hätten weiterhin deren unveräußerliche Rechte auf Arbeit, auf freie Religionsausübung, auf Familie und auf Leben beschützen sollen. Es steht jedem einzelnen Bürger selbst zu, das Risiko des Virus für sich abzuwägen.

Was bedeutet dies für unsere Regierung? Unsere Regierung muss Buße tun. Falls es Gläubige unter unseren Regierungsverantwortlichen gibt, sollten sie sich für das einsetzen, was recht ist. Gläubige müssen überall anfangen, für Gerechtigkeit einzustehen und die Leute über ihnen aufrufen, den richtigen Maßstab anzulegen, ja, sie sogar zur Buße auffordern.

Jene Regierungsverantwortlichen, die Christus nicht kennen, müssen sich von ihrer Sünde abwenden und an ihn glauben. Sie häufen sich selbst Zorn auf für den Tag des Gerichts. Ein Gericht wird kommen und es wird mit der vollen Wucht des Zornes Gottes losgelassen werden. Alle, die zurzeit regieren, stehen in Verantwortung, ihnen wird besonders strenge Rechenschaft abverlangt werden. Sie haben eine Funktion, die von Gott bestimmt wurde. Sie sind Diener Gottes und sie werden zur Verantwortung gezogen werden, wie sie ihrer Verwalterschaft entsprochen haben. Wenn sie keine Buße tun, werden sie vor Gott rückhaltlos Rechenschaft abgeben müssen.

Es ist nicht zu spät, Stellung zu beziehen. Lasst die Politik einmal beiseite. Setzt euch mit der Situation ehrlich auseinander. Ich möchte einfach an die Regierungsverantwortlichen appellieren. Gott ist gnädig und barmherzig, langsam zum Zorn. Wenn sie bereit sind, ihre Sünde zu bekennen, wenn sie anerkennen, dass sie der Herrlichkeit Gottes nicht entsprechen, und wenn sie seinen Sohn, den Herrn Jesus Christus, annehmen, dann wird ihnen Vergebung zuteil werden. Der Herr Jesus ging ans Kreuz und litt unter dem Zorn Gottes für all jene, die jemals an seinen Namen glauben werden. Gott sagt: »Kommt denn und lasst uns miteinander rechten« (Jes 1,18a). Wenn sie zu Christus kommen würden, würden ihre Sünden vergeben und sie würden gereinigt und gewaschen werden. Ihnen würde ein neues Herz geschenkt, das von oben herab geboren wird. Außerdem würden sie alles haben, was sie brauchen, um für die Gerechtigkeit einzustehen, damit sie in der Lage sind, an ihre Amtskollegen und ihre Vorgesetzten zu appellieren, das Richtige zu tun.

Was ist mit den Polizeikräften? Auch sie müssen für die Gerechtigkeit eintreten. Wenn ihnen befohlen wird, Unrecht zu tun, sollten die Polizisten ihren Vorgesetzten sagen: »Nein, das werde ich nicht tun.« Sie haben diese Verantwortung. Es gibt da draußen Leute, die bereit sind, Stellung zu beziehen. Die Polizei (RCMP) aus anderen Provinzen ist an uns herangetreten. Unter der Polizei (RCMP) gibt es solche, die versuchen, ihre Kameraden umzustimmen. Die Polizeikräfte müssen Stellung beziehen und das Richtige tun.

Fassen wir zum Schluss noch einmal zusammen: Der Ursprung der obrigkeitlichen Gewalt ist Gott. Die Obrigkeit ist ihm gegenüber verantwortlich und er wird sie in Übereinstimmung mit seinem Wort zur Verantwortung ziehen. Die Autorität der Regierung ist begrenzt, da sie einen bestimmten Zweck hat, eine Rolle und Funktion, die bis zur Schöpfung zurückgehen. Regierungen werden eingesetzt, um die unveräußerlichen Rechte, die Gott uns gegeben hat, hochzuhalten und zu beschützen. Deshalb muss diese gegenwärtige Regierung ihre drakonischen Lockdown-Maßnahmen beenden und stattdessen die Rechte und Freiheiten der Menschen dieser Provinz beschützen.

Was noch wichtiger ist und was ich noch viel lieber sehen würde als das, ist, dass die Regierungsverantwortlichen zum rettenden Glauben an Jesus Christus kommen. Es obliegt mir in der Tat, euch die gute Nachricht zu verkündigen. Diese gute Nachricht ist deshalb gut, weil es auch eine schlechte Nachricht gibt. Diese schlechte Nachricht ist, dass du in Sünde geboren wurdest. Als du auf diese Welt kamst, warst du tot in Übertretungen und Sünden. Dein Herz kam bereits mit einer feindlichen Gesinnung gegenüber Gott, gegenüber seiner Gerechtigkeit und gegenüber seinem Sohn auf diese Welt. Um die Wahrheit zu sagen, hast du Gott bereits gehasst, als du auf die Welt kamst. Wenn du noch nicht in Christus bist, dann hasst du Gott auch jetzt noch. Du hältst es vielleicht für Gleichgültigkeit, doch in Wirklichkeit ist es Hass und Feindschaft gegen

Gott – gegen denjenigen, der dir in diesem Moment Leben und Atem schenkt.

Die gute Nachricht ist: Gott sandte seinen Sohn, damit er Mensch wurde und ein Leben unter dem Gesetz Gottes führte, dem Gesetz seines Vaters, und der diesem Gesetz in jeder Hinsicht gehorchte. Er wurde in allen Dingen versucht, so wie auch wir versucht werden, jedoch ohne Sünde. Im Gehorsam gegenüber dem Vater führte er nicht nur ein vollkommenes Leben, sondern er ging auch ans Kreuz, um sich selbst als Sündopfer hinzugeben. Der Vater behandelte den Sohn am Kreuz so, als hätte er die Sünden all jener begangen, die jemals an seinen Namen glauben werden. Der vollkommene, ewige, tadellose, gehorsame Sohn wurde am Kreuz so behandelt, als wäre er schuldig für die Sünden von jedem, für den er starb. Nachdem er dies vollbracht hat, hauchte er bewusst und in eigener Vollmacht sein Leben aus, ging ins Grab und stand in eigener Vollmacht aus den Toten wieder auf. Er sitzt nun zur Rechten Gottes.

Die Botschaft Christi, die dir an diesem Tag von einem Botschafter Christi übermittelt wird, ist, dass du gerettet werden wirst, wenn du dich von deiner Sünde abwendest und an den Herrn Jesus Christus glaubst. Dir wird dann die Gerechtigkeit Christi zugerechnet werden, d. h. du wirst mit seiner Gerechtigkeit bekleidet werden. Deinem Gerechtigkeitskonto wird eine vollkommene Gerechtigkeit gutgeschrieben werden, so dass du vor Gott heilig und tadellos dastehen kannst. Dir wird ewiges Leben gegeben werden und schon jetzt wirst du das Leben Gottes in deinem inneren Menschen erleben können, indem du in das Ebenbild Christi verwandelt wirst. Dieses Leben wird dich in die Ewigkeit tragen, wenn du eines Tages stirbst und in das zukünftige Leben eingehst. Du wirst eine immerwährende Hoffnung und eine unaussprechliche Freude erleben. Du wirst für alle Ewigkeit in der Gegenwart und

Herrlichkeit des Retters sein. Dies ist nicht nur eine geistige Existenz, es ist eine körperliche Realität mit den neuen Himmeln, der neuen Erde und mit einem neuen verherrlichten Körper, der für die Ewigkeit gemacht ist. Dort wirst du als Teil seiner Familie arbeiten, anbeten und Gemeinschaft haben, indem du von allen deinen gottgegebenen Rechten zu seiner Ehre Gebrauch machen wirst.

– Kapitel 15 –

CHRISTUS, MUT UND UNBEUGSAMKEIT

Nathan Busenitz

Dieses Kapitel basiert auf einer Predigt, die am 14. März 2021 in der Grace Community Church gehalten wurde.[70]

Als evangelische Protestanten dürfen wir auf ein reiches Erbe bibelgläubiger Christen zurückblicken. Sowohl der Begriff *evangelisch* als auch der Begriff *Protestant* gehen auf die Reformation im 16. Jahrhundert zurück. Bei beiden handelt es sich um gute Begriffe – einer ist positiv und der andere negativ. Einer bezeichnet, *wofür wir sind*, während der andere bezeichnet, *wogegen wir sind*.

---

70 Diese Predigt trägt den Titel: »Gospel Courage« und ist hier zu finden: https://www.gracechurch.org/sermons/17384. Der im Buchkapitel vom Autor hinzugefügte Begriff »Unbeugsamkeit« ist die Übersetzung des Begriffs *noncompliance*, der hier ein Verhalten und eine Haltung beschreibt, bei der man obrigkeitliche Regeln oder Anordnungen ablehnt und nicht befolgt, meist aus Zweifel an deren Legitimität. (A.d.Ü.)

Evangelisch war der Begriff, den Martin Luther gebrauchte, um die Gemeinden der Reformation zu beschreiben. Natürlich war er nicht der Erfinder dieses Begriffs. Stattdessen nahm er das griechische Substantiv *euangelion* – was »Evangelium« oder »Gute Nachricht« bedeutet – und verwandelte es in ein Adjektiv: Aus Sicht der Reformatoren stand die evangelische Kirche für die Gemeinde des wahren Evangeliums, im Gegensatz zu den Irrtümern der zeitgenössischen Römisch-katholischen Kirche.

William Tyndale brachte den Begriff 1531 ins Englische (»evangelical«), und dieser englische Begriff prägte wiederum den modernen deutschen Begriff »evangelikal«. Evangelisch bzw. evangelikal zu sein bedeutet also, dass man – zumindest im Hinblick auf den historischen Sprachgebrauch dieser Begriffe – von der Verkündigung und Verteidigung des Evangeliums von Jesus Christus gekennzeichnet ist. Für die Reformatoren war es die Wiederentdeckung des biblischen Evangeliums, nachdem dieses jahrhundertelang von mittelalterlicher, sakramentaler Tradition verdunkelt worden war.

Der wahre Evangelikalismus ist nach wie vor von derselben Überzeugung gekennzeichnet: Verbindlichkeit gegenüber der Reinheit und der Verkündigung der guten Nachricht des Herrn Jesus: Dass Sünder gerettet werden können, allein aus Gnade, allein durch den Glauben und allein in Christus. Für uns als Evangelikale ist es das Evangelium, das definiert, wer wir sind und wofür wir stehen.

Im Gegensatz dazu spiegelt der Begriff *Protestant* wider, wogegen wir sind. Auch dabei handelt es sich um einen historischen Begriff, der auf die Reformation zurückgeht. Im März 1529 wurde der Zweite Reichstag zu Speyer einberufen, um zu entscheiden, ob Luther und der evangelischen Kirche von der Regierung des Heiligen Römischen Reiches Glaubenstoleranz gewährt werden würde oder nicht. Als der Reichstag zu

Speyer entschied, die Lehren Luthers zu verbieten und seine Reformen abzulehnen, setzte eine Gruppe von evangelischen deutschen Fürsten ein Protestschreiben auf, um dieses Urteil anzufechten. Wie ihr Protestbrief deutlich machte, lehnten sie das kaiserliche Urteil ab, weil ihr Gewissen im Wort Gottes gebunden war, sich an die Heilige Schrift zu halten. Sie waren bereit, sich dem Regierungserlass zu widersetzen, um Gott zu gehorchen.

Diese Protesterklärung führte schließlich zum Begriff *Protestant*. Bezeichnenderweise richtete sich ihr Protest nicht in erster Linie gegen römisch-katholische Irrtümer, wenngleich dies zweifelsohne einer der Faktoren war. Es handelte sich vielmehr um einen Protest gegen die kaiserliche Regierung, die androhte, sich in biblische Lehrangelegenheiten und christliche Religionsausübung einzumischen. Protestant zu sein, lief somit darauf hinaus, dass man dem Kaiser und dem Reichstag die Stirn bot und zum Ausdruck brachte, dass man sich einem Erlass nicht fügen werde, der einen davon abhält, Gott so anzubeten, wie er es uns in seinem Wort geboten hat.

Dieser protestantische Standpunkt war nichts Neues. Er ergab sich aus dem Verständnis, dass Christus allein das Haupt der Gemeinde ist – eine Überzeugung, die sowohl von den Reformatoren als auch von Männern wie Wycliffe und Hus, die diesen vorausgingen, klar ausgesprochen worden war.[71] Da Christus die Oberherrschaft über die Gemeinde hat, ist

---

71 *John Wycliffe* (um 1330–1384) war englischer Theologe und Vorreformator. Er bestritt den politischen Machtanspruch des Papstes und bekämpfte das päpstliche »Antichristentum«. 1383 vollendete er eine englische Bibelübersetzung aus der lateinischen Vulgata. 1415 verurteilte das Gegenpapst-Konzil von Konstanz alle seine Schriften posthum als häretisch und veranlasste das Verbrennen seiner Gebeine. *Johann Huss* (um 1372–1415) aus Husinec in Böhmen, war Theologe, Hochschullehrer, Prediger und Vorreformator, zeitweise Rektor der Karls-Universität in Prag. Er nahm die Lehren von John Wycliffe begeistert auf und bekämpfte die sittlichen Verfallserscheinungen der Kirche. Als er auf dem Konzil von Konstanz seine Lehren nicht widerrief, wurde auf dem Scheiterhaufen ermordet.

sein Wort die Autorität für die Gemeinde. Die Reformatoren waren überzeugt davon, dass weder irgendein Papst, noch irgendein Kaiser, noch irgendein Konzil, noch irgendeine Regierungsbehörde das Recht hat, sich darin einzumischen, wie die Gemeinde ihren Gottesdienst ausübt. Dies liegt nicht im Autoritätsbereich der zivilen Obrigkeit. Diese Kompetenz hat allein Christus.

Diese protestantische Überzeugung kennzeichnete nicht nur die Reformatoren, sondern auch jene, die in deren Kielwasser folgten. In England ersetzte die anglikanische Kirche lediglich den Papst durch einen König, als das Parlament den König von England zum Oberhaupt der Kirche von England erklärte. Die englischen Puritaner stellten sich gegen diese Bestrebungen mit der Begründung, dass allein Christus das Haupt der Gemeinde ist. Zu Beginn des 17. Jahrhunderts befahlen König James (Jakob I.) und sein Sohn Charles (Karl I.), dass das sogenannte *Book of Common Prayer* als Agende bzw. Gebetbuch von jeder Kirchengemeinde in England zu benutzen sei. Das *Book of Common Prayer* regelte den Ablauf der anglikanischen Gottesdienste und enthielt liturgische Elemente, die nach wie vor sehr römisch-katholisch waren. Die Puritaner wehrten sich gegen diesen Eingriff seitens der Regierung von England. Diese unbarmherzige Einmischung der Regierung war in der Tat die Ursache dafür, dass sich in den zwanziger und dreißiger Jahren des 17. Jahrhunderts Tausende von Puritanern genötigt sahen, aus England zu fliehen und nach Neuengland auszuwandern. Dort wollten sie Gott auf biblisch-treue Weise und frei von jedem obrigkeitlichen Widerstand anbeten.

In den vierziger und fünfziger Jahren des 17. Jahrhunderts erfreuten sich die Puritaner einer vorübergehenden Verschnaufpause während der Zeit des englischen Bürgerkrieges und des Protektorats. Doch als Charles II. (Karl II.) im Jahr

1660 wieder den Thron bestieg, bestand er erneut darauf, dass das *Book of Common Prayer* den Gottesdienst jeder Kirchengemeinde in England bestimmte. Im Jahr 1662 wurde diese Forderung offiziell, als das Parlament die sogenannte Uniformitätsakte verabschiedete.

Ungefähr 2.500 puritanische Pastoren verloren ihre Arbeitsstellen, weil sie sich weigerten, der Uniformitätsakte Folge zu leisten. Sie wehrten sich dagegen, dass der König vorschreiben wollte, wie die Kirche anzubeten und Gottesdienst zu feiern habe. Das Ergebnis war, dass sie ihre Lizenzen und Kanzeln verloren und als die »Nonkonformisten« (Nichtangepasste) bekannt wurden. Jene, die ohne Erlaubnis weiterhin predigten oder Gottesdienste abhielten, wurden verfolgt. Eines der bekanntesten Beispiele ist John Bunyan, der berühmte Autor des Buches *Die Pilgerreise* (engl. *The Pilgrim's Progress*), der zwölf Jahre lang eingesperrt wurde, weil er sich weigerte, das Predigen zu unterlassen.

Einige Jahrzehnte zuvor hatten sich die Presbyterianer in Schottland versammelt, um einen nationalen Bund zu unterzeichnen, worin sie beteuerten, dass Christus allein das Haupt der Gemeinde ist und dass der König deshalb kein Recht hatte zu befehlen, wie ihre Gemeinden ihren christlichen Glauben auszuüben haben. Sie wurden als die »Scottish Covenanter« (zu Deutsch in etwa: »Schottische Bundesbrüder«) bekannt. Auch sie lehnten das *Book of Common Prayer* ab.

Die Folge war, dass viele Christen von den britischen Monarchen erbarmungslos verfolgt wurden. In den siebziger und achtziger Jahren des 17. Jahrhunderts wurde die Situation in Schottland eine Zeit lang als »The Killing Time« (zu Deutsch: »Die Zeit des Tötens«) bezeichnet, während der die Covenanter von Vertretern der britischen Krone ermordet wurden. Was die Puritaner und Covenanter anging, so bedeutete Protestant zu sein für sie, dass sie jeder menschlichen Autorität und Ob-

rigkeit unbeugsam widerstanden, die die Position des Hauptes der Gemeinde widerrechtlich an sich riss, die doch alleine
Christus innehat. Kein Papst, kein König und kein Regierungs-
beamter ist das Haupt der Gemeinde, sondern Christus allein.

Diese geschichtlichen Hintergründe sind natürlich für unsere heutige Situation relevant. Es ist wie ein Echo jener Stimmen vor uns, wenn wir auch in unserer heutigen Zeit sagen,
dass die Regierung – wenngleich wir ihre Autorität in zivilen Angelegenheiten respektieren und uns ihr fügen – keine
Zuständigkeit und kein Mitspracherecht hat, wenn es um die
Religionsausübung der Gemeinde geht. Christus allein ist das
Haupt der Gemeinde. Deshalb werden wir ihm gehorsam sein
und ihn in Übereinstimmung mit seinem Wort, das über allen anderen Autoritäten steht, anbeten. Solch eine Beteuerung
mag für viele um uns herum erschreckend klingen. Doch sie
befindet sich keineswegs im Widerspruch zu unserem protestantischen Erbe; sie beschreibt vielmehr das Kernanliegen
dessen, was es von jeher bedeutet hat, protestantisch zu sein.

Somit könnten wir die folgende Frage stellen: Wenn die
Schrift den Gläubigen gebietet, das Zusammenkommen nicht
zu versäumen, hat die Regierung dann die Autorität, den Gemeinden ihre Zusammenkünfte zu verbieten bzw. zu fordern,
dass sie sich nur in Teilen versammeln? Wenn die Schrift den
Gläubigen gebietet, ihre Stimmen im Rahmen des Gemeinde-
gesangs miteinander zum Lob des Herrn zu erheben, hat die
Regierung dann das Recht, den Gemeindegesang zu verbieten? Wenn das Neue Testament die Gemeinschaft der Gläubigen so beschreibt, dass sie eine gewisse körperliche Nähe
erforderlich macht und dass sie das Erweisen von Zuneigung
und Fürsorge mit einschließt, steht es dann der Regierung zu,
Gemeinden zur Auflage zu machen, dafür zu sorgen, dass ihre
Glieder voneinander sozial isoliert bleiben? Oder, allgemeiner
gefragt: Wenn die Schrift feststellt, dass der Herr Jesus Chris-

tus das Haupt der Gemeinde ist, wie kann es dann je zumutbar sein, dass sich die Regierung darin einmischt, wie die Gemeinde Christi ihren Herrn anbetet?

Könnten wir in der Geschichte zurückgehen und solche Fragen den Reformatoren, den englischen Puritanern und den schottischen Covenantern stellen, würden wir als Antwort ein promptes, entschlossenes und schallendes »Nein!« hören. Weil Christus allein das Haupt der Gemeinde ist, haben die Regierungen dieser Welt keine Autorität über den Gottesdienst der Seinen. Wenn wir uns versammeln, wie auch heute wieder hier, dann tun wir dies aus der Überzeugung, dass wir Gott mehr gehorchen müssen als Menschen. Die evangelikale protestantische Bewegung ist seit jeher durch ihren Evangeliums-Mut gekennzeichnet gewesen. Als Evangelikale sind wir für das Evangelium. Es ist die Substanz unserer Botschaft und das Wesen unseres Auftrags. Als Protestanten stellen wir uns mutig gegen die Auffassung, dass irgendeine Obrigkeit, sei sie religiöser oder weltlicher Art, die rechtmäßige Position, die der Herr Jesus als das Haupt der Gemeinde innehat, an sich reißen darf.

Der Evangeliums-Mut ist es also, was uns kennzeichnen sollte. Hier nachzulassen würde bedeuten, dass wir unserem protestantischen Erbe nicht gerecht werden. Was aber noch wichtiger ist: Es würde auch dem biblischen Maßstab nicht gerecht werden. Diese Art von Mut ist nicht nur etwas, das wir in der Kirchengeschichte sehen. Wir können gleichermaßen überzeugende Beispiele in der Schrift finden, angefangen mit Daniel über Johannes den Täufer bis hin zum Apostel Paulus. Die Apostelgeschichte ist voll von solchen Beispielen. Ein besonders beeindruckendes Beispiel ist in Apostelgeschichte 5 zu finden, einen Abschnitt, den ich gerne mit euch etwas genauer unter die Lupe nehmen möchte.

DER HINTERGRUND VON APOSTELGESCHICHTE 5

Bevor wir in das Kapitel Apostelgeschichte 5 einsteigen, sollten wir den Zusammenhang in Betracht ziehen. Die in diesem Kapitel aufgezeichneten Ereignisse finden irgendwann in den ersten beiden Jahren der an Pfingsten ins Leben gerufenen Gemeinde statt. Aller Wahrscheinlichkeit nach waren seit der Geburt der Gemeinde erst wenige Monate vergangen.

Das zweite Kapitel der Apostelgeschichte beschreibt das bedeutungsvolle Ereignis an Pfingsten, als Petrus eine eindrucksvolle Predigt hielt, die die Bekehrung von ungefähr 3.000 Seelen zur Folge hatte. In Apostelgeschichte 3 heilten Petrus und Johannes einen Gelähmten am Tempel. Petrus predigte daraufhin eine zweite überwältigende Predigt und viele weitere Gläubige wurden der Gemeinde hinzugetan. In Apostelgeschichte 4 wurden Petrus und Johannes vor die religiösen Führer geschleift und streng verwarnt. Es wurde ihnen untersagt, weiterhin im Namen Jesu zu predigen. Die in den Versen 19–20 von den Aposteln gegebene Antwort ist mustergültig: »Ob es vor Gott recht ist, auf euch mehr zu hören als auf Gott, urteilt ihr; denn uns ist es unmöglich, von dem, was wir gesehen und gehört haben, nicht zu reden.«

Nachdem man ihnen gedroht und sie wieder freigelassen hatte, kehrten Petrus und Johannes zur Gemeinde in Jerusalem zurück, wo ihre Mitgläubigen dafür beteten, dass der Herr ihnen weiterhin Freimütigkeit schenken möge. Die Worte dieser konkreten Fürbitte sind aufschlussreich: »Und nun, Herr, sieh an ihre Drohungen und gib deinen Knechten, dein Wort zu reden mit aller Freimütigkeit« (Apg 4,29). Ich finde das so wunderbar! »Angesichts von Anfeindung und Opposition schenke uns die nötige Freimütigkeit, Herr, um dein Wort mit Zuversicht zu reden.« Was für ein Gebetsanliegen!

In Apostelgeschichte 5 sehen wir, wie dieses Gebetsanliegen erhört wird. Am Anfang dieses Kapitels wird uns zunächst die Geschichte von Ananias und Sapphira berichtet, eine ernüchternde Erinnerung daran, dass Gott nicht zulässt, dass man Spott mit ihm treibt, und dass ihm die Reinheit seiner Gemeinde ein Anliegen ist. In den Versen 12–26 sehen wir, wie der Herr das Werk der Apostel und den Dienst der Gemeinde in Jerusalem deutlich segnete. In Übereinstimmung mit ihrer grundlegenden Rolle als Apostel taten Petrus und seine Apostelkollegen Heilungswunder – also Zeichen, die ihren apostolischen Dienst beglaubigten und die Wahrheit ihrer Evangeliumsbotschaft bestätigten. Laut Vers 14 befand sich die Gemeinde in einer schnellen Wachstumsphase, in der Scharen von neuen Gläubigen ständig hinzukamen. Die Apostel waren sogar so beliebt, dass die Leute aus der ganzen Umgebung von Jerusalem herbeikamen, um von ihnen geheilt zu werden und um sie predigen zu hören. Wie oben bereits erwähnt, hatte man in Apostelgeschichte 4,29 für Freimütigkeit zur Verkündigung des Evangeliums gebetet. In Apostelgeschichte 5,17 war es nun soweit, dass diese Freimütigkeit, für die sie gebetet hatten, auf die Probe gestellt werden würde.

Damit kommen wir zu unserem Abschnitt in Apostelgeschichte 5,17–42. Bei der Analyse dieser Verse möchte ich unsere Gedanken um zwei wichtige Fragen gliedern: Erstens: Wie sieht Evangeliums-Mut aus? Was kennzeichnet diese Freimütigkeit im Evangelium? Zweitens: Was sind die Zutaten, die solchen Mut möglich machen? Anders gefragt: Was ist vonnöten, um diese Art des Mutes auch in unserem Leben heute zu fördern?

WIE SIEHT EVANGELIUMS-MUT AUS?

Die Apostelgeschichte beantwortet in Kapitel 5 diese Frage, indem sie uns von dem beeindruckenden Vorbild der Apostel berichtet. Wenn wir nun ihr Vorbild untersuchen, werden wir uns auf drei Merkmale ihres Mutes konzentrieren: In den Versen 17–26 zeigen sie Mut zum Reden. In den Versen 27–39 zeigen sie Mut zur Standhaftigkeit. Und schließlich zeigen sie in den Versen 40–42 Mut zum Leiden. Wir werden beim Durchgehen dieses Abschnitts jedes dieser Merkmale im Einzelnen betrachten.

Der Mut zum Reden (Verse 17–26)

In den Versen 17–21a schreibt Lukas:

> Der Hohepriester aber stand auf und alle, die mit ihm waren, das ist die Sekte der Sadduzäer, und sie wurden von Eifersucht erfüllt; und sie legten die Hände an die Apostel und setzten sie in öffentlichen Gewahrsam. Ein Engel des Herrn aber öffnete während der Nacht die Türen des Gefängnisses und führte sie hinaus und sprach: Geht und stellt euch hin und redet im Tempel zu dem Volk alle Worte dieses Lebens! Als sie es aber gehört hatten, gingen sie frühmorgens in den Tempel und lehrten.

Natürlich hatten die Apostel nichts Unrechtes getan. Nichtsdestotrotz ließen die religiösen Führer sie verhaften und ins Gefängnis sperren. Sie waren eifersüchtig, weil das Volk den Aposteln interessiert zuhörte. In Apostelgeschichte 4,17–18 war Petrus und Johannes das Predigen untersagt worden. Mittlerweile waren sie mit dem Rest der Apostel verhaftet und eingesperrt worden. Doch ihre Inhaftierung war nur von kurzer Dauer.

Mitten in der Nacht sandte Gott einen Engel, um die Gefängnistüren zu öffnen, damit die Apostel ihre Freiheit wiedererlangen konnten (das tut er erneut in Apostelgeschichte 12). Doch dabei handelt es sich nicht um eine typische Flucht. Der Engel gibt ihnen keine Anweisung, sich in ein Zeugenschutzprogramm zu begeben oder aus Jerusalem zu fliehen. Gegen alle Erwartung gibt er ihnen die klare Anweisung: Geht zurück in den Tempel und predigt weiterhin dieselbe Botschaft, die euch hinter Schloss und Riegel gebracht hat: »Geht und stellt euch hin und redet im Tempel zu dem Volk alle Worte dieses Lebens!« (Vers 20). Ich finde es wunderbar, wie das Evangelium hier beschrieben wird: »[…] alle Worte dieses Lebens«.

Was machen die Apostel also? Sie kehren sofort zum Tempel zurück, so dass sie bereits beim ersten Sonnenstrahl wieder an der gleichen Stelle standen und die Wahrheit über Jesus Christus verkündigten. Zugegeben, die Umstände in dieser Situation sind außerordentlich. Immerhin haben wir es hier mit übernatürlichen Gefängnisausbrüchen und Engelsbefehlen zu tun. Dennoch sollten wir den mutigen Gehorsam der Apostel nicht übersehen, den sie an den Tag legen, als sie wieder ihren Mund für die Sache Christi öffneten. Sie waren von den religiösen Führern ernstlich bedroht worden, nicht mehr im Namen Jesu zu irgendeinem Menschen zu reden. Sie waren eingesperrt worden, weil sie über Jesus gepredigt hatten. Sie wussten, dass sie wahrscheinlich wieder verhaftet werden würden, wenn sie den Namen Jesu verkündigen. Was machen sie also? Sie predigen Jesus!

Ihr vorbildlicher Mut ist deshalb beeindruckend, weil sie bereit waren, kein Blatt vor den Mund zu nehmen und sich frei zu äußern, obwohl sie wussten, dass dies ein Nachspiel seitens der Vertreter der Obrigkeit haben würde. Es ist diese Art von Mut, zu dem Christus uns als seine Nachfolger beruft:

ein Mut, der selbst dann die Wahrheit redet, wenn die Welt nicht zuhören will. Die Apostel gingen frühmorgens zurück in den Tempel und begannen zu predigen.

In der Zwischenzeit brach im Gefängnis Chaos aus, als die Soldaten ihre Gefangenen abholen wollten und keiner von ihnen mehr da war. Lukas berichtet uns, was als nächstes passierte (Apg 5,21b–26):

> Der Hohepriester aber kam und die, die mit ihm waren, und sie riefen das Synedrium und die ganze Ältestenschaft der Söhne Israels zusammen und sandten in das Gefängnis, sie herbeizuführen. Als aber die Diener hinkamen, fanden sie sie nicht in dem Gefängnis; sie kehrten aber zurück, berichteten und sagten: Wir fanden das Gefängnis mit aller Sorgfalt verschlossen und die Wachen an den Türen stehen; als wir aber aufgemacht hatten, fanden wir niemand darin. Als aber sowohl der Hauptmann des Tempels als auch die Hohenpriester diese Worte hörten, waren sie ihretwegen in Verlegenheit, was dies doch werden möchte. Es kam aber jemand und berichtete ihnen: Siehe, die Männer, die ihr ins Gefängnis gesetzt habt, sind im Tempel, stehen da und lehren das Volk. Da ging der Hauptmann mit den Dienern hin und führte sie herbei, nicht mit Gewalt, denn sie fürchteten das Volk, sie könnten gesteinigt werden.

Vers 24 lenkt die Aufmerksamkeit auf die Verwirrung der religiösen Führer und der Diener. Wie erstaunt müssen sie doch gewesen sein, als sie erfuhren, dass nicht nur das Gefängnis leer war, sondern dass ihre Gefangenen zum Tempel zurückgekehrt waren und öffentlich predigten, anstatt sich zu verstecken. Diese Nachfolger Jesu waren wirklich dreist!

Beachte, wie der Mut der Apostel der Furcht der Soldaten gegenübergestellt wird (Vers 26). Normalerweise sind es die Entflohenen, die Angst haben. Doch in diesem Fall sieht es anders aus: Der Hauptmann und die Tempeldiener fürchten sich, während die Apostel mutig sind. Als man ihnen das Predigen verbot, weigerten sich die Apostel, sich diesem Verbot zu beugen. Stattdessen reagierten sie mit echtem Evangeliums-Mut und verkündeten freimütig die gute Nachricht von Jesus Christus.

Der Mut zur Standhaftigkeit (Verse 27–39)

Die Erzählung wird in den Versen 27–28 weitergeführt. Dort lesen wir:

> Sie führten sie aber herbei und stellten sie vor das Synedrium; und der Hohepriester befragte sie und sprach: Wir haben euch streng geboten, in diesem Namen nicht zu lehren, und siehe, ihr habt Jerusalem mit eurer Lehre erfüllt und wollt das Blut dieses Menschen auf uns bringen.

Nur wenige Monate zuvor hatten Petrus und seine Mitapostel die Flucht ergriffen, als Jesus im Garten verhaftet worden war. Petrus war damals den Soldaten mit etwas Abstand gefolgt und war so bis zum Innenhof der Residenz des Hohepriesters vorgedrungen. Dort verleugnete er seinen Herrn drei Mal, völlig kopflos und getrieben von Angst und Feigheit. Nun steht er nur wenige Monate später vor dem selben Hohepriester – vor den selben religiösen Führern, die seinen Herrn zur Kreuzigung verurteilt hatten – und hört sie im Grunde sagen: »Wir haben euch doch gesagt, dass ihr das Predigen unterlassen sollt, aber ihr habt euch nicht daran gehalten. Vielmehr habt ihr ganz Jerusalem mit der Botschaft von Jesus erfüllt, jenem Jesus, den wir zum Tod verurteilt hatten. Was habt ihr zu eurer Verteidigung zu sagen?«

Was wird Petrus wohl erwidern? Wird er die Flucht ergreifen? Wird er seinen Herrn verleugnen? Diesmal nicht. Lukas berichtet Folgendes (Apg 5,29–32):

> Petrus und die Apostel aber antworteten und sprachen: Man muss Gott mehr gehorchen als Menschen. Der Gott unserer Väter hat Jesus auferweckt, den ihr ermordet habt, indem ihr ihn an ein Holz hängtet. Diesen hat Gott durch seine Rechte zum Führer und Heiland erhöht, um Israel Buße und Vergebung der Sünden zu geben. Und wir sind Zeugen von diesen Dingen, und der Heilige Geist, den Gott denen gegeben hat, die ihm gehorchen.

Wir werden die Antwort des Petrus gleich noch genauer betrachten, doch was ich an dieser Stelle betonen will, ist die Entschlossenheit, die wir in den Worten des Petrus hören: Er macht keinen Rückzieher, er macht sich nicht davon, er bringt keine Ausflüchte und er entschuldigt sich auch nicht. Noch nicht mal ansatzweise. Vielmehr schaut er in die Runde des Hohen Rates und sagt im Grunde: »Wir sind Männer, die unter der Autorität Gottes stehen. Und seine Autorität übertrumpft eure Autorität. Deshalb können wir uns – bei allem gebotenem Respekt – eurem Verbot nicht beugen. Denn unsere Pflicht, Gott zu gehorchen und seinen Willen zu tun, geht weit über unsere Gehorsamspflicht euch gegenüber hinaus.« Was für ein Mut! Petrus bietet dem Hohen Rat mutig die Stirn, indem er sich auf eine Autorität beruft, die weit über die der Obrigkeit steht.

Nochmals: Das Vorbild der Apostel sollte uns mitreißen. Auf welcher Grundlage können wir den Mut aufbringen, in der Öffentlichkeit Stellung zu beziehen und sagen, dass Wahrheit absolut ist, dass Christus allein rettet, dass es wirklich eine Hölle gibt, dass die naturalistische Evolutionslehre falsch ist, dass Homosexualität Sünde ist und dass das Geschlecht bei der Geburt festgestellt wird? Wir können das tun, weil wir das Wort Gottes haben, das die Autorität Gottes besitzt. Und deshalb berufen wir uns auf eine Autorität, die höher ist, als jede andere Autorität. Und auf dieser Grundlage sagen wir mit Petrus: »Man muss Gott mehr gehorchen als Menschen.«

Diese mutige Stellungnahme kostete Petrus und den anderen Aposteln fast das Leben. Im Abschnitt heißt es weiter (Apg 5,33–39a):

> Sie aber wurden, als sie es hörten, durchbohrt und beratschlagten, sie umzubringen. Es stand aber einer in dem Synedrium auf, ein Pharisäer, mit Namen Gamaliel, ein Gesetzeslehrer, angesehen bei dem ganzen Volk, und befahl, die Leute eine kleine Zeit hinauszutun. Und er sprach zu ihnen: Männer von Israel, seht euch vor wegen dieser Menschen, was ihr tun wollt. Denn vor diesen Tagen stand Theudas auf und sagte, dass er selbst jemand sei, dem sich eine Anzahl von etwa vierhundert Männern anschloss; der ist getötet worden, und alle, so viele ihm Gehör gaben, sind zerstreut und zunichtegeworden. Danach stand Judas der Galiläer auf, in den Tagen der Einschreibung, und machte das Volk abtrünnig sich nach; auch der kam um, und alle, so viele ihm Gehör gaben, wurden zerstreut. Und jetzt sage ich euch: Steht ab von diesen Menschen und lasst sie (denn wenn dieser Rat oder dieses Werk aus Menschen ist, wird es zugrunde gehen; wenn es aber aus Gott ist, werdet ihr sie nicht zugrunde richten können), damit ihr nicht gar als solche befunden werdet, die gegen Gott kämpfen.

Die Verse 33–39a liefern uns ein interessantes Intermezzo inmitten der Erzählung. Gamaliels Worte sind fast beiläufig. Warum baut Lukas sie hier in seinen Bericht ein? Ich glaube, dass es mehrere Gründe dafür gibt. Erstens: Gamaliels Worte erklären, warum die Apostel an jenem Tag nicht hingerichtet wurden, als es so aussah, dass es wahrscheinlich darauf hinauslaufen würde. Zweitens, und noch wichtiger: Gamaliels Rede unterstreicht eine grundlegende theologische Wahrheit: Dass menschliche Wesen nämlich nicht imstande sind, Gottes Wirken zu durchkreuzen. Die kurzlebigen Bewegungen von Theudas und von Judas dem Galiläer, die beide selbsternannte Befreier Israels waren, kamen eindeutig nicht von Gott, weil sie sich in nichts auflösten. Diese Bewegungen standen in deutlichem Gegensatz zu der Beständigkeit der Jesus-Bewegung. Schließlich warnt Gamaliel seine Kollegen im Hohen Rat davor, dass man sich mit Gott anlege, falls sich herausstellen sollte, dass die Bewegung, gegen die man ankämpft, von Gott ist. Dies liefert einen gewissen ironischen Hintergrund für spätere Verfolgungen der Gemeinde, bei denen die religiösen Führer tatsächlich dem Wirken Gottes widerstanden.

Das deutlichste Beispiel dafür ist Saulus vor seiner Bekehrung auf der Straße nach Damaskus. Bezeichnenderweise war Saulus laut Apostelgeschichte 22,3 ein Schüler Gamaliels. In seinem Kreuzzug gegen die Christen ignorierte Paulus den Rat seines eigenen Mentors. In Apostelgeschichte 9 wurde er auf dem Weg nach Damaskus plötzlich mit der Wahrheit konfrontiert, dass er gegen Gott angekämpft hatte. Auf diese Weise dient Gamaliels Zeugnis als Anklageschrift für den Unglauben der religiösen Führer, die wiederholt dem Werk Gottes widerstanden hatten.

Um auf den Hauptpunkt zurückzukommen, den wir in diesem Abschnitt betonen wollen: Petrus und seine Mitapostel zeigten den Mut, im Angesicht von Verfolgung standhaft zu bleiben. Als sie mit der Feindseligkeit einer ungläubigen Obrigkeit konfrontiert wurden, erwiesen die Apostel echten Evangeliums-Mut. Ihre Unerschrockenheit, festzustehen, anstatt klein beizugeben, kam nicht aus ihrer eigenen inneren Charakterstärke oder aus ihrer eigenen persönlichen Entscheidungskraft. Sie wurde vielmehr genährt von der alternativ-

losen Lebensentscheidung, zuallererst und vor allem Gott gehorchen zu wollen. Ihr Gehorsam gegenüber Gott erforderte
ihren Ungehorsam gegenüber den religiösen Führern. Weil sie
Gott fürchteten, zeigten sie keine Menschenfurcht.

Der Mut zum Leiden (Verse 40–42)

Die letzten dreieinhalb Verse von Apostelgeschichte 5 bringen
diese dramatische Szene zu einem Abschluss. Lukas schreibt
(Apg 5,39b–42):

> Sie hörten aber auf ihn. Und als sie die Apostel herbeigeru-
> fen hatten, schlugen sie sie und geboten ihnen, nicht in dem
> Namen Jesu zu reden, und ließen sie frei. Sie nun gingen
> vom Synedrium weg, voll Freude, dass sie gewürdigt wor-
> den waren, für den Namen Schmach zu leiden; und jeden
> Tag, im Tempel und in den Häusern, hörten sie nicht auf, zu
> lehren und Jesus als den Christus zu verkündigen.

Die religiösen Führer befolgten Gamaliels Ratschlag und ließen von ihrem ursprünglichen Begehren ab, die Apostel zu
töten. Stattdessen ließen sie sie auspeitschen. Das heißt, man
gab ihnen 39 Peitschenhiebe in Übereinstimmung mit dem in
5. Mose 25,1–3 dargelegten Strafprotokoll. Als strenge, aber
nicht tödliche Bestrafung sollte die Auspeitschung eine eindringliche Botschaft vermitteln: Hört auf zu predigen – oder
euch wird Schlimmeres widerfahren.

Wie reagierten die Apostel darauf? Erstens: Sie freuten sich
inmitten ihres Leids. Nicht, weil dieses schlimme Auspeitschen an sich erfreulich wäre, sondern weil sie für würdig er-
achtet wurden, um Christi willen zu leiden. Für ihn zu leiden,
ist ein Akt der Anbetung, des Gottesdienstes und der Treue
ihm gegenüber. Eine große Belohnung steht dafür aus. Und
deshalb freuten sie sich.

Und nicht nur das, sondern Vers 42 erklärt: »jeden Tag, im Tempel und in den Häusern, hörten sie nicht auf, zu lehren und Jesus als den Christus zu verkündigen.« Sie ließen sich von den Drohungen der religiösen Führer nicht einschüchtern. Nicht einen Tag. Fortwährend predigten sie im Tempel. Sie gingen weiterhin von Haus zu Haus, um zu lehren. Sie verkündigten weiterhin Jesus als den Messias. Sie blieben unentwegt bei der Sache, weil sie verstanden hatten, dass es besser ist, Gott zu gehorchen als Menschen.

Somit sehen wir, dass sie in zweierlei Hinsicht auf vorbildliche Weise gelitten hatten. Erstens war es für sie Freude, um ihres Retters willen zu leiden – für denjenigen, der so viel mehr für sie gelitten hatte. Zweitens litten sie auf vorbildliche Weise, weil sie nicht zuließen, dass ihr Leiden sie von ihrem Gehorsam gegen Christus abhielt. Anstatt sich einschüchtern zu lassen, vergrößerte ihr Leid nur noch ihre Entschlossenheit. Was für ein beeindruckendes Vorbild von Evangeliums-Mut! Sie litten freudig. Sie gehorchten mutig.

WORAUS BESTEHT DIESER MUT?

Das fünfte Kapitel der Apostelgeschichte liefert uns eine eindringliche Veranschaulichung dessen, wie der Evangeliums-Mut aussieht: der Mut zum Reden, um sich auf die Seite von Christus zu stellen, der Mut zum Standhalten und der Mut, um seinetwillen auf rechte Weise zu leiden. Doch wie können wir diesen Mut in unseren Herzen entwickeln? Welche Zutaten machen einen solchen Mut möglich?

Die Antwort auf diese Frage ist in den Versen 29–32 zu finden, in der Antwort des Petrus vor dem Hohen Rat. Dort erklärt er (Apg 5,29–32):

Man muss Gott mehr gehorchen als Menschen. Der Gott unserer Väter hat Jesus auferweckt, den ihr ermordet habt, indem ihr ihn an ein Holz hängtet. Diesen hat Gott durch seine Rechte zum Führer und Heiland erhöht, um Israel Buße und Vergebung der Sünden zu geben. Und wir sind Zeugen von diesen Dingen, und der Heilige Geist, den Gott denen gegeben hat, die ihm gehorchen.

Die Antwort des Petrus betont die drei Kernzutaten, aus denen sich der Evangeliums-Mut zusammensetzt. Wie waren Petrus und die anderen Apostel in der Lage, angesichts des erbitterten Widerstands der Obrigkeit einen solchen Mut aufzubringen?

Erstens verstanden sie die Vollmacht und Verpflichtung, die Gott ihnen gegeben hatte: »Man muss Gott mehr gehorchen als Menschen« (Vers 29). Das war kein Angebot, sondern eine Verpflichtung. Und diese Verpflichtung kam von der höchsten Autorität überhaupt, nämlich von Gott selbst. Die Apostel hatten richtig verstanden, dass Gottesgehorsam viel wichtiger ist als Menschenfurcht. Durch ihren Gehorsam erwiesen sie ihren Mut.

Zweitens wiederholten sie ihre christuszentrische Botschaft. Die Antwort des Petrus beinhaltet die wesentlichen Komponenten der Evangeliumsbotschaft: Er erwähnt den Tod, die Auferstehung, die Himmelfahrt, die Erhöhung und die Exklusivität Christi. Seine Worte unterstreichen zudem die Notwendigkeit der Buße und die Wirklichkeit der Vergebung. Petrus und seine Mitapostel blieben bei der vorgegebenen Botschaft. Sie selbst waren ja von dieser Botschaft persönlich verändert worden. Paulus drückt es in 2. Korinther 4,13b folgendermaßen aus: »[…] so glauben auch wir, darum reden wir auch«. Diese Apostel glaubten und deshalb konnten sie einfach nicht schweigen.

Drittens blieben sie bei ihrem Auftrag, zu dessen Erfüllung der Geist sie befähigt hatte. Laut Apostelgeschichte 1,8 bestand der Auftrag der Apostel darin, die Wahrheit bezüglich des Herrn Jesus zu bezeugen. Hier in Apostelgeschichte 5,32 verlassen sie sich auf die Tatsache, dass ihr Zeugnis die Kraft des Heiligen Geist besitzt, »den Gott denen gegeben hat, die ihm gehorchen«. Das Grundwort, das hier in Vers 32 im Plural mit »Zeugen« übersetzt wird, ist das griechische Wort *mártys*, wovon das deutsche Fremdwort *Märtyrer* abgeleitet wurde. Ein Märtyrer ist ein Zeuge Jesu Christi, der seinen Zeugenauftrag sogar bis zum Tod ausführt (daher auch: »Blutzeuge«). Petrus und seine Mitapostel verkünden den religiösen Führern mutig: »Wir sind Zeugen Jesu Christi. Bei unserem Bemühen, unserem Zeugenauftrag nachzukommen, haben wir die Zuversicht, dass wir dazu vom Heiligen Geist ermächtigt worden sind.«

Petrus und seine Mitapostel gingen also davon aus, dass sich ihr Mut auf die Vollmacht, die Gott ihnen gegeben hatte, auf ihre christuszentrische Botschaft und auf ihren vom Geist ermächtigten Auftrag gründete. Nun könnte jemand sagen: »Das mag ja für die Apostel zutreffend gewesen sein.« Aber als Gläubige besitzen wir dieselben drei Zutaten, die für einen solchen Evangeliums-Mut vonnöten sind. Erstens wurde auch uns ein Befehl gegeben, der Missionsbefehl, wonach wir in die ganze Welt gehen und andere zu Jünger machen sollen, indem wir ihnen alles lehren, was Christus uns geboten hat. Diese Gebote befinden sich in Gottes Wort, das die höchste Autorität für unseren Glauben und unser Leben ist. Zweitens sind wir mit der Evangeliumsbotschaft vertraut, weil es genau jene Wahrheit ist, die wir in rettendem Glauben angenommen haben. Auch wir sind dazu berufen, Zeugen für Christus zu sein und den Verlorenen das Wunder seiner Barmherzigkeit und Gnade nahezubringen. Drittens haben wir wie die Apostel den Heiligen Geist, der in uns wohnt und seinem Wort Kraft verleiht, damit das Evangelium nicht leer zurückkehrt, wenn wir es verkündigen. Unser Mut gründet sich auf die Erkenntnis, dass derjenige, der in uns ist, größer ist als der, der in der Welt ist.

Indem wir uns die Vollmacht, die Gott uns gegeben hat, unsere christuszentrische Botschaft und unseren Auftrag, zu dessen Erfüllung wir vom Heiligen Geist ermächtigt wurden, vor Augen halten, sind wir in der Lage, denselben Evangeliums-Mut an den Tag zu legen, der hier in Apostelgeschichte 5 von den Aposteln auf so beeindruckende Weise an den Tag gelegt wurde: den Mut zum Reden, den Mut zur Standhaftigkeit und den Mut zum Leiden um Christi willen. Wir neigen dazu zu glauben, dass wir irgendeine innere Charakterstärke heraufbeschwören müssten, um mutig zu sein. In Wirklichkeit müssen wir dazu lediglich gehorsam sein und unsere biblischen Überzeugungen konsequent ausleben – selbst wenn wir uns dadurch unbeliebt machen.

Als Petrus vor den feindlich gesinnten religiösen Führern stand, konzentrierte er sich nicht darauf, mutig zu sein. Er konzentrierte sich vielmehr darauf, dass er dem Herrn gehorsam war. Das Ergebnis war zwar Mut, doch es war ein Mut, der sich aus seinen Gott ehrenden Überzeugungen ergab. Dasselbe trifft auch auf uns zu. Evangeliums-Mut gründet sich auf das Evangelium. Er strömt aus einem Herzen hervor, das durch Gottes Gnade verändert worden ist. Man kann ihn im Leben von Personen erkennen, die fest entschlossen sind, Gott zu gehorchen, koste es, was es wolle.

DANKSAGUNG

Dieses Projekt wäre ohne die Hilfe von Familienangehörigen, Freunden und Mitarbeitern nicht möglich gewesen. Nathan möchte sich bei seiner Frau Beth und seiner Familie für die beständige Unterstützung bedanken. Auch ist er überaus dankbar für den Mut und die Beharrlichkeit, den die Ältesten der *Grace Community Church* erwiesen haben. Es ist eine Freude, mit euch zusammen dienen zu dürfen. Ein besonderer Dank geht an John MacArthur, Chris Hamilton, Phil Johnson, Mark Zhakevich, Austin Duncan, Mike Riccardi, Hohn Cho, Carl Hargrove und George Crawford für deren Feedback und Ermutigung.

James möchte seiner Frau Erin danken. Die von ihm bezogene Stellung wäre ohne ihre unerschütterliche Unterstützung nahezu unmöglich gewesen. Auch seine Kollegen im Ältestenkreis der Gemeinde trugen dazu entscheidend bei: Mike Hovland, Jacob Spenst, Paul Claasen, Brad Bredenhof, Adam Pillidge, Mark Blackburn und Rob Chomiak. Eure unerschütterliche Hingabe an die Herrschaft und das Hauptsein Christi ist unbestreitbar. An die *GraceLife Church*: Ihr zeigt auf kostbare Weise, was die Braut Christi ist. Meinen Söhnen Isaac und Caleb: Ihr seid meine innig geliebten Söhne, ihr habt viel aufgeopfert.

Außerdem möchten wir unseren jeweiligen Rechtsbei-
standsteams unsere Dankbarkeit zum Ausdruck bringen für ihren Rat in Bezug auf dieses Buch. Ein besonde-
res Dankeswort möchten wir an Bob Hawkins und Steve
Miller vom Verlag *Harvest House Publishers* richten. Steve
hat unzählige Stunden in das Lektorat gesteckt und wir
sind ihm für seine Hilfe dankbar. Zum Schluss möchten
wir unserem Herrn unsere große Dankbarkeit zum Ausdruck bringen und ihm dieses Projekt anbefehlen. Ihm
sei alle Ehre!

– Anhang 1 –

VERFASSUNGEN UND GRUNDGESETZ

Uwe A. Seidel

Wir erfreuen uns in Deutschland einer freiheitlich-demokratischen Grundordnung. Dies darf uns jedoch nicht den Blick darauf verstellen, dass bei aller Ähnlichkeit und gemeinsamer Tradition die Grundrechte der USA und Kanadas doch etwas anders begründet, organisiert und formuliert sind, als wir das beim Grundgesetz der BRD vorfinden. Dies kann hier nur sehr verkürzt skizziert werden.

(I) Deutschland ist bundesstaatlich und als parlamentarische Demokratie verfasst. Das Grundgesetz (GG) der BRD garantiert »die ungestörte Religionsausübung« (Art. 4 (2)). Zudem gilt: »Die Deutschen haben das Recht, sich ohne Anmeldung oder Erlaubnis friedlich und ohne Waffen zu versammeln.« (Art 8 (1)).

Das Grundgesetz muss nach dem Dossier Deutsche Demokratie der Bundeszentrale für politische Bildung (2010, siehe www.bpb.de) als Abwehrrecht gegen staatliche Tyrannei verstanden werden: »Grundrechte schützen den Freiheitsraum des Einzelnen vor Übergriffen der öffentlichen Gewalt, es sind Abwehrrechte des Bürgers gegen den Staat. Zugleich sind sie Grundlage der Wertordnung der Bundesrepublik Deutschland, sie gehören zum Kern der freiheitlichen demokratischen Grundordnung des Grundgesetzes. [...] Menschenrechte sind überstaatliche Rechte, sie gehören zur Natur des Menschen, es sind natürliche, angeborene Rechte. Dazu gehören die meisten Grundfreiheiten, wie Freiheit der Person, Meinungsfreiheit, Glaubensfreiheit.« Insofern ist es Bürger- wie Christenpflicht, die praktische Beschneidung gottgegebener Menschenrechte beim Nächsten nicht stumm und widerstandslos hinzunehmen, sondern den Rechtsweg zu gehen und vor allem die Verantwortlichen an den Willen Gottes zu erinnern. Dies ist im zweitgrößten Gebot (Nächstenliebe) impliziert. Im AT wie im NT sehen wir vorbildliche Beispiele, wie sich Glaubende der obrigkeitlichen Tyrannei demütig, aber entschlossen, widersetzten und wie Gott seine Wortführer (Propheten) zu unrechtmäßig handelnden Regierenden sandte und diese ernst zurechtweisen ließ.

(II) Die US-Amerikaner haben sich 1787/88 als freies Volk eine republikanische Verfassung gegeben – eine der ältesten der Welt – und damit eine föderale Republik in Form eines Präsidialsystems konstituiert. Die Verfassung enthält das Bekenntnis zu Recht und Gesetz und einen verbindlichen Grundrechtekatalog, die *Bill of Rights* (1791). Im Ersten Verfassungszusatz wird ausdrücklich festgelegt: »Der Kongress soll kein Gesetz erlassen, das eine Einrichtung einer Religion zum Gegenstand hat oder deren freie Ausübung beschränkt, oder eines, das Rede- und Pressefreiheit oder das Recht des Volkes, sich friedlich zu versammeln […]«. Bedeutsam ist in diesem Zusammenhang, dass die »Pilgerväter« seinerzeit aus Europa geflüchtet waren, weil sie wegen der Ausübung ihres Glaubens von Kirche und Staat verfolgt und häufig umgebracht wurden.

Präsident D. Eisenhower hat den Gottesbezug gesetzlich verankert: 1954 im Fahneneid (*The Pledge of Allegiance*): »eine Nation unter Gott« und 1956 im offiziellen Motto der USA: »Wir vertrauen auf Gott« (*In God We Trust*). Präsident George

W. Bush hat dieses Motto zum 50. Jahrestag (30. Juli 2006) unter Bezug auf die Segnungen des Schöpfers offiziell bekräftigt.

(III) Die Verfassung der Kanadier ähnelt aufgrund der Entstehungsgeschichte Kanadas der Verfassung des Vereinigten Königreichs (erst 1982 erhielt Kanada Unabhängigkeit in Verfassungsfragen). Die Verfassung besteht aus mehreren Dokumenten, darunter die *Kanadische Charta der Rechte und Freiheiten*. Darin steht u. a.: »Kanada ist gegründet auf Prinzipien, die die Oberherrschaft Gottes und die Rechtsstaatlichkeit anerkennen«. Bezüglich der grundlegenden Freiheiten steht: »Jeder hat die folgenden grundlegenden Freiheiten: (a) die Freiheit des Gewissens und der Religion; [...] (c) Freiheit des friedvollen Versammelns [...]«. Diese Rechte werden garantiert und können nur durch »vernünftige Grenzen, wie sie gesetzlich vorgeschrieben sind, und wie sie in einer freien und demokratischen Gesellschaft nachweislich gerechtfertigt werden können, unterworfen werden«. Auch hier wird die »Oberherrschaft Gottes« formell bekundet, was auch im Sinne einer »Zivilreligion« verstanden werden kann.[72]

Die Verfassungen der freien Länder des Westens, denen wir so viel zu verdanken haben, sind also durchaus unterschiedlich, wenngleich sie gemeinsame Werte vertreten und daher inhaltlich teilweise sehr ähnlich sind. Für Christen ist daher entscheidend, dass sie letztlich nicht auf der Grundlage der ver-

---

[72] Unter »Zivilreligion« versteht man (nach Robert N. Bellah, 1967) den religiösen Anteil einer politischen Kultur, der notwendig ist, damit ein demokratisches Gemeinwesen, das eine Trennung von Kirche und Staat vorgenommen hat, funktioniert. Der Begriff wurde vom Philosophen Jean-Jacques Rousseau (1712–1778) geprägt. Die Zivilreligion in den USA hat andere Formen als in Deutschland, sie scheint aber in Begriffen wie »Leitkultur« oder »Verfassungspatriotismus« auf. Nach dem Staatsrechtler Ernst-Wolfgang Böckenförde liefert die Werteordnung unseres Grundgesetzes tatsächlich eine Selbststabilisierung, hat aber auch die Gefahr eines staatlichen Totalitarismus. Die Frage ist: Wer oder was ist unsere höchste Autorität? Siehe auch: Karl Baral, »Zivilreligion oder Christusnachfolge?«, Nürnberg: VTR, 2019.

schiedenen Verfassungen der Völker argumentieren, sondern auf der Grundlage der Heiligen Schrift, dem ewigen Wort der Wahrheit (Joh 17,17).

ZUR BESONDEREN SITUATION IN DEUTSCHLAND

Die Geschichte der Deutschen gibt uns besonderen Anlass, demütig zu sein und uns umso enger an Gottes Wort zu halten in allen Angelegenheiten von Kirche und Staat. Es muss daran erinnert werden, dass sich die BRD nicht als laizistischer Staat (wie z. B. Frankreich) konstituiert hat. Die Verfasser des Grundgesetzes hatten nach Kollaps des »Dritten Reiches« und angesichts der Katastrophe, die dieses deutsche Reich über die Menschheit gebracht hat, in der Präambel des Grundgesetzes ausdrücklich den Rückbezug auf Gott formuliert. Sie schrieben: »Im Bewusstsein seiner Verantwortung vor Gott und den Menschen, […] hat sich das Deutsche Volk […] kraft seiner verfassungsgebenden Gewalt dieses Grundgesetz der Bundesrepublik Deutschland beschlossen.«[73] Dies sollte ihre Demut, die Begrenztheit menschlichen Tuns und ihre Abkehr von totalitären Staatsformen, die die staatliche Macht als »absolut« betrachten und als Selbstzweck begreifen, ausdrücken.[74]

Dieses Auf-Gott-geworfen-sein verdrängt der sich im Konzept der »Zivilreligion« immer mehr absolut setzende Staat, einhergehend mit der Leugnung seiner Legitimation und Verantwortung vor dem einen Gott der Bibel. Folglich verzichten immer mehr Minister auf den Eidformelzusatz »So wahr mir

---

73 In historischer Fassung vom 23.05.1949; genauso die aktuelle Fassung.
74 Siehe: »Zum Gottesbezug in der Präambel des Grundgesetzes«, Wissenschaftliche Dienste des Deutschen Bundestags (Sachstand WD 3-3000 067/16 vom 01.03.2016).

Gott helfe!«. Unter der Forderung der religiös-weltanschau-
lichen Neutralität des Staates wird Gott geleugnet, dafür setzt
sich der Staat selbst zum höchsten Wert und Gut, er vergottet
sich also. Dies aber ist ein Kennzeichen totalitäter Systeme.

– Anhang 2 –

»SINGEND UND SPIELEND DEM HERRN IN EUREM HERZEN«

Jo Frick

Obwohl sie anerkennen, dass Gläubigen sowohl in Kolosser 3,16 als auch in Epheser 5,19 geboten wird, dem Herrn zu singen, behaupten einige, dass sich diese Abschnitte aufgrund des einschränkenden Satzteils »in euren Herzen« bzw. »in eurem Herzen« nicht unbedingt auf einen *hörbaren* Gemeindegesang beziehen würden. Anders ausgedrückt: Gemeinden, die sich an Auflagen der Obrigkeit halten und deswegen den Gemeindegesang verbieten, könnten dies durchaus tun, ohne ihr Gewissen zu verletzen bzw. ohne Gott ungehorsam zu sein.

Bei der Beurteilung dieser Behauptung scheint es durchaus plausibel zu sein, davon auszugehen, dass Paulus, obwohl er sich in Kolosser 3 auf die Auswirkungen der Verinnerlichung von Gottes Wort und in Epheser 5 auf die Auswirkungen der Geistesfüllung konzentriert und in den jeweiligen Abschnitten ähnliche, wenngleich leicht voneinander abweichende Formulierungen verwendet, er im Grunde dasselbe zu vermitteln beabsichtigte: Dass das Wort bzw. der Geist sich sowohl durch eine horizontale Erbauung ([zu]einander lehren/ ermahnen/reden mittels Psalmen, Lobliedern und geistlichen Liedern), als auch durch ein vertikales Lob Gottes (Gott/dem Herrn dankbar/lieblich singen und spielen in eurem Herzen) manifestiert.

Während einige deutsche Bibelübersetzungen den Ausdruck »*in* eurem Herzen« (griech. *èn tē kardía hymōn*) wörtlich übersetzen und es somit dem Leser überlassen, die semantische Nuance der Dativkonstruktion zu deuten, geben andere Übersetzungen diese als »*mit* eurem Herzen« wieder (instrumenteller Dativ), dass also der hörbare Gesang von Herzen kommend bzw. aufrichtig sein soll (vgl. Ps 138,1a). Die Alternative wäre ein sphärischer Dativ, d. h., dass der Gesang und/oder das Spielen in der Sphäre des Herzens (der inneren Person) geschehen soll. Er wäre dann für menschliche Ohren nicht unbedingt hörbar.

Beide Deutungen der Dativkonstruktion sind möglich, schließen sich jedoch gegenseitig aus. Der Textzusammenhang scheint zu wenig Hinweise zu geben, um eine der beiden Deutungen zu bevorzugen. Doch selbst wenn wir um des Argumentes wegen zugestehen würden, dass es sich bei dem Ausdruck »in eurem Herzen« um einen sphärischen Dativ handelt, scheint der Zusammenhang viele Hinweise zu geben, die die Schlussfolgerung zulassen, dass Paulus hier tatsächlich *hörbaren* Gemeindegesang im Sinn hat. Hier die wichtigsten Belege dafür:

(1) Die oben erwähnte Komponente der horizontalen Erbauung (an die Mitversammelten) muss notwendigerweise hörbar sein und die Versammlung angehen, um den erwünschten Effekt zu haben. Somit leuchtet es auch ein, dass die parallele Komponente des vertikalen Gotteslobes ebenfalls hörbar ist und die Versammlung miteinbezieht.

(2) Wenn Paulus in Epheser 5,18ff die Auswirkungen der Trunkenheit den Auswirkungen der Geisteserfüllung gegenüber stellt, und dabei »Ausschweifung« als einen Effekt der Trunkenheit nennt, beschwört er damit u. a. das Konzept anstößiger Trinklieder herauf. Ein hörbarer, geordneter Gemeindegesang wäre also dem Argument folgend ein Gegenstück dazu.

(3) Der weitere Zusammenhang der Art und Weise, wie Paulus seine Anordnung selbst praktisch umsetzt, ist aufschlussreich. In Apostelgeschichte 16,25 lesen wir: »Paulus und Silas beteten und lobsangen Gott; die Gefangenen aber hörten ihnen zu« (Wortumstellung vorgenommen). Offensichtlich praktizierte Paulus hörbaren Lobgesang sogar, als er im Gefängnis saß.

(4) Die alttestamentlichen Präzedenzfälle eines lauten Lobgesangs und der Umstand, dass auch Jesus Christus und seine Jünger diesen praktizierten, machen es sehr wahrscheinlich, dass Paulus die Kolosser und Epheser ermahnt, diese Anbetungspraxis nachzuahmen (Ps 30,12; 95,2; Mt 26,30; Mk 14,25; Heb 2,12).

Abschließend spricht vieles für die Sicht des Theologen Theodoret (393–ca. 460 n. Chr.), der »singend« als hörbaren Gemeindegesang und »spielend in eurem Herzen« als eine Ergänzung ansah, so dass der Lobgesang nicht nur mit dem Mund, sondern auch im Herzen geschehen solle.

Dieser Glaubenskurs ist eine einfache und praktische Möglichkeit, sich die Grundlagen des christlichen Glaubens anzueignen. Egal ob du die Lehren des Christentums noch gar nicht kennst, ob du neu im Glauben bist oder vielleicht schon seit langem gläubig bist – dieser Kurs nimmt dich in Gottes Wort hinein. Er hilft dir, die zentralen Aussagen der Bibel zu verstehen und legt so ein solides Fundament für das Leben als Christ.

WWW.GRUNDLAGENDESGLAUBENS.DE

DIN A4, 132 SEITEN
2. AUFLAGE 09/2021

9,90 €

Eine neue systematische Theologie

Dieses Buch ist ein Meilenstein in der deutschen Theologiegeschichte. Durch die einzigartige Kombination von Treue zu Gottes Wort und verständlicher Sprache wird es den Gemeinden im deutschsprachigen Raum über Jahrzehnte ein hilfreicher Diener sein und dazu beitragen, dass Christi Gemeinde weiter gebaut und gefestigt wird.

WWW.BIBLISCHELEHRE.INFO

HARDCOVER, 1.360 SEITEN
2. AUFLAGE 11/2020

49,90 €

TASCHENHILFE

BIBLISCHER RAT FÜR DIE NÖTE DES ALLTAGS

Die Bibel ist ein theologisches Buch – aber kann sie auch Hilfe in konkreten Herausforderungen des Alltags geben? Die Mini-Taschenbücher der Serie Taschenhilfe geben eindrucksvoll Antwort darauf. Sie behandeln alltägliche Nöte aus biblischer Sicht.

Hier eine kleine Auswahl an Titeln aus dieser Serie:

- Ich will mich ändern!
- Jemand, den ich liebe, hat Krebs
- Mein Ehepartner war untreu
- Er ist in Pornografie verstrickt
- Ich bin alleinstehende Mama!
- Jemand, den ich liebe, wurde missbraucht
- Ich kann nicht vergeben!

Der Fokus dieser Bücher liegt darauf, leidenden und hilfesuchenden Menschen zu helfen, und gleichzeitig sind sie eine Orientierungshilfe für diejenigen, die anderen helfen wollen. In jedem Buch wird das Evangelium klar und biblisch erklärt und auf die konkrete Herausforderung angewandt. Mit einem Umfang von 70 bis 80 Seiten sind die Bücher so kurz und das Thema ist so präzise auf den Punkt gebracht, dass man als Leser sehr schnell den Kern des Problems erkennt und den biblischen Lösungsweg versteht.

Alle lieferbaren (und geplanten) Titel dieser Serie findest du unter:

WWW.TASCHENHILFE.DE

Europäisches Bibel Trainings Centrum

BERUFSBEGLEITENDE BIBELSCHULE

Wir glauben, dass eine gründliche Auslegung der Schrift und deren Anwendung das Fundament jeglichen Dienstes ist, ja sein muss. Deswegen liegt das Hauptgewicht unserer Ausbildung auf einer exakten, sorgfältigen Auslegung der Schrift, der kraftvollen Predigt und der treuen Anwendung des Wortes Gottes, und zwar Vers für Vers. Eine Kombination von Präsenz- und Fernstudium ermöglicht es den Teilnehmern, eine grundlegende Ausbildung zu erhalten, ohne dabei ihre Arbeit oder den Gemeindedienst vernachlässigen zu müssen. Der Unterricht findet jeweils an einem Wochenende pro Monat statt (Freitag bis Samstag) und erstreckt sich über jeweils 10 Monate pro Jahr.

www.ebtc.org

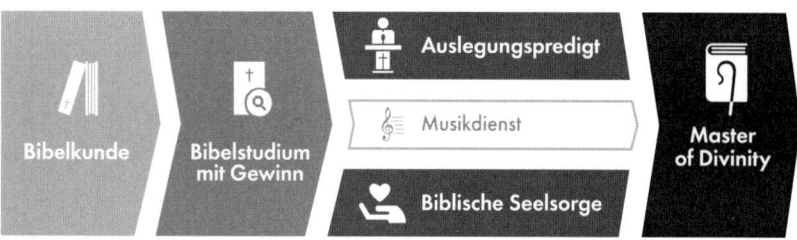

Bibelkunde
(1 Jahr)

verschafft einen Überblick über die gesamte Bibel und jedes einzelne Bibelbuch
(für Männer und Frauen)

Bibelstudium mit Gewinn
(1 Jahr)

betont das Studieren einzelner Bibeltexte
in Bezug auf Aussage, Absicht und Anwendung (für Männer und Frauen)

Musikdienst
(1 – 2 Jahre)

hilft biblische und musikalische Prinzipien in der Gemeinde zu verstehen und
umzusetzen (für Männer und Frauen)

Auslegungspredigt
(2 Jahre)

bereitet Männer für den Predigtdienst und
pastorale Leitungsaufgaben in der Gemeinde
vor

Biblische Seelsorge
(2 Jahre)

gibt biblische Hilfestellung für Jüngerschaft
und praktische Seelsorge (für aktive Mit-
arbeiter/-innen in der Gemeinde)

Master of Divinity
(6 Jahre)

rüstet bewährte Männer für den
Predigt- & Lehrdienst zu

Das echte Leben eines Christen oder einer Gemeinde kann manchmal spannender und dramatischer sein als irgendein aufregender Kriminalroman. Dieses Buch schildert die unglaubliche Geschichte zweier Gemeinden in den Jahren 2020–2021, die trotz behördlicher Verbote, nach viel Gebet und Bibelstudium in Verantwortung vor Gott und Menschen wieder ihre Türen geöffnet haben. Sie folgten damit ihrem Gewissen und ihren biblisch geprägten Überzeugungen.

Die Folge: Unglaubliche Repressalien durch die Obrigkeit, Presse und Behörden und für James Coates schließlich Festnahme mit Hand- und Fußfesseln und wochenlange, peinliche Inhaftierung in der Untersuchungshaftanstalt von Edmonton.

Leider ist diese Geschichte, die weltweit in den Medien verbreitet und diskutiert wurde, besonders in Deutschland oft als ein Aufruf zum »zivilen Ungehorsam« kritisiert und kommentiert worden. Dabei wurde aber verschwiegen, dass dem endgültigen Entschluss, die Türen wieder zu öffnen, zunächst viele Monate der Akzeptanz der staatlichen Anordnungen, der intensiven Prüfung der Rechtslage und natürlich der biblischen Prinzipien und Beispiele vorausgegangen sind.

Diese sehr sachliche Darstellung der Ereignisse und die vorgestellten biblischen Prinzipien zum Thema »Unterordnung« könnten eine enorme Hilfe für die gegenwärtigen meist emotionalen Diskussionen und demütigenden Auseinandersetzungen in den evangelikalen Gemeinden in Deutschland sein, um »den Sumpf der Gerüchte trockenzulegen und die Verbundenheit in Christus auch praktisch und öffentlich zu stärken«, wie es im Vorwort dieses wichtigen Buches gewünscht wurde.

— Wolfgang Bühne, Meinerzhagen